La communication

Dans la même collection

Management des unités commerciales
F. Fernandez, M. Lozato, P. Mendes, P. Nicolle, P. Steger

Assistant de gestion PME/PMI
C. Albertini-Lomellini *et al.*

Comptabilité et gestion des organisations
B. Doriath, M. Lozato, P. Mendes, P. Nicolle

Commerce international
G. Legrand, H. Martini

Négociation et Relation client
Mireille Bernex, Didier Zen, Isabelle Petit, Paula Mendes

Assistant de manager
C. Albertini-Lomellini *et al.*

Éric Bizot
Professeur en BTS Communication
Marie-Hélène Chimisanas
Professeur en BTS Communication
Jean Piau
Professeur en BTS Communication

La Communication

Préface de Philippe Legendre

DUNOD

Consultez nos parutions sur dunod.com

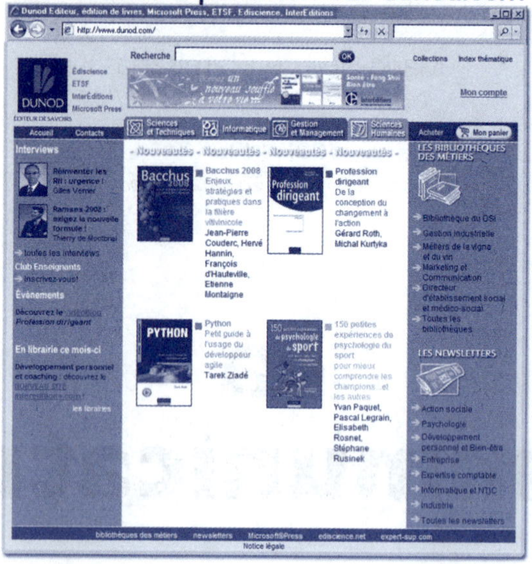

Le pictogramme qui figure ci-contre mérite une explication. Son objet est d'alerter le lecteur sur la menace que représente pour l'avenir de l'écrit, particulièrement dans le domaine de l'édition technique et universitaire, le développement massif du photocopillage.
Le Code de la propriété intellectuelle du 1er juillet 1992 interdit en effet expressément la photocopie à usage collectif sans autorisation des ayants droit. Or, cette pratique s'est généralisée dans les établissements d'enseignement supérieur, provoquant une baisse brutale des achats de livres et de revues, au point que la possibilité même pour les auteurs de créer des œuvres nouvelles et de les faire éditer correctement est aujourd'hui menacée.
Nous rappelons donc que toute reproduction, partielle ou totale, de la présente publication est interdite sans autorisation de l'auteur, de son éditeur ou du Centre français d'exploitation du droit de copie (CFC, 20, rue des Grands-Augustins, 75006 Paris).

ISBN 978-2-10-053480-7

Préface

Le secteur de la publicité, de la communication et des médias est en profonde mutation. À tel point qu'il est souvent compliqué, même pour les professionnels qui s'y confrontent tous les jours, d'y voir clair, d'intégrer les changements et d'envisager l'avenir.

Qui plus est, c'est un secteur qui est au centre des réflexions autour de la société et de son évolution, de la consommation, de l'économie, de la déontologie…

On va même jusqu'à parler de lui en termes de rupture qui trouve son origine à plusieurs niveaux par exemple : un foisonnement d'innovations technologiques en matière de communication, un développement exponentiel des points de contacts, un accroissement considérable du pouvoir du consommateur, notamment vis-à-vis des marques et dans sa capacité à interagir, une temporalité qui change et dans laquelle l'immédiateté, l'instantanéité priment souvent sur la durée.

Pour faire face à ce paysage complexe auquel sera confronté tout jeune souhaitant y pénétrer, il me paraît nécessaire et indispensable qu'il soit pourvu d'une base solide lui donnant les clés de la compréhension et de l'intégration.

C'est très exactement l'ambition et l'objectif des auteurs de cet ouvrage qui propose un inventaire précis, organisé et exhaustif de ce qu'il est nécessaire de savoir sur le secteur, les marchés, les intervenants, les pratiques, les moyens, les fonctions, les définitions.

En fait il s'agit ici de mettre à disposition le socle des connaissances indispensables pour se développer et s'épanouir dans ce secteur passionnant, créatif, dynamique, en perpétuelle réflexion et qui a besoin de personnes bien formées et passionnées.

À lire donc de toute urgence et à conserver auprès de soi.

Philippe Legendre, Directeur Délégué de l'IREP
(Institut de Recherches et d'Études Publicitaires)

Avant-propos

Cet ouvrage est conforme au nouveau référentiel du BTS Communication. Ce référentiel est organisé autour de situations de travail rencontrées dans les services communication des entreprises, des collectivités territoriales, des administrations, des associations, des agences de communication et des régies publicitaires.

La **mise en œuvre et le suivi de projets de communication** constituent le cœur de l'activité, mais le conseil et la relation à l'annonceur sont essentiels à la préparation et à la réalisation des projets de communication.

Les auteurs ont choisi de débuter cet ouvrage par la partie **conseil et relation annonceur** pour poser les principes d'une démarche professionnelle qui débute par la mise en place d'une relation commerciale et par une activité de conseil, s'appuyant sur une **veille opérationnelle**, préalables indispensables à la mise en œuvre des projets de communication.

Sommaire

Partie 1

Conseil et relation annonceur

Fiche 1

Les fondamentaux du marketing : le marché

Pour certains auteurs, le marketing est une notion très ancienne qui remonte au début du commerce, c'est-à-dire, au début des échanges entre les hommes. À partir du moment ou l'homme-chasseur a décidé de troquer, dans un premier temps, une partie de sa nourriture contre les fruits de l'homme-récoltant, il y a eu une démarche marketing, car rapidement, il a pu constater que son « client » appréciait plus certaines viandes que d'autres. En lui proposant des viandes plus à son goût, il en tirait un avantage plus important (donc plus de fruits). Bien sûr, il y a réciprocité dans la démarche, car chacun cherchait à répondre aux souhaits de l'autre.
Le marketing (ou mercatique en français, mais cette appellation est peu employée) est la formalisation d'une démarche intellectuelle constituée de notions de bon sens, de créativité, de curiosité, de rigueur, mais aussi d'humilité et d'écoute.

Principes clés

❑ *Définitions*

Le marketing, c'est l'ensemble des actions qui, dans une économie de marché, a pour objectif de détecter, de prévoir, de constater, de stimuler, de susciter ou de renouveler les besoins des consommateurs pour que l'entreprise ajuste son appareil productif et son appareil commercial, de façon continue pour bien répondre aux attentes.
La démarche marketing, c'est bien connaître son public pour s'y adapter et agir sur lui d'une manière efficace.
Le marketing, c'est un système de pensée pour comprendre le marché et un système d'action pour le conquérir.

❑ *L'évolution du marketing*

- Un rapide historique

Jusqu'au milieu du XXe siècle, il est plus important de produire que de vendre, d'ailleurs, on ne parle pas de marketing, mais tout simplement de « vente ».

Des années 1950 jusqu'aux années 1980 (les Trente Glorieuses), on est dans un **marketing de masse :** produits et services standardisés, soif de consommation, communication de masse (peu de chaînes de TV, de radio…).
Avec le ralentissement de la croissance, la modification du comportement du consommateur (il devient de plus en plus exigeant, son pouvoir d'achat stagnant) et le développement de la concurrence, les entreprises segmentent leurs marchés pour répondre au mieux aux attentes de leurs clients. C'est le **marketing de la différenciation ou segmenté**, s'appuyant sur l'évolution des médias (nouvelles télévisions, nouvelles radios) et le développement de certaines formes de distribution (par exemple, les grandes surfaces spécialisées de type Fnac, Castorama, Darty, etc.).
Avec la fin du xxe siècle, on assiste à un développement des moyens de communication (Internet, téléphone mobile) et une demande de services de plus en plus prépondérante dans le budget des ménages. Les entreprises prennent conscience de l'importance des attentes clients et cherchent à les fidéliser en entretenant des relations directes, c'est le **marketing relationnel ou individualisé** (*one to one*).

- Un élargissement à d'autres types d'organisations

Si au début la démarche marketing concernait les entreprises de biens de grande consommation (alimentation, cosmétiques, lessives, etc.) et par la suite, les entreprises de biens semi-durables (électroménager, voitures, etc.), elle s'est étendue plus tardivement aux fabricants de biens industriels (machines outils, équipements, etc.). Durant les dernières décennies, elle apparaît dans des organisations éloignées du secteur marchand ou lucratif : organismes publics ou parapublics (État, collectivités territoriales, Sécurité Sociale…), partis politiques (lors des présidentielles par ex.), associations ou Organisations Non Gouvernementales (Médecins du Monde, Croix Rouge…). On parle alors de marketing politique, marketing humanitaire.

Éléments et analyse

❑ *La veille*

Pour bien répondre aux besoins des consommateurs, il faut écouter l'environnement pour connaître les attentes des consommateurs et les prévoir. D'un bon système de veille et de la qualité de ses résultats va dépendre la réussite d'un produit et le développement de l'entreprise (la veille est développée dans la 3e partie du livre).

❑ *Le marché*

La notion de marché développée par les économistes, lieu de rencontre entre l'offre et la demande, est insuffisante dans la réalité. Au sens marketing, le marché suppose deux éléments :

- que l'on fixe un cadre de référence précis : par exemple, c'est différent si on parle du marché des colas ou du marché des boissons ;

– que l'on décrive qualitativement et quantitativement le marché : quels intervenants et combien ? Pour cela, il faut analyser : la demande, l'offre et l'environnement du marché.

❏ *La demande*

Le consommateur du XXIe siècle est de plus en plus zappeur et sa demande est multiple et fluctuante, selon la situation dans laquelle il se trouve. Il sait décrypter les offres et les messages publicitaires. Pour l'entreprise, il y a :

Non-consommateur absolu	Personne qui ne peut pas consommer un produit. Par exemple pour des raisons physiques : les non-voyants et l'automobile.
Non-consommateur relatif	Personne qui ne consomme pas un produit, mais qui pourrait le consommer, par exemple pour des raisons économiques, sociales, culturelles ou géographiques, mais cela peut être temporaire : évolution des contraintes ou de la situation du marché. Exemples : spectacle à l'Opéra, téléphone portable dans certaines zones non couvertes, etc.
Consommateur de produits de substitution	Personne qui consomme des produits différents satisfaisant un même besoin. Exemple : l'utilisateur d'une brosse à dent normale à la place d'une brosse à dent électrique.
Consommateur de la concurrence	Personne qui utilise des produits semblables à ceux vendus par l'entreprise mais l'achète à des concurrents.
Client de l'entreprise	Personne qui achète les produits vendus par l'entreprise.

Pour les marchés les plus importants par leur taille (produits de grande consommation, produits industriels, principalement), on segmente la demande. La segmentation consiste à découper en sous-ensembles (les segments) des individus ayant les mêmes attentes et des comportements identiques par rapport au produit. Il existe divers critères de segmentation :

– les critères traditionnels : démographique (sexe, âge, effectif au foyer), géographique (nature de l'habitation, ville, etc.) ou socio-économique (revenus, Profession et Catégorie Sociale, instruction) ;
– les critères de personnalité et de style de vie : communautés de vie ou d'intérêts (les « tribus » comme les bobos, les *skateurs*, etc.) ;
– les critères comportementaux : fidélité du consommateur, fréquence de l'achat, occasion d'utilisation.

On peut à partir d'une étude de différents individus faire émerger des types ou des groupes ayant des comportements similaires. Cette démarche, inverse de celle de la segmentation, s'appelle la typologie. Le comportement d'achat du consommateur varie selon :

– les situations d'achat : achat courant (alimentation), achat réfléchi (voiture, habitat), achat impulsif (confiseries aux caisses) ;

– les intervenants :

Utilisateur	Il utilise le bien ou le service sans l'acheter.
Acheteur	Il achète pour l'utilisateur.
Prescripteur	Il recommande le produit à acheter, car il a une certaine expertise.
Influenceur	Il joue un rôle par son autorité morale ou sa notoriété publique.

– les facteurs explicatifs du processus de prise de décision ;
 • les facteurs personnels :

Les motivations	**Elles poussent l'individu à agir, à répondre à ses besoins.**
Hédonistes	Elles sont basées sur la recherche du plaisir personnel.
Oblatives	Elles reposent sur le plaisir apporté à autrui, plaisir d'offrir.
Auto-expression	Elles sont centrées sur le besoin de s'exprimer, de s'affirmer.
Les freins	**Ce sont des forces psychologiques négatives.**
Les risques	Ce sont les incertitudes liées à l'achat/l'utilisation d'un produit.
Les inhibitions	Elles résultent de sentiments dévalorisants, honteux, comme un sentiment d'autocensure.
Les peurs	Elles proviennent de difficultés réelles ou imaginaires portant sur l'achat ou l'utilisation d'un produit.

 • les facteurs sociaux : ce sont tous les facteurs liés à la famille, aux groupes sociaux, aux classes sociales, à la culture, aux groupes de référence.

❑ *L'offre*

Dans sa définition étroite, elle correspond à toutes les entreprises proposant le même bien ou le même service. Mais aujourd'hui, le consommateur a souvent le choix car sa définition du produit est plus large.
Par exemple, s'il souhaite aller à Londres, il peut y aller en avion, en train, en car, en voiture (grâce à un ferry ou à Eurotunnel). Donc, il existe plusieurs niveaux d'offres et donc plusieurs niveaux de concurrence.
On distingue **la concurrence directe**, des entreprises proposant des produits similaires, de **la concurrence indirecte**, des entreprises avec des offres proches du produit en question Il existe des indicateurs pour mesurer la place des différents concurrents, comme :

Part de marché en volume	$\frac{\text{Quantité d'unités vendues d'un produit ou d'une marque}}{\text{Quantité totale d'unités vendues du marché}}$
Part de marché en valeur	$\frac{\text{Chiffre d'affaires d'un produit ou d'une marque}}{\text{Valeur totale des ventes du marché}}$
Part de marché relative	$\frac{\text{Part de marché de l'entreprise}}{\text{Part de marché du principal concurrent}}$

❑ *L'environnement*

Le marché et ses intervenants sont confrontés à différents facteurs influençant leurs comportements. Il y a :

– les facteurs technologiques ; on peut constater une accélération du progrès technique et la recrudescence de produits nouveaux sur certains marchés. Parfois, un nouveau produit crée son marché comme par exemple, Internet, l'i-Pod ;
– les facteurs institutionnels ; ce sont les lois et des réglementations qui agissent sur le marché. Par exemple, l'évolution de la réglementation des ascenseurs d'immeuble ;
– les facteurs démographiques, économiques et sociaux ; ils ont tous des répercussions importantes, comme la montée des seniors, l'évolution de la taille des familles… ;
– les facteurs culturels : les modes et les cultures influencent le marché.

Compléments

❑ *État du droit : liberté des marchés, mais l'État arbitre*

Dans notre économie, le principe général est la liberté du commerce et de l'industrie, donc la libre concurrence. Mais il existe une réglementation de plus en plus développée qui s'appuie sur le droit civil (droit des contrats), le droit pénal (interdiction des produits illicites), le droit de la consommation et le droit international (Organisation Mondiale du Commerce).
L'État administre le marché par l'intermédiaire de différents organismes :

– l'Autorité de la concurrence (transformation du Conseil de la concurrence en 2009) intervient soit après avoir été saisie par un plaignant, soit après s'être auto-saisie et rend des décisions en matière de pratiques anticoncurrentielles ;
– la Direction Générale de la Concurrence, de la Consommation et de la Répression des Fraudes (DGCCRF) veille au respect du droit de la consommation, lutte contre les pratiques anticoncurrentielles (par exemple la contrefaçon).

La Commission européenne joue aussi le rôle d'arbitre pour faire en sorte que les règles du jeu soient les mêmes pour toutes les entreprises en présence : lutte contre les ententes, enquêtes, amendes, entre autres.

❑ *Que va-t-il se passer demain ?*

On peut penser que face à la concentration des marchés et la montée de grands groupes, l'État et la Commission européenne, en s'appuyant sur les mouvements de consommateurs, va contrôler de plus en plus les règles de la concurrence. Le droit de la consommation va se renforcer mais aussi, de plus en plus, se complexifier.

Fiche 2

Les fondamentaux du marketing : le marketing mix

C'est l'ensemble des décisions qui sont prises par les responsables marketing sur les quatre variables traditionnelles d'un plan marketing, appelées parfois les 4 P selon les termes anglais : *Product* (le produit), *Price* (le prix), *Place* (la place prise par le produit en magasin, en français, c'est la distribution), *Promotion* (c'est l'ensemble des moyens de communication, donc la communication).

Principes clés

❑ *Définitions*

À partir de la situation de l'entreprise (son identité, son offre, son potentiel humain, financier, technique) et de la confrontation à son environnement (la demande, le marché, la concurrence), les dirigeants formulent le plan marketing avec ses objectifs généraux (par exemple, maintenir ou accroître les parts de marché, développer de nouveaux produits ou de nouveaux marchés).
Le marketing mix ou plan de marchéage a pour objet de le mettre en œuvre, tout en définissant un calendrier précis (à court, moyen et long terme) et des indicateurs pour permettre le suivi et le contrôle des différentes actions.

❑ *Le respect de certains principes*

• Cohérence entre marketing mix et environnement de l'entreprise

C'est un principe peu évident car il faut être en avance sur l'environnement, pour s'imposer sur un marché, mais parfois, c'est l'échec. Les exemples sont nombreux comme : lancer un nouveau produit qui ne répond pas aux attentes des consommateurs, ignorer la législation et ses contraintes ou ne pas tenir compte de l'évolution de la société, d'où l'importance d'une veille efficace.

• Cohérence entre marketing mix et capacité de l'entreprise

Il y a encore fréquemment des entreprises qui ne tiennent pas compte de leurs faiblesses pour affronter leurs concurrents : par exemple, force de vente réduite pour couvrir un territoire trop important, budget publicitaire faible contre des concurrents ayant une notoriété élevée et des moyens de communication développés…

- Cohérence entre les différentes actions du marketing mix

Les exemples d'incohérence sont nombreux, malgré les progrès de la démarche marketing : action promotionnelle (rabais importants) pour un produit de haut de gamme, campagne publicitaire et absence du produit en magasin, etc.

Éléments et analyse

❑ *Le produit*

Longtemps, il a été du seul domaine des ingénieurs. Aujourd'hui, il est au cœur de la réflexion marketing. Les entreprises ont d'ailleurs créé, un poste de Chef Produit.

- La politique de produit

Le produit, c'est l'offre de l'entreprise au consommateur pour satisfaire un besoin. Cela peut être un bien (du café, une boisson) ou un service (une assurance, une séance au cinéma). Par extension, on parle de produit pour une personne (homme ou un parti politique, un chanteur), un lieu (week-end à Londres ou vacances en Arménie), une organisation (Les Restau du cœur ou la Croix-Rouge).

Comme les individus, le produit a « une vie », c'est le cycle de vie du produit CVP.

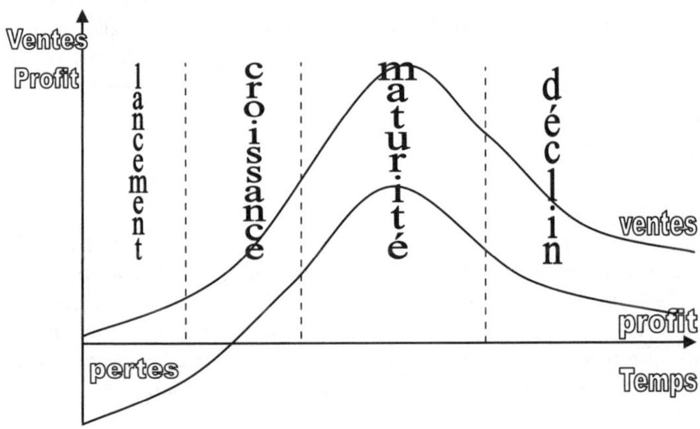

Selon ces différentes phases, on peut anticiper certains effets sur le produit pour s'adapter au mieux. Par exemple, en phase de lancement, l'entreprise continue à affiner le produit, la gamme est réduite, il faut communiquer pour le faire connaître de ses cibles et convaincre le réseau de distribution. Ce concept n'a pas de caractère prédictif et certain, car l'approche est trop générale, mais il facilite la réflexion.
La gamme, c'est l'ensemble des produits d'une entreprise destinés à satisfaire le même besoin. Par exemple, la gamme des pâtes Barilla ou la gamme des voitures

de tourisme de Renault. La distinction entre les différents niveaux de gamme (bas de gamme, moyen de gamme et haut de gamme) est parfois floue et dépend du point de vue où l'on place. Par exemple, un véhicule peut être perçu comme un modèle haut de gamme dans la gamme Renault mais pas dans le marché automobile.

- **Le produit communicant**

La marque, c'est le nom donné à un produit par l'entreprise pour le faire connaître, l'individualiser, en garantir la qualité. Cette notion n'est pas statique, car les marques naissent, se développent, changent mais meurent aussi. Il faut que le nom soit juste, c'est-à-dire distinctif pour éviter les confusions (sauf si c'est le but recherché, mais attention au respect du droit), évocateur du produit (par exemple le journal d'annonces gratuites ParuVendu) et facilement prononçable et mémorisable (attention à certains noms d'origine anglaise plus difficiles comme par exemple les difficultés des Français à prononcer au départ la marque Toys'R Us).
Le logo ou logotype est composé du nom de la marque et d'une représentation visuelle. Il est le langage (logo) d'une typographie (type). Les entreprises codifient leur identité graphique dans une charte graphique.
Le packaging donne de la visibilité au produit. Il est généralement composé du conditionnement (la « première enveloppe » du produit) et de l'emballage (les différentes enveloppes successives ajoutées au conditionnement). Il sert à protéger, conserver et transporter le produit, mais il a une place de plus en plus importante dans sa dimension marketing par sa capacité à informer, à attirer l'œil, à rendre des services (bouchon des bouteilles d'eau). Il joue un grand rôle pour le consommateur, il agit comme un vendeur muet (attirance dans le rayon d'un magasin) et véhicule le positionnement du produit (par exemple cas des parfums).

❑ *Le prix*

- **Le concept prix**

Pour le consommateur, le prix est le sacrifice économique qu'il accepte de faire pour se procurer un bien ou un service. La perception de ce sacrifice varie aussi en fonction des situations à laquelle est soumis le consommateur. Malgré les autres facteurs qui l'interpellent (packaging, vendeur, publicité, par exemple), le prix reste un élément fondamental pour le consommateur, accentué par les crises économiques et la capacité de comparaison et de recherches liées à Internet.

- **Les politiques de prix**

Selon l'objectif à réaliser, l'entreprise peut mener différentes politiques de prix :
- une politique dite d'écrémage ; elle fixe des prix élevés pour cibler une clientèle limitée pour laquelle le prix n'est pas un frein à l'achat comme par exemple : cafetière Nespresso, ordinateurs Apple ;
- une politique dite de pénétration ; l'entreprise souhaite conquérir une large part de marché pour accroître les quantités vendues comme Free ou EasyJet ;

- une politique dite d'alignement ; c'est le cas des entreprises « suiveuses » qui adaptent leurs prix sur ceux pratiqués par la concurrence ou le leader ;
- une politique dite de « prix différencié » ou le *yield management* pour gérer au mieux les disponibilités de l'entreprise ; elle pratique des prix différents sur un même service selon les moments différents comme avec la tarification TGV de la SNCF ou le prix des communications téléphoniques.

❑ *La distribution*

• Définition et fonctions

La distribution regroupe les actions qui ont pour but de constituer et/ou entretenir un réseau de distribution. Le distributeur assure différentes fonctions comme :

- le transport et la logistique, prenons comme exemple le saumon de Norvège ;
- l'éclatement, c'est-à-dire l'adaptation des quantités proposées à la demande du consommateur individuel, par exemple l'achat d'un morceau de saumon ;
- l'assortiment, proposition d'une variété de produits (différents types de poisson) ;
- le stockage, il faut des produits au bon moment et en bonne quantité ;
- le financement et le service après vente et parfois la livraison, l'installation ;
- la communication : conseil, publicité sur le lieu de vente, promotion, mais aussi remontées vers le fabricant : réclamations clients, informations sur la concurrence.

• Les différentes stratégies de couverture d'un marché

Elles varient selon les caractéristiques du produit et les objectifs de l'entreprise.

Distribution intensive	C'est la stratégie des produits de grande consommation, la recherche d'une implantation dans un maximum de points de vente, pour l'exposition la plus forte. Ex. les rasoirs, stylos Bic.
Distribution exclusive	Au contraire, le fabricant limite le nombre de points de vente pour donner à son produit une image haut de gamme. Cela lui permet de conserver un certain contrôle sur les intermédiaires. Ex. marque hi-fi Bang & Olufsen.
Distribution sélective	Entre ces deux stratégies, le fabricant sélectionne un certain nombre de points de vente. Il évite une certaine dispersion de son réseau, tout en couvrant le marché à un coût plus limité qu'en distribution intensive.

• Le point de vente

La distribution en France se caractérise par une grande variété de ses points de vente, une concentration importante entre quelques centrales d'achat et une évolution continue provenant de la demande des consommateurs, des modes et aussi de la législation.

Le point de vente est caractérisé par son type (hyper, commerce de proximité, etc.), par son offre (vêtements, primeurs par ex.), par ses méthodes de vente (libre service, conseil vendeur), par sa stratégie (par exemple son prix).
La zone de chalandise, espace où il va recruter ses clients, peut être déterminée :

– soit par des courbes isochrones : temps d'accès au magasin ;
– soit par des courbes isométriques : distance par rapport au point de vente ;
– soit par des proportions de clientèle.

Un site Internet a une zone de chalandise mondiale sauf barrières de la langue, de la livraison, des comportements sociaux.
Pour gérer un point de vente, on utilise les techniques suivantes :

Le marchandisage ou merchandising	C'est le bon produit (celui que le client désire), en bonnes quantités (pas de rupture de stock, car perte d'une vente et d'un client), au bon emplacement (simplifier la recherche du client et mettre les produits plus rentables pour le magasin), au bon prix (celui que le client est prêt à payer et rémunérateur pour le commerçant), à la bonne période (celle pendant laquelle le consommateur veut faire l'achat).
Le géomarketing	Cette technique part du principe qu'une localisation géographique détermine un comportement de consommation. « dis-moi où tu vis, je te dirai ce que tu consommes et comment ? ».
L'assortiment	C'est l'ensemble des références offertes par un point de vente, groupées en rayons, familles de produits.

- La force de vente

Elle est en contact avec les clients et les prospects. Elle peut être :

– interne à l'entreprise : les personnes sont liées par un contrat de travail à l'entreprise comme les vendeurs, les attachés commerciaux ;
– externe : dans le cas d'agents commerciaux ou courtiers.

Elle a pour rôle de gérer la relation client (prospection, négociation, conseil, suivi, fidélisation…) mais aussi de collecter et de produire de l'information (état de la concurrence, évolution de la demande, retours clients…). Pour le bon fonctionnement de la force de vente, il est indispensable de :

– la motiver : rémunération, délégation de pouvoirs, enrichissement des missions ;
– la stimuler sur une période par des récompenses ou des concours.

❑ *La communication*

Elle va permettre de toucher les clients et les prospects de l'entreprise de manière à influencer leurs attitudes et leurs comportements, en utilisant différents moyens : presse, télévision, marketing direct, Internet, relations presse, entre autres.

Compléments

• État du droit : Une réglementation de plus en plus importante

Les conditions de validité d'une marque sont très précises, d'où les procès pour contrefaçon d'une marque, comme « La vache sérieuse » pour « La vache qui rit », ou « Nuit de Paris » pour « Soir de Paris » tous les deux étant des parfums.
Même si le principe de la liberté des prix est énoncé (ordonnance de 1986), il existe une réglementation précise en matière de fixation des prix : loi sur les soldes, la vente « dite à perte », etc.
Au niveau de la distribution, la loi Chatel (2008) est revenue sur les « marges arrière ».
Les refus de vente sont sanctionnés sévèrement même si certains types de contrats permettent de s'en affranchir (exclusivité par exemple).

• Que va-t-il se passer demain ?

On va sûrement assister à une accélération de la réglementation pour coller aux nouvelles formes de commercialisation, avec l'idée d'une protection renforcée du consommateur et une plus grande transparence du prix.

Les différents annonceurs

Fiche 3

À ses débuts au XIXe siècle, la publicité était principalement sous forme d'annonces dans la presse écrite. Cette notion est restée, même si les médias se sont diversifiés depuis et la publicité s'est développée.
Dans le *Mercator* (Éditions Dunod), les auteurs définissent l'annonceur comme une « entreprise ou n'importe quelle organisation investissant dans la publicité et, par extension, dans toute forme de communication (promotion, marketing direct, relations publiques...) ». Les annonceurs sont donc les clients des agences, des régies et des supports publicitaires.

Principes clés

Selon l'étude TNS Média Intelligence (2008), il y a environ 20 000 annonceurs répertoriés pour un investissement total de 30 milliards d'euros avec un budget moyen de 170 millions d'euros. Il y a une concentration sur un petit nombre d'annonceurs car la quasi-totalité des annonceurs (95 %) a des budgets moyens autour des 200 000€.
Selon la nature de l'annonceur, sa communication sera spécifique et les fonctions et statuts liés différents. Si au début de la communication, cela ne concernait que le monde des entreprises, aujourd'hui, il y a plusieurs types d'annonceurs.

❑ *Les entreprises*

Malgré des évolutions récentes, les entreprises restent les principaux annonceurs. Certaines peuvent détenir et communiquer, au même moment, sur plusieurs de leurs marques. Par exemple le groupe Nestlé et ses différentes marques : Ricoré, Herta, La Laitière, Nescafé, Vittel, Contrex, Buitoni, Nespresso, entre autres.
On distingue souvent les entreprises industrielles (transformation de matières premières en produits finis) des entreprises commerciales (achat de biens pour les revendre sans transformation), car leurs problématiques de communication sont différentes. Les premières doivent mettre en valeur leurs compétences et leur savoir-faire techniques, avec une cible professionnelle souvent plus importante que dans le cas des entreprises commerciales. Dans les entreprises de services, il faut rendre crédible, juste, la notion de « service rendu » en sachant qu'on est dans l'immatériel. De nombreuses PME, avec des moyens réduits, ne communiquent pas avec les grands médias de type presse, télévision ou affichage. Elles utilisent des moyens de communication de type individualisé sous forme de mailing, e-mailing, ou fiche ou catalogue produits propres à une communication *B to B* (*business to business*).

On trouve les principaux annonceurs dans le secteur de la distribution (Leclerc, Carrefour) et de l'automobile (Renault, Peugeot, Citroën). Les opérateurs de télécommunications (Orange, SFR, Bouygues Télécom) sont devenus, en quelques années, des annonceurs très importants. Les multinationales de l'alimentation et des cosmétiques sont aussi de gros investisseurs (Procter & Gamble, Unilever, L'Oréal).

❑ *Les administrations*

En France, longtemps l'administration et les pouvoirs publics ont été en retard dans le domaine de la communication. Depuis quelques années, les services publics français ont compris l'intérêt de cette technique, et « l'usager » s'est transformé de plus en plus en « client » à part entière, exigeant et critique sur le service proposé.
La nécessité de communiquer est apparue sous l'effet de différentes contraintes :

- des contraintes économiques : l'État intervient pour réguler l'économie (crise financière, marges arrière dans la grande distribution) ;
- des contraintes sociales : les pouvoirs publics doivent éduquer et informer sur les maladies (le cancer, la maladie d'Alzheimer), le racisme, l'alcoolisme ;
- des contraintes « démocratiques », c'est-à-dire que les élus ont envie d'être réélus et donc, ils doivent convaincre les citoyens du bien fondé de leurs politiques.

Placé sous l'autorité du Premier Ministre, le Service d'Information du Gouvernement (SIG) a pour rôle d'analyser l'opinion publique, de diffuser des informations sur l'action gouvernementale, de coordonner les différentes actions menées par les ministères (plan pour l'emploi, lutte contre l'alcoolisme, etc.) et de les conseiller pour leurs plans de communication (cahiers des charges, budget, moyens, etc.).
Aujourd'hui, tous les ministères ont un service communication qui a pour but de faire connaître les actions du ministère et de son administration et d'y faire adhérer les citoyens. Après compétition sous forme d'appels d'offres, les agences gèrent des campagnes comme celle pour la modernisation de la fonction publique pour le ministère de l'Économie, des Finances et de l'Emploi (agence Publicis Consultants). Cette communication sociale destinée au grand public s'apparente à une campagne de produit, avec une stratégie des moyens et une forme du message équivalente, seul le contenu est différent par l'objet de la communication. Elles cherchent aussi à toucher les différents « influenceurs » possibles par exemple : médecins, personnel soignant, responsable de planning familial, etc. par des actions plus ciblées sous forme de mailing ou d'articles dans la presse professionnelle.
L'État confie souvent ses actions de prévention à des établissements publics administratifs « autonomes » tels que l'INPES, Institut National de Prévention et d'Éducation pour la Santé. Les campagnes de prévention routière relèvent de la même logique et sont menées par la Sécurité Routière, structure administrative du ministère des Transports (à distinguer de la Prévention Routière association privée).

❑ *Les collectivités territoriales*

Cette appellation recouvre des entités très différentes, par leur taille, par leurs missions et aussi par les moyens financiers disponibles pour assurer leur communication,

leur promotion, d'où une certaine méconnaissance par le citoyen du rôle de chacune. Ce sont les 36 783 communes, les 100 départements avec les DOM, les 26 régions et les collectivités à statut particulier (la Corse ou l'outre-mer).
Avec les différentes lois de décentralisation, elles ont acquis des compétences et des pouvoirs accrus en matière d'aménagement du territoire et développement économique, de tourisme et de la culture, d'aides sociales, etc. Elles communiquent en « marquant leur territoire » : logo sur les plateaux-repas des cantines scolaires, sponsor des manifestations sportives ou culturelles par exemple, car il y a une certaine confusion des missions de chacune et certaines souffrent d'un problème d'identité lié à leur création. Par exemple : quelle différence entre les deux régions normandes, la Basse Normandie et la Haute Normandie ?
Il y a aussi d'autres acteurs locaux, comme les communautés d'agglomération provenant de regroupement de communes pour la gestion de certains services : traitements des déchets, transports publics, par exemple.

❑ *Les associations*

Il existe plus d'un million d'organismes exerçant sous le statut d'associations. Elles ont des besoins humains mais aussi des besoins financiers. Elles doivent donc communiquer pour faire connaître leurs actions, pour attirer de nouveaux adhérents et militants et conserver les anciens, pour obtenir des aides de la part de donateurs individuels, de sociétés sponsors, ou des pouvoirs publics.
Leur taille, petite association locale à ONG implantée mondialement (Organisation Non Gouvernementale), a surtout un impact par la nécessaire cohérence de la communication et des différents messages véhiculés. Il n'y a rien de commun au niveau des budgets et des moyens de communication entre les associations « Médecins du Monde » et l'« Union Médicale Arménienne de France ».

Éléments et analyse

❑ *Fonctions et statuts de ces acteurs*

L'intitulé et la place dans l'organigramme varient selon les organisations mais aussi selon le rôle attribué à la communication. Dans les grandes structures, il existe une direction de la communication en rapport soit directement avec la direction générale, soit avec la direction marketing ou commerciale. Dans la majorité des petites entités, c'est le dirigeant, qui gère en direct la communication de l'organisation, avec parfois l'aide d'un chargé de communication au sens large du terme.

• Le dirigeant de l'organisation

C'est le chef d'entreprise, le président de la collectivité territoriale (Maire, Président du conseiller général ou conseil régional), le Président de l'association. La communication est souvent pour lui, un véritable révélateur de sa stratégie pour l'organisation.
Il existe des « couples » Dirigeant/Directeur de la Communication. Quand l'un part ou est battu (lors d'élections), il entraîne souvent « son » « dircom ». Certains

apparaissent même dans la communication : campagne avec Alain Afflelou, Michel Edouard Leclerc, affiches pour un projet départemental avec le visage et le nom du Président de conseil général.

- **Le DIRCOM ou le directeur de la communication**

Il n'existe que dans les grosses structures. Dans une entreprise, il oriente la communication globale aussi bien commerciale, que corporate, parfois à l'exception de la communication interne, placée sous la Direction des Ressources Humaines.
Présent également dans les associations ou les collectivités territoriales les plus importantes, il est rattaché soit directement au Cabinet du Maire soit à la Direction Générale des Services. Il manage différentes équipes avec des métiers et des statuts très différents. Il doit savoir écouter et s'adapter aux différentes cibles : élus, administrateurs, tout en tenant compte des contraintes de calendrier et de statuts.
En général, le dircom est à la fois, un stratège (conseiller en communication) mais aussi un porte-parole (ambassadeur auprès des journalistes) et aussi le maître d'œuvre de la communication (producteur d'événements, de l'identité visuelle, etc.).
Le directeur de la communication, souvent de formation Bac+5, possède une solide expérience, mais certains sont de vrais autodidactes avec un vécu professionnel important et des qualités de manager évidentes.

- **Le chargé de communication**

Présent chez les annonceurs de taille moyenne, il assure les différentes tâches relevant de la communication d'entreprise. Dans les structures plus importantes, sous la responsabilité d'un directeur de la communication, il gère une partie de la communication et est en relation directe avec les différents sous traitants. Il assure des fonctions très opérationnelles de type : suivi de la PLV, tenue d'un salon, responsable de la communication interne, attaché de presse, responsable de la communication financière, journaliste de la revue interne à l'entreprise ou de la collectivité ou association. Dans les PME, il est chargé de la mise en œuvre de la stratégie de communication.
Le chargé de communication détient au minimum un bac+2 et a comme principales qualités : une vraie curiosité sur l'environnement de l'organisation, un esprit méthodique et réactif et une capacité évidente à rédiger.
Dans certaines structures, le chargé de communication peut avoir la responsabilité d'un ou plusieurs assistants de communication. Parfois, il n'existe pas de chargé de communication, mais uniquement des assistants de communication.

❑ *Les organisations professionnelles*

- **L'ARPP, l'Autorité de Régulation Professionnelle de la Publicité**

Créée en 2008, suite au Grenelle de l'environnement, elle remplace l'ancien BVP, Bureau de Vérification de la Publicité. Elle a pour but de mener toute action en faveur d'une publicité loyale, véridique et saine, dans l'intérêt des consommateurs, du public et des professionnels de la publicité. Organisme d'autodiscipline de la

publicité, il a pour mission de parvenir à concilier liberté d'expression publicitaire et respect des consommateurs. L'Arpp contrôle les messages avant diffusion pour avis quand elle est consultée et après diffusion pour arrêter la diffusion ou obtenir la rectification d'un message non conforme aux règles déontologiques.
En 2008, elle a examiné 14 636 projets de publicités en conseil avant leur finalisation et analysé pour avis définitif et obligatoire 23 105 messages télévisés.

- Le CSA, Le Conseil Supérieur de l'Audiovisuel

Créée en 1989, cette autorité administrative indépendante garantit l'exercice de la liberté de communication audiovisuelle selon les conditions définies par la loi. Elle est composée de 9 membres, désignés pour 6 ans non renouvelables par le Président de la République, le Président de l'Assemblée Nationale et le Président du Sénat.

- L'OJD, l'Office de Justification de la Diffusion

Créé en 1922, c'est l'organisme de référence pour la certification des chiffres de tirage, de diffusion et de distribution de la presse française, mais aussi pour la fréquentation des sites Internet adhérents.

- Le CESP, le Centre d'Étude des Supports de Publicité

Association interprofessionnelle créée en 1957, elle regroupe l'ensemble des acteurs du marché publicitaire concernés par l'étude de l'audience des médias : annonceurs, agences et conseils médias, centrales d'achat d'espace, médias et régies publicitaires. Le CESP fournit à ses adhérents des études sur l'audience des différents médias.

- L'UDA, l'Union des Annonceurs

Fondée en 1916, cette association est l'organisation représentative des intérêts des annonceurs, auprès des différents interlocuteurs et organismes professionnels. Elle cherche à promouvoir une communication responsable en élaborant et en mettant en œuvre des pratiques loyales et éthiques. Elle réalise des études permettant à ses adhérents d'optimiser, leurs investissements en communication.

- L'AACC, Association des Agences Conseils en Communication

Elle regroupe environ 200 agences de communication, parmi les plus importantes. Sa mission principale est la défense et la promotion des agences et des métiers de la communication, à travers leur diversité.

❑ *Les organisations de défense de l'intérêt général*

- L'INC, l'Institut National de la Consommation

Créé par une loi de 1966, c'est un établissement public au service de tous les consommateurs et de leurs associations. Ses ressources proviennent des ventes de ses publications et d'une subvention votée par le Parlement. L'Institut contribue et participe à l'information objective du consommateur dans tous les domaines par des tests comparatifs et des études. Il informe le public grâce à ses émissions télévisées *Consomag*, le mensuel *60 millions de consommateurs*, son site Internet.

- L'UFC Que Choisir, l'Union Fédérale des Consommateurs

Créée en 1951, cette association indépendante rassemble près de 124 000 adhérents regroupés dans 170 associations locales. Elle a pour objet d'appuyer les actions individuelles ou collectives des consommateurs, de réaliser ou promouvoir des actions, études, essais comparatifs, pour faciliter le jugement, de représenter les intérêts matériels et moraux des consommateurs (par exemple devant un tribunal).
Avec 450 000 abonnés, c'est chaque mois près de 5 millions lecteurs informés.
Il existe d'autres associations de défense du consommateur comme Indecosa CGT, Afoc (Association Force Ouvrière Consommation) créées par des syndicats.

- Les organismes de défense de l'environnement

Suite aux différentes conclusions du Grenelle de l'environnement (2008), les associations environnementales jouent un rôle plus important dans l'environnement économique du pays et dans le secteur de la communication (présence au Conseil Paritaire de la Publicité de l'Arpp). Elles interviennent en menant des actions de communication traditionnelles (relations presse, Internet, etc.), mais aussi plus « voyantes » : manifestations, appel au boycott, etc.
Les associations ou ONG les plus actives sont : France Nature Environnement, la Fondation Nicolas Hulot, Greenpeace, WWF, Paysages de France.

Compléments

❑ *Une dimension de plus en plus européenne*

Aujourd'hui, avec une réglementation de plus en plus à la taille européenne, les annonceurs, comme les organisations professionnelles dans leur ensemble, dépassent la simple dimension « franco-francaise ». Les problématiques sont à l'échelle de l'Europe car il n'existe pas, en son sein, de barrière au commerce. Par exemple, le BEUC, le Bureau Européen des Unions de Consommateurs, fédère de nombreuses associations de consommateurs.

❑ *Que va-t-il se passer demain ?*

Avec la montée du droit dans la vie des individus et de la société (augmentation du nombre de procès), tout annonceur a intérêt à se faire conseiller en matière de droit de la communication, quelle que soit l'organisation : droit de l'entreprise, droit des collectivités territoriales (législation en matière d'élections…), droit des associations.

La gestion du portefeuille clients

Fiche 4

Le secteur de la communication est d'une grande créativité avec presque un nouveau support de publicité tous les six mois. Structuré en un nombre considérable de petites entreprises (nombreux indépendants, les free-lances, peu de très grandes agences), la concurrence y est importante et le taux d'échecs élevé. Il est donc nécessaire de bien connaître son marché par une veille permanente.
Pour valoriser son portefeuille clients, l'entreprise, vendeuse de solutions de communication, va chercher à conquérir de nouveaux clients et à créer une relation durable avec ses clients, par des opérations de fidélisation.

Principes clés

❑ *Les caractéristiques du marché*

Une des particularités de ce secteur, celui de la communication au sens large du terme, c'est que lorsqu'on cherche à vendre une solution de communication comme un imprimé, des spots radio, un mailing, le client, « Notre Client », n'est jamais le consommateur final. Nous vendons des solutions de communication, qui ont pour cible des consommateurs ou des citoyens ou des habitants ou des responsables de PME ou des prescripteurs, etc. mais, le chef de pub de la régie, de l'agence de communication, n'a pas de contact direct avec ces cibles. On se situe donc dans une relation de type *B to B*, de communication d'entreprise à entreprise. On parle de portefeuille clients, mais les clients sont ici, des annonceurs.
Ce marché est très varié et très hétérogène avec des entreprises de toutes tailles, intervenant dans tous les secteurs de l'économie, mais aussi des « clients » de nature non marchande comme les administrations, les collectivités territoriales, les associations. Tous les décisionnaires de ces organisations ont des statuts et des approches différentes, car les objectifs de leur communication ne sont pas les mêmes, voire peuvent parfois être opposés.

◆ *Exemple de statut différent :* directeur de la communication. Souvent statut fonctionnaire dans les collectivités territoriales, et salarié en agences, régies ou annonceur entreprise privée.

◆ *Exemple de communication différente :* la communication d'un constructeur automobile vantant les effets de son modèle sur l'environnement peut être combattue par des opérations de communication d'associations écologiques.

Les principales caractéristiques sont :
- Le type de communication : communication commerciale (communication de marque, de produit), communication corporate (communication interne, institutionnelle ou de recrutement) ou communication sociale (communication de l'État, des collectivités territoriales, des associations). (➤ fiche 30)
- La taille de l'annonceur : on ne peut pas comparer une PME spécialisée dans les systèmes de nébulisation (réfrigération) des fruits et légumes comme Areco avec une multinationale du secteur alimentaire comme Danone, Nestlé, ou la commune de St Montévrain (Seine et Marne avec ses 6 000 habitants) avec la ville de Montpellier et ses 250 000 habitants.
- La nature de son implantation : communication nationale de type lancement d'une nouvelle automobile pour le constructeur Renault ou l'ouverture d'un nouveau garage Renault à La Rochelle.

❑ *Les caractéristiques du portefeuille annonceurs*

Il est nécessaire de faire un diagnostic pour faire ressortir les forces et les faiblesses des solutions de communication, mais aussi mettre en valeur les opportunités et les menaces propres à la concurrence et aux attentes des clients annonceurs.
Pour déterminer son plan de prospection, on utilise généralement des méthodes (elles sont très nombreuses) pour appréhender le portefeuille clients.
L'une les plus utilisées, est celle dite « loi des 80/20 » ou loi de Pareto. Un portefeuille clients est équilibré quand 20 % des clients génèrent 80 % du CA (les gros clients) et 80 % des clients apportent 20 % du CA (les petits clients). Les premiers nécessitent une attention particulière car ils réalisent de gros volumes, mais ce sont souvent les négociateurs les plus difficiles, d'où une marge unitaire faible. Les seconds apportent une marge supérieure mais sont souvent plus volatiles. Cette méthode est simple avec un tableur, automatisation de la démarche et courbe possible. On peut analyser les écarts pour engager rapidement des actions correctrices.
Découlant de la précédente, la méthode ABC tient compte du chiffre d'affaires réalisé mais avec un découpage plus fin. En plus de la catégorie A, les gros clients (20 % des clients), on distingue une catégorie B les clients moyens (50 % des clients avec 15 % du CA) et une catégorie C les petits clients (30 % de clients avec 5 % du CA) qu'il faut gérer sans trop faire d'effort commercial. Cela permet d'avoir une vision plus claire des clients prioritaires à « soigner ».

◆ *Un exemple de la méthode ABC :* avec un chiffre d'affaires total de 200 000 €, la régie publicitaire du journal municipal de Cityville a caractérisé son portefeuille clients selon la méthode ABC :
– les gros clients, appelés A : Intermarché, Carrefour, But et Garage Renault, soit 4 clients sur 20, soit 20 % pour un CA total de 160 000 euros, soit 80 % ;
– les moyens clients, appelés B : ImmoDulux, Garage Bert, Plombier RAS, Agence Orpi, BNP Paribas, Société Générale, Crédit Agricole, Pizzeria Italy, Couscous Maroc,

La Table de Jean, soit 10 clients sur 20, soit 50 % pour un CA total de 30 000 euros, soit 15 % ;
– les petits clients, appelés C : tous les autres soit 6 clients sur 20, soit 30 % pour un CA total de 10 000 euros, soit 5 %.

Client	CA annuel en €	Client	CA annuel en €
Intermarché	35 000	Librairie de la Mairie	1 900
ImmoDulux	2 000	BNP Paribas	2 500
Garage Bert	2 500	Société Générale	2 000
Carrefour	60 000	Crédit Agricole	2 000
Plombier Ras	2 500	Pizzeria Italy	2 000
Agence Orpi	10 000	Couscous Maroc	2 500
Magasin But	34 000	La Table de Jean	2 000
Maisons Prete	1 500	Aux délices de l'Asie	1 800
Fleuriste de la Mairie	1 400	Garage Renault	31 000
Boucherie Bernard	1 700	Boulangerie Dupain	1 700

D'autres méthodes essaient de cerner le potentiel des annonceurs en définissant des critères objectifs de développement (progression du CA réalisé par l'entreprise, ouverture de nouveaux points de vente, arrivée d'une nouvelle équipe municipale, etc.). Bien sûr, ces différentes méthodes permettent de construire des stratégies de gestion de portefeuille, bien utile pour la bonne marche de l'entreprise.

Éléments et analyse

❑ *La segmentation du portefeuille client*

Le chargé de pub ou le commercial en agence ou régie n'est pas capable de contacter la totalité des annonceurs du fait de leur trop grand nombre. Il va donc « découper » son marché, le segmenter, en retenant des critères pertinents par rapport à son offre. Segmenter un marché, c'est diviser un marché en groupes homogènes de clients ayant des comportements identiques.

Il va pouvoir s'appuyer sur la base de données clients (BDD) pour établir ses critères de segmentation comme l'évolution du CA, la saisonnalité de la communication, la localisation géographique de l'annonceur, etc. ou sur des sources externes (presse professionnelle, site Internet, pige publicitaire, etc.). On peut utiliser des logiciels de Gestion de la Relation Client (GRC), présents dans certaines grosses régies. On distingue :

- Les clients : annonceur avec qui l'entreprise (agence ou régie) a déjà eu une relation. On pourra les classer selon des catégories comme la fréquence d'achat, la profitabilité (➤ méthodes ci-dessus).
- Les prospects : annonceur qui a été contacté dans le passé et qui serait susceptible d'être client. On parle généralement de prospects froids, tièdes et chauds, selon le degré d'intérêt qu'ils portent à la solution de communication proposée.
- Les suspects : annonceur, qui n'a jamais fait l'objet de contact, mais qui pourrait être intéressé par la solution de communication proposée.

❑ *Les objectifs de prospection*

Lorsqu'on veut analyser la base de données clients (fichier clients), il faut se poser la question suivante : faut-il identifier ce que les clients veulent acheter ou identifier les clients les plus intéressants pour nos offres ? C'est-à-dire, qui sont nos meilleurs clients ou comment améliorer mes offres produits ? Bien sûr, à question compliquée, réponse simple : les deux à la fois.
On peut lister les principaux objectifs de prospection par :

- acquérir, gagner de nouveaux clients ;
- satisfaire et vendre plus de solutions à un client ;
- identifier les attentes et les facteurs déclencheurs d'achat ;
- chercher à améliorer l'offre par une réponse la plus adéquate ;
- fidéliser le client.

Compléments

❑ *La Commission Nationale de l'Informatique et des Libertés*

La CNIL, autorité administrative indépendante créée par la loi du 6 janvier 1978, est composée d'un collège pluraliste de 17 personnalités : députés, sénateurs, membres du Conseil économique et social, représentants des hautes juridictions, personnalités qualifiées désignées par le Conseil des ministres et le Parlement.
Elle est chargée de veiller à ce que l'informatique soit au service du citoyen et qu'elle ne porte atteinte ni à l'identité humaine, ni aux droits de l'homme, ni à la vie privée, ni aux libertés individuelles ou publiques.

❑ *La réglementation relative aux fichiers*

L'entreprise qui souhaite constituer un fichier doit en faire la déclaration auprès de la CNIL (possibilité en ligne sur le site). Le non-accomplissement des formalités déclaratives peut être sanctionné jusqu'à 5 ans d'emprisonnement et 300 000€ d'amende. La CNIL envoie, comme justificatif, une déclaration de conformité. Elle ne détient pas les fichiers, elle ne les gère pas non plus. Elle intervient lorsque le droit d'accès a été refusé. Tous les ans, la CNIL reçoit des milliers de plaintes, avec comme premier secteur de demande, la prospection commerciale.

La prospection et ses outils

Fiche 5

Selon le 1er baromètre 2009, « Compétition d'agences, *best practices* » de Limelight Consulting pour l'AACC avec un échantillon de 183 répondants (annonceurs et grandes agences), une agence participe en moyenne à 43 compétitions/an. Quand l'agence sortante participe à la compétition, elle ne sort gagnante que dans 3 cas sur 10. Une compétition représente en moyenne pour une agence, une dépense de 37 000 € (les 2/3 des frais sont des dépenses de créa), avec peu d'espoirs d'indemnisation en cas d'échec.
La prospection est donc une nécessité. Dans le cas d'une création d'entreprise ou lors du lancement d'un nouveau concept de communication, la survie du projet va dépendre de la prospection.

Principes clés

Chaque entreprise est confrontée à un phénomène d'érosion naturelle de son portefeuille clients (un client perdu sur 5 chaque année), elle doit donc conquérir de nouveaux clients. Ce taux est bien supérieur dans le secteur de la communication, provenant de la surenchère concurrentielle des régies et des agences, mais aussi de la difficulté à mesurer les retombées d'une opération. Les annonceurs prévoient rarement des moyens (études ou enquêtes) pour les quantifier et les qualifier.
Prospecter, c'est gagner des nouveaux clients, soit en les prenant à ses concurrents, soit en les devançant, mais toujours dans des conditions assez stressantes liées au secteur (compétitions d'agences ou sur l'achat d'espace).

❑ *Planifier la prospection*

Souvent les commerciaux disent qu'ils n'ont pas le temps de prospecter car cela ne leur apparaît pas comme une priorité et parce qu'ils ont du mal à gérer, la ressource « temps ». Il est donc nécessaire de planifier pour une bonne gestion du temps. Il existe plusieurs « lois » de gestion du temps :

- La loi de Parkinson énonce que plus on dispose de temps pour effectuer une tâche, plus cela prendra du temps. Un défaut d'organisation et de prévision aboutira au débordement, il ne faut pas « se laisser déborder ».
- La loi de Murphy met en évidence la difficulté à apprécier la valeur temps. Il ne faut pas sous-estimer le temps prévu, ni se prendre une marge de sécurité trop importante car c'est du temps perdu. Il faut « être réaliste au niveau du temps ».

- La loi de Carlson affirme que faire un travail de manière continue prend moins de temps que de le faire en plusieurs fois. On regroupe les tâches identiques, donc on peut « gagner du temps en travaillant en séquences homogènes ».
- La loi de Pareto des 20/80 défend le concept que 20 % de nos activités génèrent 80 % de nos résultats. Nous perdons du temps dans des tâches qui ne sont pas prioritaires et il est nécessaire de recenser les tâches utiles (listes de tâches). Cette loi énonce qu'il faut « sélectionner les tâches réellement prioritaires ».
- La loi d'Eisenhower insiste sur la confusion fréquente entre l'urgent et l'important. Parfois, à privilégier les tâches urgentes, on a tendance à oublier ce qui est réellement important. Il faut donc « être capable de savoir gérer les priorités ».

La prospection est un investissement donc elle demande une action inscrite dans le temps pour renforcer son efficacité. Ces « lois » mettent en avant la nécessité d'une organisation structurée et réfléchie, par l'établissement d'un rétro planning. Il faut définir un temps pour chaque étape de la prospection.

❑ *Connaître son produit, son marché et ses concurrents*

Le commercial doit évidemment prospecter en ayant une connaissance parfaite de son produit (on ne peut vendre bien que ce que l'on connaît parfaitement) : qualités et particularités du produit, gamme tarifaire, délais de fabrication et de livraison, contraintes techniques éventuelles, etc.

C'est l'une des tâches du commercial de bien maîtriser l'environnement du marché avec sa composante concurrentielle. Le client a sûrement le choix des solutions de communication, alors bien connaître l'évolution du marché et des concurrents permet de bien répondre aux attentes et aux objections du client.

❑ *Connaître son client ou son prospect*

Le commercial doit se constituer un fichier « prospects » où il va indiquer toutes les informations qui vont l'aider dans sa connaissance de son client et dans la préparation de sa démarche de prospection. Il va créer sa base de données qu'il réactualisera à chaque information nouvelle. Pour chaque prospect, on doit trouver : son nom, son adresse avec les renseignements de type téléphone, fax, site Internet, la nature de son activité (agences, régies, collectivités territoriales, associations, etc.), le nom du décisionnaire et/ou du correspondant et sa fonction, ses coordonnées (téléphone direct, portable et courriel), l'état de la relation (chiffre d'affaires actuel, date du contact, objection, perspectives, etc.). Cette opération s'appelle la qualification de fichier.

Une des tâches régulières d'un commercial, c'est de réaliser la pige des campagnes des clients potentiels : lecture de la presse, campagne radio ou télévision.

Éléments et analyse

Il existe plusieurs stratégies possibles à mettre en place lorsqu'on veut gagner, conquérir de nouveaux clients : soit aller vers eux, soit les faire venir, soit s'inviter chez eux. Elles nécessitent un fichier client qualifié et actualisé. Les outils proposés ci-dessous font l'objet de développement dans des fiches propres de cet ouvrage.

❑ *Aller vers les prospects*

- Le mailing ou publipostage

Il véhicule un message avec très souvent une offre promotionnelle. Pour avoir des chances de se distinguer, il doit répondre à certaines règles sur le fond comme sur la forme (➤ fiche 46). Pour améliorer son taux de retour (taux moyen entre 5 % à 5‰), il faut travailler sur le fichier afin de le segmenter pour mieux cibler ses envois. Pour améliorer l'efficacité, les agences ou les régies créent des mailings très originaux, ce qui met en valeur leur créativité (et aussi leur efficacité).
Les fichiers peuvent être achetés à des vendeurs ou des loueurs de fichiers (brokers de fichiers), à des revues spécialisées ou à des organisateurs de salons professionnels. On peut aussi utiliser des informations provenant de la veille concurrentielle pour envoyer un courrier en s'appuyant sur la campagne actuelle de l'annonceur avec un message du type « quels résultats ? » et « on est capable de faire mieux pour vous ! ». Autre moyen très utilisé en *B to B*, le bus mailing ou publipostage groupé. L'information sous forme de fiches émanant de plusieurs entreprises est plus réduite, mais a un coût plus faible. On récupère des coordonnées en proposant l'envoi d'un catalogue produits.

- Le téléphone

C'est un moyen très utilisé et assez efficace si le fichier est bien qualifié, l'offre intéressante et le guide d'entretien téléphonique pertinent. On peut utiliser aussi bien le fixe (ligne directe) ou le portable professionnel. Par rapport au précédent, le commercial entre en contact direct avec l'annonceur et peut argumenter et même parfois vendre sa solution de communication. Dans le secteur de la communication, ce sont les commerciaux qui appellent le prospect.

- La prospection directe

C'est « tirer les sonnettes », « faire du terrain ». Cet outil est utilisé dans ce secteur, pour des annonceurs (PME) à dimension locale comme les agences immobilières, restaurateurs, concessionnaires automobiles pour la vente d'espaces publicitaires locaux comme journal municipal, panneaux affichages, spots radios locales, etc.

- Les annonces presse dans les journaux professionnels

C'est bien sûr l'occasion de toucher une cible bien précise, de mettre en valeur l'efficacité des solutions apportée et de favoriser le contact, en indiquant le nom et le téléphone du commercial.

- Internet et l'e-mailing

C'est un outil de base incontournable, car le prospect a pris d'habitude d'aller voir le site de la régie ou de l'agence. Ce site est surtout une plaquette de présentation

électronique et animée, avec souvent les dernières campagnes réalisées. On y propose une newsletter qui va permettre de préparer une éventuelle prospection (➤ fiche 53).
Un pop-up ou une bannière présents sur un site professionnel peuvent générer des contacts de prospects.
L'e-mailing, possède de nombreux avantages même si son efficacité est moindre en *B to B* (nombre très important de e-mailing reçus, adresses emails incorrectes, etc.). Il existe des logiciels d'e-mailing, adaptés aux cibles professionnelles, en sachant que la règle de l'*opt-in* n'est pas nécessaire si l'adresse est professionnelle et envoyée au titre de la fonction.
On peut inclure dans cette catégorie le fax mailing qui est encore fréquemment utilisé.

❑ *Faire venir les prospects*

• Les salons professionnels

C'est le lieu privilégié de contacts, de rencontres avec les clients et les prospects. Il existe de très nombreux salons et il faut choisir le ou les plus « rentables » car les coûts y sont souvent très élevés. Autour de cet événement, on peut inviter les prospects, en préparant leur future visite par une relance téléphonique.

• Les réunions prospects

Cet outil est très développé en communication car il crée du lien social, un dialogue direct avec les prospects. Ces réunions peuvent prendre différentes formes comme des rencontres professionnelles (petits-déjeuners, déjeuners-débats) autour d'une nouvelle loi, d'une nouvelle technologie, des soirées de type VIP comme un match de football au Stade de France ou au Vélodrome de Marseille ou un concert.
On invite en même temps les clients (les clients les plus fidèles) et les prospects ce qui permet de valoriser son offre car un prospect aura tendance à être plus attentif aux propos d'un professionnel comme lui que d'un commercial.

❑ *S'inviter chez les prospects*

• La recommandation

Le commercial demande à un client, en principe, un client avec qui la relation est forte et stable, de lui indiquer les coordonnées d'un prospect et même de se recommander de lui. C'est une technique très efficace et peu onéreuse qui est souvent assimilée au « bouche à oreille ». Elle peut être spontanée chez le client ou favoriser par le commercial par un excellent contact client.

• Le réseau professionnel

Il s'agit de créer du relationnel entre différents interlocuteurs à partir d'une conférence animée par un prospect et ouvert à d'autres, sur des problématiques qui vont permettre au commercial de mieux répondre aux attentes du marché. La différence avec les réunions prospects (point abordé ci-dessus), c'est qu'ici le « héros » c'est votre prospect et cela se passe chez lui.

◆ *Exemple :* réunion sur le thème « quelle communication dans le cadre du regroupement des collectivités territoriales ou comment toucher les cibles de 50 à 65 ans ? »

• Le troc ou échange marchandises

Très simple et fréquemment utilisé en communication, il permet de rencontrer le prospect. C'est toujours l'occasion de construire des partenariats et souvent de collecter de bons contacts prospects par l'échange d'informations.

◆ *Exemple :* échange de x spots radios par une présence dans un événement.

Compléments

❑ *Les outils de présentation*

En plus de sa préparation psychologique, le commercial doit soigner sa présentation personnelle et conserver une attitude positive. Il peut s'aider d'outils tels qu'une plaquette de présentation de la société, des fiches produit, une présentation assistée par ordinateur (Préao comme PowerPoint) pour justifier, par exemple, l'achat d'espace dans un support avec une simulation des retombées et la comparaison avec les supports concurrents ou la vente d'une campagne en montrant la maquette d'un futur isa, d'un possible site Internet ou en intégrant le logo du prospect sur l'objet publicitaire qu'on souhaite vendre.

❑ *Le coût de la prospection*

Il représente l'ensemble des dépenses liées à la recherche de nouveaux clients. On additionne les différents frais liés aux outils de prospection utilisés.
En agence, lorsqu'on est en compétition sur un budget, le temps passé par les différents intervenants (commerciaux, créatifs, médiaplanneur, etc.) est estimé et valorisé. Ces dépenses grèvent la rentabilité de l'agence car les compétitions sont rarement rémunérées et pour une de gagnée, combien de perdues.
En régie, on peut évaluer les différents ratios de type retour de mailing, retour d'e-mailing, efficacité phoning, coût visites clientèles.

❑ *Le retour sur investissement*

C'est la marge nette qui reste lorsqu'on soustrait à la marge brute générée par la vente d'une solution de communication, les frais engagés pour « gagner » cette vente. Il mesure la « rentabilité » du client. C'est aussi un bon indicateur de l'efficacité du commercial.

La prise de contact

Fiche 6

Après avoir analysé son portefeuille clients et préparé sa prospection, le commercial doit prendre contact avec le prospect ou le client. Ce moment doit être préparé avec soin car de ce premier temps va dépendre la suite de l'entretien et peut-être la conclusion d'une vente. Nous aborderons dans cette fiche, deux types de prise de contact : la prospection téléphonique et la prise de contact direct, en face à face.

La prise de rendez-vous téléphonique

C'est l'exercice le plus difficile de la fonction commerciale car les échecs y sont très nombreux. Mais une bonne maîtrise de cette technique est un gage d'efficacité commerciale, car cela permet de développer son portefeuille d'annonceurs en prospectant et en fidélisant, tout en limitant les coûts d'obtention d'un rendez-vous.
À partir du fichier qualifié, elle se structure en plusieurs étapes.

❑ *Se préparer*

Il faut organiser ce temps de prospection tant au niveau matériel que psychologique. On doit être correctement installé, avec sous les yeux : agenda, fiche produits, fichier contact, guide d'entretien téléphonique. Il faut réfléchir à la période idéale pour appeler et toucher les prospects (le matin vers les 9 heures ou le soir vers 18 heures ?).
Bien sûr, le mental doit suivre car le sourire et l'humeur passent par le téléphone. Il faut soigner sa voix, choisir ses mots, être positif, éviter les expressions négatives, parler au présent et rester courtois. Le vendeur doit se fixer des objectifs : par ex. 25 appels sur une durée de 2 heures, avec l'objectif d'obtenir 4 rendez-vous ou 3 ventes.

❑ *Se présenter*

Il faut se présenter avec assurance et autorité mais sans agressivité.

◆ *Exemple :* « Bonjour, Jean Polo, société X, je souhaite parler à Pierre Durant, s'il vous plaît ». Évitez le conditionnel du type « je souhaiterais ».

❑ *Passer les filtres*

Souvent, le standard ou l'assistant du prospect opposent des objections « c'est à quel sujet ? » « Il est occupé ». Cela ne doit pas déstabiliser le vendeur car ils sont là en partie, pour filtrer les appels. Il est donc indispensable de les convaincre de ce que le vendeur peut apporter au prospect. Il doit insister pour montrer l'intérêt de l'appel et la nécessité de la prise de contact, avec autorité et amabilité.

❑ *Intéresser l'interlocuteur*

Après avoir vérifié que c'est le bon interlocuteur et qu'il est disponible, le commercial essaie de susciter l'intérêt pour l'offre qu'il va exposer. Il peut s'aider de différentes méthodes mais l'une des plus simples et des plus utilisées est celle dénommée CROC.

C	Contact	Se présenter, saluer, identifier l'interlocuteur.
R	Raison	Annoncer l'offre de l'entreprise et repérer les objections.
O	Objectif	Obtenir le rendez-vous ou la vente.
C	Conclusion	Confirmer le rdv, la vente, remercier et prendre congé.

❑ *Traiter les objections*

Le commercial doit toujours rester positif et répondre avec précision aux objections de son interlocuteur. Il n'est pas nécessaire après plusieurs refus d'insister, surtout avec des interlocuteurs responsables d'entreprises ou de collectivités territoriales. Si l'objet de l'appel est la fixation d'un rendez-vous, il est souhaitable de formuler les horaires sous forme alternative « je vous propose un rendez-vous lundi matin ou mardi après-midi ? ».

Le moyen le plus efficace pour réussir à répondre aux objections, c'est de préparer un argumentaire téléphonique qui va cerner les différentes étapes et aussi les différents blocages et interrogations des prospects. Il peut être mis à jour, après une séance, par le report d'éléments non vus précédemment.

La prise de contact en face-à-face

En principe dans le secteur de la communication, cette étape a été préparée par une prise de rendez-vous téléphonique. Il est important d'avoir un fichier qualifié et l'entretien téléphonique a sûrement permis de cerner les potentialités et les attentes du prospect.

❑ *Réussir la prise de contact*

Il est nécessaire de respecter certaines règles comme la ponctualité au rendez-vous, la tenue professionnelle, la démarche et la voix maîtrisées. Il faut que la première impression soit bonne car tout se décide rapidement. C'est la règle des 4×20 :

- attention aux 20 premières secondes : un détail peut déplaire au prospect ;
- attention aux 20 premiers mots : il faut utiliser un langage soigné et positif ;
- attention aux 20 premiers gestes : il faut avoir une attitude engageante ;
- les 20 centimètres du visage : il faut avoir un regard franc et sourire.

Le commercial se présente rapidement et doit savoir créer très rapidement un climat de confiance qui va lui permettre de développer ses propositions. Il peut rappeler une précédente rencontre (par exemple lors d'un salon) ou la proposition faite au téléphone lors de la prise de rendez-vous.

❑ *Découvrir les besoins du prospect*

Il est important que le commercial, dès les premiers instants de la rencontre, observe et découvre la personnalité de son interlocuteur, pour mieux cerner ses attentes et ses motivations d'achat.
On peut classer les motivations de l'acheteur selon la méthode SONCAS.

S	Sécurité	Besoin d'être rassuré, d'être mis en confiance, d'avoir des valeurs sûres, fiables, solides.
O	Orgueil	Recherche d'éléments qui pourront le valoriser socialement, a une image de marque à entretenir.
N	Nouveauté	Attrait prononcé pour la nouveauté et les nouvelles technologies, recherche de nouvelles solutions.
C	Confort	Recherche de facilité, gain de temps, solidité… tout ce qui peut le rassurer.
A	Argent	Emploi de mots comme rentabilité, rapport qualité/prix, moins chers, marge.
S	Sympathie	Pas de réelle logique dans l'achat, privilégie la bonne relation avec la personne face à elle, recherche du plaisir ou le plaisir que l'achat pourra procurer à d'autres gens.

L'objectif de cette méthode est de repérer chez l'interlocuteur, la facette dominante de sa personnalité à travers les questions posées et par une écoute active, repérer la motivation prédominante chez lui.
Le commercial doit préparer le plan de découverte de son client, c'est-à-dire, les points qu'il a prévu d'aborder avec lui et le type de questions qu'il va lui poser. Ce plan prend souvent la forme d'un « entonnoir », en partant d'éléments larges, la situation générale du client, pour terminer sur les points les plus précis, la réponse à son problème. Il va lui servir de guide et lui permettre de contrôler son entretien.
Il existe différents types de questions :

Objectif recherché	Formes de la question	Exemples de questions posées
S'informer	Ouvertes	Qu'est-ce que ? Qu'en pensez-vous ? Comment ? Pourquoi ?
	Fermées	Où ? Quand ? Qui ? Quoi ? Combien ? Lequel ?
Approfondir la découverte	Reformulation	Vous pensez que c'est la bonne solution, c'est bien cela ?
	Ricochet	Et alors ? C'est-à-dire ?
Orienter le choix d'une solution	Alternatives	Préférez-vous votre publicité sous forme d'une annonce presse ou d'un publi-rédactionnel ?
	Ballon d'essai	Que pensez-vous ? Que diriez-vous si ?
	Relais	Vous voulez dire quoi par cela ? Donnez-moi un exemple précis ?
	Contrôle	Donc pour vous, c'est sûrement la meilleure solution ?

Durant l'entretien, il est important de :

- prendre des notes sur les éléments clés ; les délais, le budget maximum ;
- se mettre au niveau du verbal du client ; ce n'est pas le même type de prospects si on est en présence d'un directeur de la communication d'une collectivité ou si c'est un assistant chef de publicité d'une entreprise, sans tomber dans la familiarité quel que soit l'interlocuteur ;
- d'avoir un comportement non verbal adapté : la gestuelle, la position assise ;
- de reformuler les différents points importants : par exemple la nature du produit proposé, le tarif, un nouveau rendez-vous ;
- de terminer l'entretien par une formule de remerciements et saluer le prospect.

❑ *Exemple d'une prise de contact*

Vous avez obtenu un rendez-vous avec M. DIVRY, dircom. de la ville de Champigny. Vous êtes le chef de publicité de l'entreprise COMKDO, spécialisée dans les objets publicitaires.

Les premiers mots de votre prise de contact pourraient être : « Bonjour, Carole Leroy de Comkdo, société spécialisée dans la communication par l'objet. Notre unique activité, c'est de proposer aux collectivités territoriales des solutions qui vont renforcer leur proximité avec leurs habitants. Nous avons déjà comme clients de nombreux conseils généraux comme celui du Val de Marne, des Yvelines, des villes comme Paris, La Rochelle, Nice. Je suis responsable du secteur Ile de France et je vous ai contacté la semaine précédente pour voir, ensemble, vos souhaits d'objets pour la prochaine rentrée scolaire ».

❑ *Exemple d'un plan de découverte, sous forme d'entonnoir*

Vous allez rencontrer demain M. Divry. Voici les différentes étapes et les points à aborder lors de cet entretien :

- Première étape : la situation actuelle : le nombre d'habitants, la nature de la municipalité et l'importance de la communication, le rôle et la capacité de décision de M. Divry. (En principe, Carole Leroy doit déjà connaître par la qualification de son fichier certains de ces éléments.)
- 2ᵉ étape : la solution actuelle ou passée : nature de l'objet distribué l'année précédente et comment, degré de satisfaction, quantité, coût.
- 3ᵉ étape : la situation souhaitée : nouvelle politique de la municipalité, nouvelle communication, nouveaux enjeux.
- 4ᵉ étape : la solution souhaitée : nombre d'objets, critères de choix, éléments les déterminants de la future décision, budget prévisionnel, délais.

L'offre commerciale

Fiche 7

Cette étape peut se réaliser pendant la prise de contact, c'est-à-dire pendant l'entretien en face à face ou au téléphone, ou être effectuée après ce premier contact.

Principes clés

❑ *Les composantes de l'offre*

La vente d'une solution de communication n'est pas une simple vente d'un bien ou d'un service. Déjà par la nature même du secteur, la composition de la solution peut être très différente.

Prenons comme exemple la vente pour un afficheur d'un simple panneau. L'offre va dépendre de son format (grand format de type 4 × 3 ou format vitrine 60 × 80), de sa périodicité (affichage une semaine ou longue durée), de sa visibilité (éclairé, déroulant), de sa qualité (papier ou toile PVC).

À l'offre du produit on ajoute parfois, même pour les solutions les plus simples, des prestations ou services associés comme le conseil, la création du message, la livraison ou transport (pour des prospectus, des kits de PLV), l'installation (supports d'identité visuelle), la maintenance (site Internet), le Service Après Vente (panneaux lumineux, bogues informatiques pour site Internet).

◆ *Exemple pour un spot radio :* certaines régies proposent la création du message : rédaction d'un texte, plus le cachet du comédien et les droits musicaux pour une musique et frais de studio.

❑ *Les composantes du prix*

La base est constituée du prix de l'offre au tarif brut auquel il faut rajouter des majorations différentes selon le type de solutions de communication. Par exemple pour un prospectus, il y aura des coûts supplémentaires selon la taille, l'impression, le grammage du papier, la nature du pli. Pour une annonce ou un spot publicitaire, la majoration peut être due à l'emplacement privilégié (page de couverture pour un journal, premier spot du tunnel de publicité par exemple).

Le prix s'énonce toujours HT, c'est-à-dire Hors Taxes, car la TVA n'est pas à la charge de l'entreprise sauf pour les organismes de service non marchand comme les

collectivités territoriales ou les associations qui ne récupèrent pas la TVA versée sur les achats de prestations ou de services.
Il existe différents types de réduction. Elles ont une définition précise, mais parfois, il existe une certaine confusion dans leurs appellations.

Nom	Définition	Exemples
Rabais	Réduction exceptionnelle destinée à compenser un préjudice.	Isa d'un grammage inférieur ou d'une qualité différente au BAT, allongement des délais de livraison.
Remise	Réduction habituelle liée aux quantités achetées ou à la qualité de l'acheteur.	Commande de 10 000 maillots avec logo de l'événement, grande entreprise ou client fidèle.
Ristourne	Réduction périodique avec objectif de fidéliser son client.	Ristourne sur le chiffre d'affaires annuel entre imprimeur et son client.
Escompte	Réduction à caractère financier accordée pour le paiement anticipé.	Escompte de règlement pour paiement immédiat au lieu de 30 jours fin de mois.

Éléments et analyse

Pour déterminer le prix de l'offre commerciale, il existe différentes méthodes de fixation du prix. On peut distinguer celles qui prennent en compte les contraintes internes comme les coûts, de celles qui tiennent compte de contraintes externes, comme la demande et la concurrence.

❑ *Fixation à partir des coûts*

- Le coût de revient

Nous allons distinguer, les entreprises dans lesquelles il y a une production de solutions de communication comme une imprimerie, un studio audiovisuel, des entreprises qui ont un caractère plus commercial comme une société de ventes d'objets publicitaires ou ventes de fichiers (achat et revente d'objets ou de fichiers d'adresses).

– Dans une entreprise productrice de solutions de communication :

Coût de Revient = Coût d'achat des différentes fournitures
+ Coût de production de la solution
+ coûts commerciaux (commissions vendeur, frais de publicité, etc.).

Prix de vente HT = Coût de revient + Marge

– Dans une entreprise commercialisant des solutions de communication :

Prix de vente HT = Coût d'achat + Marge

Dans les entreprises, la marge est généralement exprimée sous forme d'une proportion, d'un pourcentage par rapport au coût d'achat ou coût de revient HT. Le commercial utilise un outil de calcul rapide, les coefficients multiplicateurs. C'est le nombre par lequel il faut multiplier une valeur connue, par exemple le coût d'achat, pour obtenir directement, une valeur inconnue, par exemple le prix de vente HT.

◆ *Exemple :* un gilet publicitaire est acheté 2,60 € HT. L'entreprise travaille avec un coefficient multiplicateur de 1,75. Le prix de vente catalogue sera de 4,55 € HT.

- **La notion de seuil de rentabilité**

C'est le chiffre d'affaires permettant à l'entreprise d'atteindre un résultat NUL, c'est-à-dire qu'il couvre la totalité des charges. À partir de ce montant, l'entreprise réalise des bénéfices, elle devient rentable.
Il est nécessaire de distinguer :

- les charges fixes, dont le montant est indépendant du niveau d'activité comme le loyer des bâtiments, les frais d'assurances, les abonnements aux revues, etc. ;
- les charges variables, dont le montant varie en fonction de l'activité comme le papier, les encres pour une imprimerie.

Marge sur Coût Variable = Chiffre d'Affaires Hors Taxe – Charges Variables

On exprime la marge sur coût variable sous forme d'un pourcentage par rapport au chiffre d'affaire HT.

$$\text{Seuil de rentabilité} = \frac{\text{Charges fixes}}{\text{Taux de Marge sur Coût Variable}}$$

◆ *Exemple :*
Une régie publicitaire a 165 000 € de charges fixes annuelles et un taux de marge sur coût variable égal à 55 %. Quel est son seuil de rentabilité ?
Seuil de rentabilité = 165 000/0, 55 = 300 000 €

❑ *Fixation à partir de la concurrence*

Cette méthode ne tient pas réellement compte du coût réel de la solution, mais plutôt des prix pratiqués par les concurrents ou des offres répondant au même problème. On peut fixer un prix d'une campagne de spots radio en comparant les prix dans une station mais aussi dans un autre support (campagne chaînes télévisions, bannières sites, etc.).
Il existe deux stratégies possibles :

- soit l'alignement sur les offres concurrentes : le prix moyen du marché, la comparaison se fera sur la qualité de l'offre, la notoriété de l'offreur entre autres ;
- soit la détermination d'un écart de prix par rapport au prix moyen : il peut être au-dessous du marché, cela permet de conquérir des parts de marchés, mais cela peut réduire la rentabilité de l'entreprise ; le prix peut être au dessus, mais il est

nécessaire que ce prix élevé soit justifié, position de leader par exemple, image de marque de la société par exemple.

❑ *Fixation à partir de la demande*

Cette méthode se base sur la notion économique de l'offre et de la demande, en jouant sur l'élasticité de la demande par rapport au prix. Plus le prix est bas, plus la demande sera forte. Cela ne marche pas toujours car il y a des effets de saturation et cette élasticité est loin d'être parfaite. Par exemple, ce n'est pas parce que l'espace publicitaire est peu cher dans un journal que l'annonceur va faire plus de publicité. Une seule annonce sera pour lui suffisante.

❑ *Fixation à partir du moment de la vente*

Les entreprises souhaitent régulariser leurs ventes, le prix varie donc selon le temps de la vente, soit longtemps avant, soit quasiment à la « dernière minute ».
Par exemple quand un chef de publicité n'a pas vendu tout son espace publicitaire, il a tendance à essayer de le vendre moins cher surtout si les délais sont réduits. À l'inverse, il peut vendre avant le lancement d'une nouvelle émission, les spots de publicité à un coût intéressant car l'audience n'est pas assurée.
On parle d'offre en « floating », ce sont des espaces publicitaires (radio, télévision en autres), moins coûteux car le jour et l'horaire de diffusion pourront être modifiés en fonction des disponibilités de la régie.
Par exemple, Skyrégie, régie de SkyRock, propose même des spots en semi-floating (7 spots/jour entre 6 heures et 20 heures), c'est-à-dire que la période de « flottement » est réduite, moins large.

Compléments

❑ *Les différents documents : bon de commande, devis*

En cas de réussite de l'entretien, en face à face ou au téléphone, le commercial doit formaliser cet accord par un document sous la forme d'un bon de commande. Dans la réalité de ce secteur, c'est souvent sous la forme d'un devis qui va être, lui aussi rédigé par le commercial, pour être signé par le client, comme preuve de son acceptation. Généralement, lors de la concrétisation d'une opération avec un nouveau client ou lors d'opérations importantes, le commercial peut lui demander le versement d'un acompte.

◆ *Exemple :* production d'un spot de publicité (frais de tournage), acompte de 50 %.

Le contenu de ces documents est très important car il va « arrêter » la nature de la prestation future (description précise de la solution), son coût (tarif brut et éventuelles majorations et/ou réductions), les CGV c'est-à-dire les conditions générales de vente, et aussi les conditions de règlement. Lors de la formalisation de l'offre, il est nécessaire de bien vérifier l'acceptation du client sur les différentes conditions de sa réalisation.

Sur ces documents, on peut faire figurer les conditions particulières liées par exemple aux droits de la propriété intellectuelle (droits d'auteur de l'agence en autres), mais aussi des clauses sur la non-concurrence ou les délais de réalisation de la prestation.

❑ Le mécanisme de la TVA

La Taxe sur la Valeur Ajoutée est un impôt indirect, payé par le consommateur final et collecté par les différents intermédiaires (fabricants, grossistes, commerçants). Dans le secteur de la communication, elle est payée par les entreprises sur leurs achats, qui la déduisent de leurs ventes. C'est pour cette raison que le monde de l'entreprise ne parle qu'en hors taxes. La règle est différente pour les associations et les collectivités territoriales car leurs activités ne sont pas, en principe, soumises à la TVA, sauf exceptions.
Il existe différents taux :

- taux super réduit de 2,10 % sur les médicaments (remboursables), presse, spectacles ;
- taux réduit de 5,50 % sur les produits alimentaires et agricoles (sauf alcool et luxe), livres entre autres ;
- taux normal de 19,60 % sur tous les autres produits (biens ou services).

❑ Le paiement

Il fait partie de l'offre commerciale, car son mode et ses délais influent sur la rentabilité de l'opération. Pour un commercial, il est important de vendre mais aussi de faire « rentrer l'argent ». Il existe deux formes de règlement : soit au comptant, soit à crédit. On dit qu'il est fait au comptant, lorsqu'il est payé à la « livraison » de la solution de communication. Il peut se faire soit par un chèque, soit par un virement bancaire (mode très utilisé avec les collectivités territoriales dans le respect des règles de la comptabilité publique).
Dans la réalité des transactions commerciales, le règlement différé, dit « à crédit » est le plus développé. Dans le secteur de la communication, c'est plutôt sous forme d'un chèque ou d'un virement bancaire avec un certain délai.

◆ *Exemple :* l'annonceur paie sa facture à 30 jours fin de mois, donc si la facture est datée du 9 novembre/*n*, le virement se fera le 31 décembre/*n*.

Il peut aussi prendre la forme de traites ou effets de commerce, comme une lettre de change ou un billet à ordre. Ce sont des « chèques à échéance », c'est-à-dire, des documents écrits ou sous forme électronique, par lequel un créancier, appelé le tireur (par exemple l'imprimeur) donne l'ordre à son débiteur, appelé le tiré (le client, par exemple le patron d'une pizzeria qui a fait imprimer des prospectus) de payer, à une date fixée, l'échéance, une somme au profit d'un bénéficiaire, généralement le créancier (ici, l'imprimeur). Entre ces deux types de traite, lettre de change et billet à ordre, la différence provient de la personne qui crée le document : pour la lettre de change, c'est le créancier, tandis que pour le billet à ordre, c'est le client.

Les étapes de la stratégie de communication

Fiche 8

Pour influencer les attitudes et les comportements des différents publics, l'entreprise doit communiquer vers eux. C'est le rôle de la stratégie de communication de l'entreprise.

Principes clés

Par communication d'une entreprise, on entend l'ensemble de toutes les informations, messages, signaux, quelle que soit leur nature, que l'entreprise émet d'une manière volontaire ou non, en direction de ses publics. Ces signaux sont aussi bien des signaux volontaires (campagne de communication) que des signaux involontaires parfois (situations de crise ou autres rumeurs positives ou non).
La stratégie ou politique de communication est constituée par l'ensemble des informations émises volontairement en direction de publics choisis ou cibles.
Pour un annonceur, il est important :

- de formuler des priorités à sa communication ;
- d'avoir une vision globale et cohérente de sa communication.

Cette démarche stratégique implique la rédaction d'un document écrit appelé « la recommandation stratégique », la RECO.

Éléments et analyse

❑ *Le diagnostic*

Base de l'ensemble de la recommandation, il s'agit de mettre en évidence les forces (les points forts) et les faiblesses (les points faibles) d'une situation, autrement dit, relever les éléments qui vont « servir » ou « desservir » la communication. Même si la démarche d'ensemble est la même, cette étape va être sensiblement différente, selon l'opération de communication rencontrée :

- cas d'une campagne pour une marque, un produit, un service ;
- cas d'une campagne pour une entreprise, une collectivité, une administration, une association, etc.

Pour réaliser le diagnostic, il faut collecter différentes informations (ressources documentaires, veille informationnelle, enquêtes) et porter un jugement critique sur la situation rencontrée, afin de dégager le problème à résoudre par la communication.

Cette réflexion se structure autour d'un bilan de la situation en deux grandes parties :
- un bilan interne qui correspond à l'annonceur, son produit, sa communication antérieure ;
- un bilan externe, qui répond à l'environnement de l'annonceur : son marché, les attentes des consommateurs.

• **L'annonceur**

Il est important d'appréhender son histoire, ses activités, son organisation, son personnel, sa situation financière, sa place sur le marché, son évolution, la stratégie suivie, sa notoriété, son image.
Il faut adapter la réflexion selon la nature de la campagne : communication de marque, communication produit, communication de type institutionnelle, communication sociale…

• **Le produit ou le service**

Il s'agit de cerner ses caractéristiques techniques, ses principaux atouts, ses principales faiblesses, son nom ou sa marque, ses ventes (quelle évolution ? quelle saisonnalité ? quelle répartition géographique ?). On compare sa politique en matière de prix (écrémage, pénétration…) et son circuit de distribution par rapport aux concurrents (distribution intensive, sélective…).

• **La communication antérieure**

On cherche à mesurer la nature et les résultats des campagnes précédentes : par exemple, l'importance des investissements, les médias les plus utilisés, l'évolution éventuelle de l'axe de communication, la notoriété et l'image de l'annonceur.

• **Le marché, l'environnement**

On évalue les caractéristiques du marché en général, son évolution, ses perspectives, la nature de la concurrence (directe ou indirecte, produits, parts de marché, implantation sur le marché), la réglementation du secteur.

• **Les consommateurs actuels ou potentiels**

On s'intéresse, aussi bien à l'aspect quantitatif (nombre, importance des dépenses par ménage) que qualitatif (profil, répartition géographique) des acheteurs, des influenceurs, des prescripteurs. On étudie leurs attentes, leurs comportements d'achat et de consommation.

❑ *Le positionnement*

C'est l'identité que l'on souhaite donner à l'entreprise, à la marque, aux produits ou gammes de produits, à la collectivité ou à l'association… dans l'esprit des consommateurs ou des citoyens. Il a deux grandes fonctions : celle d'identifier son univers de référence (quel genre de produit ? par exemple les voitures, les parfums), celle

de différencier ses particularités par rapport aux autres produits (qu'est-ce qui le distingue des autres voitures ou autres parfums par exemple ?).
Il doit être :

- crédible, réaliste : il s'appuie sur les qualités réelles du produit ou l'image existante ;
- attractif, désirable : il correspond aux attentes de la clientèle ;
- spécifique : il est distinctif de ceux de la concurrence.

◆ *Exemple :* Darty depuis le début des années 70 se positionne autour de ses 3 concepts : le prix le plus bas, le meilleur choix et un service après vente efficace.

❑ *Les objectifs de communication*

Pour fixer ces objectifs, il faut partir des objectifs marketing, par exemple : augmentation du chiffre d'affaires, x euro de ventes, x volume de ventes. À partir de ces objectifs, on peut définir les buts de la communication, en restant bien conscient que la communication ne peut seule déclencher les ventes. Il existe d'autres facteurs comme l'attente du produit par le consommateur, le prix, la météo parfois (cas de la bière si été pluvieux). Les objectifs de communication seront toujours différents des objectifs marketing, car situés sur un autre terrain. Le but d'une campagne de communication est de convaincre quelqu'un de faire quelque chose ou d'adopter une certaine attitude.
Les objectifs doivent être correctement définis et pas trop nombreux. Ils sont généralement chiffrés en valeur ou en pourcentage, ce qui permet aussi de mesurer l'efficacité des moyens utilisés et d'en faire une analyse critique (objectif atteint ou pas ? pourquoi l'échec ?). Pour fixer un objectif, il faut généralement 3 éléments :

- une intention,
- un élément quantifiable,
- un délai.

◆ *Exemple :* augmenter la notoriété spontanée/de plus de 15 %/dans un délai de 2 ans.

Il existe différents niveaux d'objectifs. Certains auteurs ont proposé des modèles d'aide à la formulation. Cela facilite leur définition, même s'ils sont souvent éloignés de la réalité professionnelle. L'un des plus connus se présente ainsi.

• Niveau cognitif : faire connaître

On fait connaître l'existence d'un produit (ex. nouveau parfum), développer la notoriété d'une marque, expliquer les caractéristiques d'un nouveau produit (ses qualités, son prix, etc.) ou ses modes d'utilisation, ou ses revendeurs (liste des boutiques par ex.), etc.

• Niveau affectif : faire aimer

On cherche à modifier favorablement les attitudes et les opinions vis-à-vis d'un produit, d'une marque, d'une organisation, pour faire aimer l'entreprise par ses clients. Exemple « Chez nous, il y a le service et la qualité, alors pourquoi voulez-vous payer plus, ailleurs ? ».

• Niveau conatif : faire agir

On vise à modifier le comportement des personnes ciblées, à inciter le consommateur à utiliser le produit d'une manière différente, à créer du trafic vers un point de vente, à le fidéliser. Exemple : « Cet hiver, partez au soleil des îles ! ».
On peut hiérarchiser les objectifs de communication. Les plus fréquents sont : accroître la notoriété, améliorer l'image du produit, faciliter le premier essai, encourager la prescription (distributeurs), améliorer l'attitude à l'égard de l'entreprise…

❑ *Les cibles de communication*

Si les cibles marketing sont l'ensemble des personnes susceptibles d'acheter (les clients actuels ou les prospects), les cibles de communication représentent l'ensemble des personnes que l'on souhaite toucher par la communication, c'est-à-dire les clients actuels, les prospects, mais aussi les influenceurs, les prescripteurs. Parfois, pour des raisons de budget trop restreint ou de secteur, on va chercher à cibler uniquement des cibles relais, en désirant toucher un public large, comme avec les relations presse : journalistes pour atteindre les acheteurs potentiels. Dans la réalité, il y a multiplicité des cibles, mais il faut éviter le saupoudrage pour concentrer ses moyens et atteindre ses objectifs.
Il est nécessaire de caractériser les cibles en déterminant des critères quantitatifs (nature, nombre, âge, sexe, etc.) et/ou des critères qualitatifs (psychologiques, centre d'intérêt, etc.).

◆ *Exemple :* hommes de 30 à 45 ans, cadres, vivant dans les villes de plus de 100 000 habitants, inscrits dans un club de tennis et lisant des magazines économiques.

Cela va permettre de définir une taille, mais aussi de tenir compte de la compatibilité en termes de budget. Pour permettre une création efficace, il faut cerner les freins et motivations des cibles.
Il est nécessaire de hiérarchiser les cibles pour affiner les moyens :

- la ou les **cibles principales** : c'est la cible qui paraît la plus efficace, compte tenu des objectifs et du budget de communication ;
- le **cœur de cible** : c'est une partie de la cible principale. C'est une cible prioritaire, qui sera surexposée aux moyens de communication ;
- les **cibles secondaires** : ce sont toutes les autres cibles qui feront l'objet d'actions de communication. On utilise parfois le terme « cible relais » pour les cibles de type journalistes. On doit écarter certaines cibles peu pertinentes ou hors de portée, souvent pour des raisons budgétaires.

❑ *La stratégie créative*

C'est le « discours » que la publicité doit tenir sur le produit ou sur la marque de manière à ce que l'image perçue soit le plus proche possible de l'image voulue.
Elle impose un cadre, des limites, à la créativité pour que le message reste bien conforme aux choix et objectifs de l'opération. C'est le cahier des charges donné et expliqué aux créatifs.
La stratégie créative est établie par l'agence, après échange avec l'annonceur. Elle s'articule généralement autour des rubriques suivantes :

- **La promesse** : selon les agences, on parle aussi d'axe. Elle doit répondre à une attente réelle de la cible et correspond au positionnement. Elle est précise et concrète.

  ◆ *Exemple :* avec Gerlinéa, partez à la conquête de votre ligne et de votre équilibre.

- Le **support de la promesse**, ou preuve ou concept, désigne tous les éléments qui rendent la promesse crédible, c'est-à-dire une qualité, une spécificité du produit, un témoignage.

  ◆ *Exemple* (Gerlinéa) : des produits à l'efficacité prouvée, accompagnement personnel.

- Le **ton**, c'est le registre sur lequel on veut communiquer. Il peut être informatif, rationnel, humoristique, de connivence, événementiel, symbolique par exemple.
- Les **contraintes**, elles sont parfois réglementaires (médias interdits, mentions obligatoires) ou liées à l'annonceur (reprise des points de vente, jingle ou personnage, présentation du produit).

❑ *Les moyens*

Les messages seront diffusés auprès des cibles par l'intermédiaire de moyens, (presse, télévision, marketing direct, relations publiques, salons, etc.), en tenant compte des objectifs de communication, du budget et des contraintes éventuelles de planning. Ils sont développés dans les fiches suivantes.

Les moyens de communication

Fiche 9

Après avoir déterminé des objectifs à atteindre, il faut que le message atteigne les cibles retenues, c'est le rôle des différents moyens de communication. Il existe plusieurs possibilités, mais il faut examiner celle qui est la mieux adaptée (ou une combinaison) et chercher celle qui a le meilleur rapport coût/efficacité.
On parle de mix de communication, ou plus généralement de média-planning. Cela consiste à résoudre le choix des médias, le choix des supports et l'achat de l'espace publicitaire des supports retenus pour la meilleure complémentarité. Les enjeux sont très importants, car cela représente la plus grande partie du budget d'une opération de communication. Dans les agences de communication importantes, c'est de la responsabilité du média planner.

Principes clés

Même si on dit de plus en plus que les frontières entre les différentes techniques de communication s'estompent (communication 360°), on continue souvent à présenter la stratégie des moyens en distinguant les médias et le hors-média. Les dépenses médias représentent aujourd'hui un peu moins d'un tiers des dépenses des annonceurs.
Un support de communication est un vecteur de communication dans lequel on peut insérer une publicité comme le journal *Libération*, la radio Europe 1 ou le site Mappy.fr.
Un média regroupe un ensemble homogène de supports qui ont la même nature comme les six médias : la presse, la télévision, l'affichage, Internet (dans son utilisation publicitaire bannières et liens sponsorisés), la radio et le cinéma.

Les recettes publicitaires des médias en France en 2008

Médias	Montant en millions d'€	Part de marché en %
Presse	4 582	40,0
– Quotidienne Nationale (PQN)	316	
– Quotidienne Régionale (PQR)	1 079	
– Magazine	1 417	
– Spécialisée	518	
– Gratuite	1 115	
– Hebdomadaire régionale (PHR)	136	

Médias	Montant en millions d'€	Part de marché en %
Télévision – Espaces classiques – Espaces parrainage	3 303 3 117 187	28,9
Publicité extérieure – Affichage grand format – Transport – Mobilier urbain – Autres	1 123 468 273 286 96	9,8
Radio	742	6,5
Internet	516	4,5
Cinéma	75	0,7
Annuaires	1 106	9,7
Total	11 447	100 %

Source IREP - Le Marché Publicitaire Français

Le hors-média représente aujourd'hui près de 2/3 des dépenses de communication et réunit toutes les techniques du marketing direct, de la promotion, de l'événementiel, des relations presse, des relations publiques, du parrainage…

Éléments et analyse

❑ *Première étape : le choix des moyens*

On commence par éliminer certains médias pour des contraintes légales (➤ fin de la fiche), mais aussi à cause des délais de réservation (affichage JCDecaux réservation plusieurs mois à l'avance) ou de production (quelques mois pour un film cinéma) ou tout simplement pour des raisons budgétaires (coûts trop élevés).

On compare les médias pour sélectionner un média ou une combinaison de médias, chaque média ayant des qualités mais aussi des limites. On tient compte de l'aptitude du média à couvrir la cible principale de la manière la plus efficace et la plus économique, mais aussi selon sa capacité à communiquer et à valoriser le message (quelle crédibilité du média ? quel prestige ? par exemple la TV a un prestige certain sur les annonceurs).

Souvent, on retient un média de base (une partie très importante du budget) et comme aucun média ne possède toutes les qualités et aussi compte tenu des différents objectifs et cibles à atteindre, on va le combiner avec d'autres médias. Par exemple : TV et affichage, affichage et presse, TV et presse, presse et radio, etc.

❑ *Deuxième étape : le choix des supports*

Après avoir sélectionné les médias, il faut choisir les supports et le nombre d'insertions, avec toujours le même objectif : assurer le maximum d'efficacité par rapport au budget disponible. Pour cela, on dispose d'un certain nombre d'indicateurs, comme :

Indicateurs	Définitions
Audience totale	C'est le nombre de lecteurs, auditeurs, spectateurs, téléspectateurs, etc. d'un support.
Audience utile	C'est l'audience qui correspond à la cible de communication.
ODV ou ODE (Occasions De Voir ou d'Entendre un message)	Quand un support vend son audience, il ne peut garantir que tous les lecteurs ou tous les auditeurs verront ou entendront la publicité, ce sont donc des contacts potentiels.
Duplication	C'est l'audience commune à plusieurs supports.
Taux de couverture	C'est le pourcentage de la cible touché par le message publicitaire.
Répétition	C'est le nombre moyen de contacts par individu de la cible.
CPM Utile (Coût Pour Mille contacts)	C'est le rapport du coût du support par l'audience utile, exprimé pour 1000 individus.
Affinité	C'est l'importance de l'audience utile par rapport à l'audience totale.
GRP *Gross Rating Point* (ou Point de Couverture Brute)	Il mesure la pression d'une campagne pour 100 personnes de la cible. Il permet de comparer entre eux plusieurs plans médias.
C/GRP	C'est le coût du GRP pour toucher 1 % de la cible.

Pour comparer différents supports, on peut les présenter dans un tableau, avec :

- une échelle de puissance, c'est le classement des supports selon l'audience utile ;
- une échelle d'affinité, c'est le classement des supports selon leur affinité ;
- une échelle d'économie, on classe les supports du moins coûteux au plus coûteux au CPM utile.

On totalise par support, les différents rangs obtenus dans ces trois échelles, pour obtenir un classement final et dégager le meilleur support. Attention ce travail ne tient pas compte d'autres éléments propres au support comme sa qualité (renommée du support, format différent en presse), ni sa capacité de mémorisation du message (taux de mémorisation élevé pour le cinéma, faible pour la presse et la télévision et très bas pour la radio).

L'outil informatique permet des simulations pour obtenir l'optimisation des différents médias, par l'intermédiaire d'outils mathématiques de type statistiques, probabilités.

◆ *Exemple :* Pour le lancement d'un nouveau parfum, trois magazines ont été retenus.

Titres	Total de lecteurs	Nombre de femmes lectrices 18-25 ans	Prix page quadri
Femme Mag	500 000	125 000	20 000 €
Nouvelle Femme	120 000	60 000	15 000 €
Femme du siècle	100 000	75 000	12 000 €

La duplication entre ces trois magazines se décompose ainsi :
- *Femme Mag* et *Nouvelle Femme* : 10 000 femmes 18-25 ans ;
- *Femme Mag* et *Femme du siècle* : 15 000 femmes 18-25 ans ;
- *Nouvelle Femme* et *Femme du siècle* : 25 000 femmes 18-25 ans.

La cible retenue pour ce lancement : les 3 millions de femmes de 18-25 ans.

On vous demande de déterminer le magazine plus adapté en utilisant les échelles de puissance, d'affinité et d'économie.

Il est nécessaire de calculer le GRP d'un plan média associant deux supports avec une seule insertion par magazine, pour toutes les combinaisons possibles et définir la combinaison à retenir.

Solution

Titres	Échelle de puissance	Classement	Échelle d'affinité	Classement	Échelle d'économie CPM Utile	Classement	Total classement	Classement général
Femme Mag	4,16 %	1	25	3	160 €	1	5	2
Nouvelle Femme	2,00 %	3	50	2	250 €	3	8	3
Femme du siècle	2,50 %	2	75	1	160 €	1	4	1

Justifications :

1. Échelle de puissance : (125 000/3 000 000) = 0,416 soit 4,16 %.
2. Échelle d'affinité : (125 000/500 000) = 0,25 soit 25 %.
3. Échelle d'économie CPM Utile : (20 000/125 000)×1 000 = 160.

Plan média avec combinaison de deux supports (3 plans possibles).

Magazines Audience Utile	**PLAN 1** *Femme Mag + Nouvelle Femme*	**PLAN 2** *Femme Mag + Femme du siècle*	**PLAN 3** *Nouvelle Femme + Femme siècle*
Femme Mag	125 000	125 000	
Nouvelle Femme	60 000		60 000
Femme du siècle		75 000	75 000
Contacts (ODV)	185 000	200 000	135 000
Duplication	10 000	15 000	25 000
Couverture	175 000	185 000	110 000
Répetition (4)	1,06	1,08	1,23
Budget (5)	35 000	32 000	27 000
GRP (6)	616	666	450
Coût/GRP (7)	568 €	480 €	600 €

4. Répétition : 185 000/175 000 = 1,06.
5. Budget : 20 000 € + 15 000€ = 35 000€.
6. GRP : (185 000/3 000 000) ×100 = 616.
7. Coût/CRP : 35 000 €/616 = 568 € par point de GRP (arrondi).

Le plan le plus intéressant est le plan n° 2 (c'est le plus puissant et le moins coûteux). Le plan n° 3 est à utiliser si on souhaite que le message soit répété.

❑ *Troisième étape : l'achat d'espace*

Les périodes d'action peuvent dépendre de la nature du produit (saisonnier ou pas) ou de la stratégie marketing (lancement, réponse ou anticipation de la communication d'un concurrent) ou de circonstances extérieures (comme un salon ou une fête). Certaines actions auront lieu avant d'autres : on informe, par exemple le réseau de distributeurs d'une prochaine campagne, avant les consommateurs.
Après avoir établi le plan média, on va négocier et suivre la bonne exécution de la campagne. On peut s'adresser directement aux régies des supports ou passer par les agences médias.

• La négociation des conditions d'achat d'espace

Comme dans toute négociation, on cherche à obtenir les meilleurs emplacements au meilleur prix. La marge de négociation est relativement souple à partir des tarifs bruts annoncés. Cela dépend du volume d'achat, des disponibilités du support, de l'éventuelle négociation d'un rédactionnel (présence de l'annonceur dans un dossier spécial sur un thème précis). Par exemple, les coûts sont bien moins élevés en floating (on achète une période mais pas un emplacement précis).

• **Le suivi administratif de la campagne**

Il est réglementé par la loi Sapin et comporte différentes phases :

- la prise d'options auprès des supports par l'acheteur (l'agence en principe) pour le compte de l'annonceur ;
- la confirmation des options et l'engagement financier de l'annonceur par un document officiel ;
- le contrôle de la diffusion réelle du message, souvent grâce à un service de pige, avec contestation possible en cas de non-conformité ;
- la vérification de la facture pour son règlement.

Réglementation de la communication

❑ *Les publicités interdites*

• **La publicité mensongère, déloyale et parasitaire**

L'article L 121-1 du Code de la Consommation définit la publicité mensongère comme « toute publicité comportant, sous quelque forme que ce soit, des allégations, indications ou présentations fausses ou de nature à induire en erreur ». Cela vise tout type de publicité, quel que soit le support. La jurisprudence autorise l'exagération publicitaire car le consommateur moyen peut comprendre que la communication se situe dans un univers rêvé. Les tribunaux sanctionnent les infractions par l'arrêt de la publicité, la publication de la décision de justice. Si l'annonceur est le responsable pénal principal, l'agence peut être déclarée complice.
L'article 1382 du Code de Commerce permet de sanctionner une publicité déloyale ou de nature parasitaire comme par exemple, un message qui profiterait de la créativité d'un autre. Les copies de messages sont nombreuses mais la preuve est souvent difficile à fournir.

• **La publicité en langue étrangère**

La loi Toubon de 1994 impose l'usage du français pour tout message publicitaire, sauf pour les marques (comme Apple, Intel Inside) ou les produits typiques (comme hamburger, couscous ou pizza). Il faut donc aussi traduire les signatures publicitaires sauf celles qui sont déposées comme des marques (*Just do it* de Nike).

• **La publicité portant atteinte aux droits des personnes**

L'article 9 du Code Civil énonce que chacun a droit au respect de sa vie privée. Dans le cas d'une campagne de publicité, les personnes doivent obligatoirement avoir donné leur accord. Par exemple, il faut avoir l'autorisation d'utiliser les photos de classe pour illustrer une publicité pour une école. Ce droit n'existe pas en matière de biens, si ce bien est exposé aux yeux de tous : château, maison, paysages.
Dans le cadre des droits de propriété intellectuelle, l'autorisation est obligatoire en cas d'utilisation d'un décor de type musée par les détenteurs des droits patrimoniaux et moraux : tableau ou sculpture (règle des 70 ans). Pour une musique, c'est souvent

la Sacem (Société des Auteurs, Compositeurs et Éditeurs de Musique) qui en est le concessionnaire.

❑ *Les publicités réglementées*

La publicité comparative est régie par les articles L 121-8 et suivants du Code de la Consommation. Elle est autorisée depuis 1991 car elle peut constituer un moyen d'information, mais elle ne doit pas être trompeuse ou de nature à induire en erreur. Il faut que la comparaison porte sur des biens ou services répondant aux mêmes besoins ou ayant le même objectif. Elle est peu utilisée en France.
Certains secteurs comme les armes à feu, l'énergie, les offres matrimoniales, ont des interdictions particulières. D'autres, touchant la santé publique, sont très encadrés comme les boissons, le tabac et les produits alimentaires.
La loi Évin de 1991 et ses décrets d'application ont institué un cadre contraignant à la publicité pour l'alcool : énonciation d'un message sanitaire « l'abus d'alcool est dangereux pour la santé, à consommer avec modération », limitation d'accès aux médias, contenu du texte et du visuel encadré. Pour le tabac, l'interdiction est la règle et le législateur a même imposé des mentions sur les paquets de cigarettes comme « Fumer tue », « Fumer provoque un vieillissement de la peau ».
La réglementation relative aux médias et hors média sera étudiée avec les moyens.

❑ *Les organismes de contrôle*

- L'Autorité de la concurrence

Organisme administratif né en 2009 de la transformation du Conseil de la concurrence, elle agit au nom de l'État, sans pour autant relever de son autorité. Elle intervient soit après avoir été saisie par un plaignant, soit après s'être auto-saisie. Les décisions qu'elle rend en matière de pratiques anticoncurrentielles sont soumises au contrôle de la cour d'appel de Paris. L'Autorité joue aussi un rôle consultatif, en rendant des avis de sa propre initiative ou à la demande de personnes morales représentant des intérêts collectifs : Gouvernement, Parlement, collectivités locales, organisations professionnelles ou de consommateurs. Ces avis peuvent porter sur toute question de concurrence et peuvent être assortis de recommandations visant à l'amélioration du fonctionnement concurrentiel des marchés.

- L'ARPP, l'Autorité de Régulation Professionnelle de la Publicité (➤ fiche 3)

- Le CSA, le Conseil Supérieur de l'Audiovisuel

Autorité administrative indépendante de l'État, elle est composée de neuf membres : trois sont désignés par le Président de la République, trois par le Président du Sénat et trois par le Président de l'Assemblée nationale.
Les missions du CSA sont diverses :

– il délivre des autorisations aux télévisions et aux radios diffusées par voie hertzienne terrestre, par câble, par satellite, par Internet, par Adsl ;

- il donne un avis conforme sur les candidats à la présidence des télévisions et des radios publiques ;
- il gère et attribue les fréquences destinées à la radio et à la télévision ;
- il s'assure du respect par tous les opérateurs des lois et de la réglementation en vigueur et peut sanctionner ceux qui sont en infraction (protection des jeunes téléspectateurs et auditeurs par exemple) ;
- il veille au respect du pluralisme politique et syndical sur les antennes et organise les campagnes officielles radiotélévisées des différentes élections ;
- il rend des avis au Gouvernement sur les projets de loi et de décrets qui concernent l'audiovisuel ;
- il est compétent pour examiner les éventuelles difficultés de réception des programmes.

Le Conseil d'État est compétent en cas de contestation d'une décision du CSA.

- La CNIL, la Commission Nationale de l'Informatique et des Libertés

Depuis 1978, tous les fichiers nominatifs doivent lui être déclarés, avec un droit d'accès aux informations. Depuis 2004, il y a obligation d'obtenir l'autorisation préalable du destinataire d'un courrier électronique (notion de *opt-in*).

La déclaration préalable peut se faire sur le site www.cnil.fr. Le non-respect de la loi est sévèrement sanctionné avec des peines sous forme d'amendes et/ou d'années de prison.

La presse

Fiche 10

Malgré ses difficultés, la presse reste un média très utilisé en publicité. Elle a su évoluer et dans certains domaines comme la presse féminine, la presse française occupe une place importante dans le monde.

Principes clés

❑ *Le premier des médias publicitaires*

En 2000, la presse représentait à peu près 50 % des dépenses publicitaires médias des annonceurs. En 2008, elle reste le premier des médias publicitaires, avec 40 %, devant la télévision à 29 % (selon l'Irep), mais l'écart se réduit tous les ans.

- Rapide historique

On voit apparaître les premiers journaux dès le XVIIe siècle et, en 1789, la liberté de la presse est inscrite dans la Déclaration des Droits de l'Homme. C'est au XIXe siècle, avec la révolution industrielle que se développe la presse, en liaison avec la naissance de la publicité. Le nombre de titres va varier avec les régimes politiques (augmentation lors de phases de liberté, réduction sous les régimes autoritaires). À la fin du XIXe siècle, il y a près de 300 quotidiens en France.
La fin de la Seconde Guerre mondiale (1944-1945) détermine la forme de la presse française : arrêt de certains titres collaborationnistes, lancement de titres de la résistance, forme de l'actionnariat, rôle important joué par les syndicats, organisation de la distribution… La presse quotidienne nationale est régie, aujourd'hui encore, par certaines de ces règles. Il existe alors plus de 200 quotidiens pour un tirage de plus de 15 millions d'exemplaires.
Après avoir subi la montée du média télévision dans les années 1960-1980, la presse est confrontée au XXIe siècle, à la concurrence des médias électroniques et de leur gratuité. Elle aussi a évolué pour devenir une « presse… électronique ».

- Caractéristiques

Même si la presse a perdu à la fin du XXe siècle, le monopole des débats et des idées, elle garde une place à part dans la vie intellectuelle française.

L'État. Au nom d'une certaine pluralité, il aide la presse en général, la presse d'opinion en particulier, par un taux de TVA réduit (2,10 %) et aussi par des subventions directes.

Les journalistes. Ils bénéficient de la clause de conscience. Si changement d'orientation du support, le journaliste peut démissionner. Il a les mêmes droits que lors d'un licenciement.

La distribution. Mis en place en 1947, le système de la diffusion de la presse a instauré un système coopératif pour faciliter la vente des journaux à faible tirage. Deux sociétés dominent le secteur : Presstalis (anciennement les NMPP) et les MLP, les Messageries Lyonnaises de Presse. Elles alimentent près de 40 000 points de vente en France. Certains supports assurent directement leur diffusion (titres du Groupe Amaury).
La distribution se fait aussi par abonnement, avec deux formules : soit la distribution courrier par la Poste, soit le portage à domicile.

Les groupes de presse. Aujourd'hui, ils s'appuient de plus en plus souvent sur des groupes à structures capitalistiques importantes, par exemple le groupe Dassault (Le Figaro), le groupe Lagardère (Public, Elle...), le groupe Bolloré (Direct matin), ou étranger comme le groupe Mondadori (Télé poche, Télé star, Auto plus...) ou le groupe Prisma Presse (Voici, Gala, Géo, Vsd...).

❑ *L'audience*

• Plusieurs instruments de mesure

Plusieurs instituts de sondages (TNS Sofres, Ipsos...) en collaboration avec certaines organisations professionnelles de supports (Association pour la Promotion de la Presse Magazine par exemple), ont développé différents indicateurs pour quantifier un journal. Les principaux sont les suivants :

- le tirage correspond au nombre d'exemplaires imprimés ;
- la diffusion, certifiée par l'OJD (Office de Justification de la Diffusion) représente le nombre d'exemplaires distribués (payants ou gratuits) ;
- l'audience ou LDP (lecteur dernière période), c'est le nombre total de lecteurs ;
- le taux de circulation, c'est le nombre de lecteurs par numéro ;
- le taux de reprise, c'est le nombre de fois qu'un journal est repris pour être lu ;
- la duplication indique le nombre de lecteurs communs à plusieurs supports.

• Un lecteur impliqué

Le lecteur a en général une relation particulière avec son journal, car c'est le seul des médias qu'il faut acheter régulièrement, sauf pour les gratuits pour lesquels la relation est différente. Sa fidélité est grande (d'où l'abonnement) et il peut le consommer à n'importe quel moment, n'importe où et aussi le reprendre (taux de reprise en main).
C'est un média très segmentant, car la jeune fille de 15 ans ne lit pas le même magazine que la femme de 50 ans.

Éléments et analyse

❑ *Les différentes familles de presse*

La presse est un ensemble assez hétérogène. Il existe différentes classifications ou appellations, mais nous allons retenir celles de l'Institut de Recherches et d'Études Publicitaires.

- La presse quotidienne (PQ)

En 2008, chaque jour, 24,3 millions de Français, soit près de 49 % de la population âgée de 15 ans et plus, lisent un quotidien.

La Presse Quotidienne Nationale, la PQN. Ce sont 1,7 million d'exemplaires vendus, pour 9 millions de lecteurs. Elle est plus parisienne que nationale, mais on la trouve sur la totalité du territoire français. Elle se compose de :

– titres « généralistes » : *Le Monde*, *La Croix*, *Le Figaro*, *France-Soir*, *Libération*, *Le Parisien/Aujourd'hui* et *L'Humanité* ;
– titres « spécialisés » : Les Échos, la Tribune et L'Équipe.

La PQN est un média très utilisé pour les publicités financières, l'information média (programme télé, émission radio, nouveauté magazine…), les transports, le secteur automobile, le tourisme, et bien sûr, les PA ou petites annonces.

La Presse Quotidienne Régionale, la PQR. Elle répond aux attentes de proximité et de service de ses lecteurs. Elle bénéficie souvent d'une position dominante, voire de monopole dans certaines zones de diffusion. Le portage y est aussi très développé et les taux d'abonnements supérieurs.
La PQR, c'est 6 millions d'exemplaires vendus pour 18 millions de lecteurs soit près 33.6 % de la population. Elle comprend une cinquantaine de titres, avec un tirage plus restreint que la PQN, sauf pour *Ouest-France*, premier quotidien français.
La PQR est le média de la grande distribution, de l'automobile, de la banque, de l'immobilier, pour créer de l'événement, pour le lancement de produits ou des offres promotionnelles (par ex. « le mois Carrefour »). Les différentes régies de la PQR ont créé un outil commun de ventes d'espaces « PQR.66 » qui permet à un annonceur national (Renault ou SFR par ex.) de passer un message publicitaire dans les 66 titres, en même temps, grâce à un simple coup de fil.
Les 200 titres de la Presse Hebdomadaire Régionale (PHR) vendent 1,6 million d'exemplaires et ont plus de 7 millions de lecteurs toutes les semaines.

La Presse Quotidienne Urbaine Gratuite. Lancés en 2002, ces journaux ont connu un réel succès en matière d'audience. Chaque jour, ils sont lus par près de 4,4 millions de lecteurs.
Il y a quatre titres nationaux : *20 minutes*, *Métro*, *Direct Matin*, *Direct Soir* et un réseau régional « Ville Plus », avec *Marseille Plus*, *Bordeaux Plus*, *Lille Plus*… avec un profil de lecteur, plus jeune, plus féminin, plus actif que la PQ payante.

- **La presse magazine**

Chaque mois, ils sont 48,6 millions à lire au moins un magazine, soit 97 % des personnes âgées de plus de 15 ans. Les Français lisent en moyenne 7,3 titres par mois. Ce sont plus particulièrement les femmes, d'où l'importance des féminins et la persistance de la « course » à la ménagère de moins de 50 ans.
Il existe différentes familles de magazine. Parmi les principales, on trouve :

- les féminins généralistes, mais aussi à centre d'intérêt comme people, familiaux, santé/bien-être, cuisine ;
- la presse décoration/maison et jardin ;
- la presse télévisée ;
- les news (comme *Marianne*, *Le Point*, *L'Express*, *VSD*) ;
- la presse sportive (comme France Football, Cheval Magazine, Tennis magazine) ;
- la presse des seniors, la presse des adolescents ;
- la presse centres d'intérêt (comme le cinéma, l'histoire, les sciences).

Les publicitaires utilisent ce type de presse pour les biens de type automobiles, parfums, hi-fi, hygiène beauté, etc. mais aussi les voyages, assurances, produits bancaires. La publicité peut prendre la forme habituelle d'une annonce presse, mais aussi d'une publicité rédactionnelle (ou publi-information). On pratique fréquemment le couponning (coupon dans une publicité avec un code) ou l'encart imprimé, ou encore l'échantillon (parfum ou crème) placé à l'intérieur (encarté) dans le support.

- **La presse professionnelle ou technique (*B to B*)**

Il existe en France, plus d'un millier de titres de presse professionnelle. Le public est essentiellement constitué par des professionnels, avec des taux d'abonnement très élevés (souvent payé par l'entreprise). Chaque métier a son journal.
Cette presse va permettre de toucher des micro-cibles, grâce à :

- une grande sélectivité des lecteurs par métiers, par affinité, l'esprit d'une profession ;
- une lecture appliquée et assidue (conservation des supports) ;
- une publicité à valeur d'information (lancement d'un produit nouveau dans l'industrie) et aussi valeur de caution « je l'ai lu dans *LSA* ou dans *CB News* ».

- **La presse gratuite**

Il existe plusieurs « catégories » de presse gratuite. Nous excluons la Presse Quotidienne Urbaine Gratuite (déjà traité dans la PQ) et les journaux ou publications municipales ou d'autres collectivités territoriales.
Les journaux d'annonces : il y a plus de 600 titres pour une diffusion de près de 35 millions d'exemplaires. Les principaux éditeurs sont : la Comareg (titre *ParuVendu*), le groupe Spir Communication (titre *Top Annonces*) ou le groupe S3G.
Les magazines de marque comme *air le mag* de Mac Donald's ou *Epok* de la Fnac permettent de renforcer le lien de fidélité, de proximité avec le client. Ils copient les magazines « normaux » par leur format et leur contenu.
Les magazines de bord comme *Air France Magazine*, *TGV Magazine*, édités par les compagnies de transport, ont un lectorat d'actifs avec des Pcs+.

❑ *Utilisation du média*

C'est un média puissant, qui crée de la notoriété et de l'image. La variété de ses supports lui donne une réelle souplesse. Il vient en complément d'un autre média, sauf cas de stratégie monomédia.
Il peut être utilisé pour :

- le lancement d'un produit (un bien de type voiture, parfum, ou un service SNCF.com, banque…), avec parfois, une phase de *teasing* (aguicher) ; ce média convient à tous les produits,
- le renforcement d'une campagne localement (utilisation fréquente),
- une campagne promotionnelle : ouverture exceptionnelle lundi de Pâques, Noël,
- la signalisation d'une enseigne.

Ses principaux annonceurs sont les opérateurs téléphoniques, les constructeurs automobiles, la grande distribution et les géants de l'alimentaire.
C'est le média favori pour les grandes causes sociales ou humanitaires, car il bénéficie de réductions importantes et même parfois de gratuité.
Les régies ont créé des couplages de plusieurs titres, maintenant elles proposent des couplages presse papier et site Internet du journal.

Compléments

❑ *État du droit*

Depuis 1881, il y a en France la liberté de la presse. Chaque personne (physique ou morale) nommée dans un périodique a un droit de réponse pour s'expliquer dans le même journal, sans exclure une action en diffamation.
Les droits d'auteur sont acquis au journaliste dès la création de son écrit, sans formalité spécifique mais, avec la mise en ligne des articles, la question du droit d'auteur se pose.

❑ *Que va-t-il se passer demain ?*

Début 2009, les États Généraux de la presse ont formulé plusieurs solutions pour aider la presse : abonnement gratuit pour les jeunes, aides financières au portage, etc.
Certains titres obtiennent des audiences pour leur site bien supérieures à celle du support papier. Ils développent de vraies politiques de marque (la marque *Le Monde*), mais la question de la « gratuité » du site et la survie du journal papier sont ouvertement posées. Ces sites sont en concurrence avec des sites d'informations uniquement électroniques aux règles « plus souples » comme Mediapart, Rue89, Zdnet, ou les blogs personnels de certains commentateurs.

❑ *Qualités et limites du média*

	Qualités	Limites
P Q N	Prestige et puissance des titres Sélectivité sociologique Rapidité de mise en œuvre	Coût élevé Faible durée d'exposition Couverture surtout parisienne
P Q R	Sélectivité géographique Proximité, monopole info régionale Rapidité de mise en œuvre	Coût élevé Pas de sélectivité en PCS
Presse MAG	Sélectivité en PCS et âge Qualité de l'impression, rédactionnel Bonne reprise en main	Mise en œuvre longue Coût élevé Saturation de certains supports
Presse PRO	Force du rédactionnel La voix d'une profession	Coût élevé (CPM élevé)
Presse Gratuite	Sélectivité géographique Rapidité de mise en œuvre Diffusion massive	Absence de sélectivité Qualité d'impression médiocre Support peu valorisant

La télévision

Fiche 11

Le PAF (Paysage Audiovisuel Français) a profondément évolué ces dix dernières années et, dans les dix prochaines, il va encore se transformer par l'arrêt de l'analogique et la montée de la télévision sur les portables.
La télévision est devenue un loisir de substitution à des divertissements plus chers (théâtre, cinéma, etc.) et répond à la logique de repli de ces dernières années, de cocooning facilité par les évolutions technologiques.
Avec Internet, c'est le média qui s'est le plus développé ces dernières années, mais avec une différence importante, le taux d'équipement. Quasiment tous les foyers ont un téléviseur (98 %) et le multiéquipement (plusieurs postes de télévision dans un ménage) offre des capacités publicitaires importantes en termes de ciblage.

Principes clés

❑ *Un média en transformation*

• Rapide historique

Si la première définition de l'image remonte à 1884, la première transmission télévisuelle au-dessus de l'Atlantique est réalisée en 1923. En 1935, l'émetteur de la tour Eiffel diffuse ses premières émissions télévisées régulières.
Il faut attendre 1949 pour voir le premier journal télévisé et l'année 1967 pour la télévision couleur en France. Les premiers spots de publicité sont diffusés le 1er octobre 1968, sur la première chaîne.
L'évolution technique est importante et rapide : télévisions portables dans les années 1960, naissance du magnétoscope à cassettes fin des années 1970, invention de la télécommande dans les années 80, premiers lecteurs DVD fin des années 90, écrans plats début des années 2000.

• Les différents modes de diffusion

L'hertzien. C'est le premier mode de diffusion de la télévision. Remplacé progressivement depuis 2005 par le hertzien numérique, la fin de l'analogique est fixée en 2011. Le numérique offre un plus grand choix de chaînes avec une meilleure qualité d'image et de son.

Le câble et le satellite. Malgré les différents plans, la France est sous équipée par rapport au reste de l'Europe. Il ne reste plus qu'un seul câblo-opérateur : Numéricable (3,5 millions d'abonnés) et un seul bouquet satellite avec CanalSat (5 millions d'abonnés).

L'Adsl. C'est la réception par l'intermédiaire d'Internet à haut débit de type Adsl. Les principaux opérateurs sont Orange, Free, SFR, Bouygues Télécom, Alice, etc.

La Télévision Mobile Personnelle (TMP). C'est la télévision sur le portable, grâce à la 3 G (3e génération des mobiles). Troisième écran après le téléviseur et l'ordinateur, son démarrage est régulièrement reporté (en principe en 2010). Les chaînes ont été choisies par le Csa, mais il reste à construire le modèle économique.

❑ *L'audience*

• Un instrument de mesure : le Médiamat

Créé en 1989 par Médiamétrie, le Médiamat est l'outil de mesure de référence de la télévision. Ce panel est composé de 8 895 individus âgés de 4 ans et plus, vivant dans 3 420 foyers équipés d'un audimètre à bouton-poussoir. On distingue :

- audience instantanée : c'est le nombre de spectateurs à un moment précis ;
- audience globale ou audience cumulée : elle est égale au nombre de téléspectateurs ayant regardé une émission, quelle que soit la durée d écoute ;
- audience moyenne : elle correspond au nombre moyen de téléspectateurs sans considération d'horaire, ni de durée d'écoute.

En 2009, 1 point d'audience est égal 581 000 individus de 4 ans et plus. Exemple : une audience de 15 % pour une émission = 8 715 000 téléspectateurs.

• Une audience cumulée élevée, mais en évolution

L'audience varie selon l'heure (tableau ci-dessous), mais aussi selon les jours de la semaine (plus le samedi et maximum le dimanche soir), le mois (plus de novembre à février et moins en juillet et août) et bien sûr selon les émissions.

6h-19h29	*Day time*	Dominante ménagère, personnes âgées et enfants le mercredi matin
19h30-22h29	*Prime time*	Grand public, monsieur tout le monde
22h30-5h59	*Night time*	PCS plus

On parle aussi de l'accès *prime time* : tranche horaire de 18 h 00 à 20 h 30. Les habitudes sont en train de changer. L'avancement des programmes avec la suppression de la publicité sur les chaînes publiques n'a pas eu les effets escomptés et à renforcer la création de « contre programme » aux traditionnels journaux télévisés.

Éléments et analyse

❑ *Les chaînes du service public du Paysage Audiovisuel Français*

- Le groupe France Télévision

Il est financé par une redevance annuelle payée par tous les téléspectateurs (122 euros en 2010), par une taxe sur les télévisions et les télécommunications et par la publicité. Ce dernier mode de financement doit disparaître totalement des écrans en principe, en 2011. Il restera la possibilité de faire du parrainage d'émissions.
Les chaînes sont : France 2, France 3, France 4, France 5 et France Ô (Outremer). Chacune a un positionnement précis comme France 3 « la chaîne de la proximité », France 4 « la chaîne des spectacles et des événements » en direction des 25-49 ans ou France 5 « la chaîne de la connaissance et du savoir ». Le groupe a des participations dans des chaînes thématiques comme Planète Thalassa ou Mezzo ou Gulli.
En tant que chaînes du service public, leur cahier des charges leur impose des obligations particulières : campagne électorale, émission religieuse ou messages du président de la république ou des partis politiques et syndicats.

- Autres chaînes publiques

Arte, chaîne de la culture et de la curiosité, est une association de télévisions européennes avec une direction franco-allemande.
TV 5 Monde a pour objectif de faire connaître et partager la diversité des cultures et des points de vue. Elle est diffusée en neuf langues.
Lancée en décembre 2006, **FRANCE 24** est la chaîne d'information internationale 24h/24 avec pour mission de couvrir l'actualité avec un regard français et de véhiculer partout dans le monde les valeurs et les perspectives françaises.

❑ *Les chaînes privées du PAF*

- Les chaînes « historiques »

Noms	Actionnaire de référence	Caractéristiques
TF1	Groupe Bouygues	Privatisée en 1987, chaîne leader. Télévision populaire et gratuite (financée par la pub). Diversification dans les chaînes thématiques : Eurosport, LCI, TF6 avec M6, etc.
M6	Compagnie Luxembourgeoise de Télévision	Créée en 1987, Métropole 6 en concurrence avec TF1. Gratuite, télévision tout public. Diversification dans les thématiques avec W9, Téva, Série Club, TF6, etc.
Canal +	Groupe Canal +	Créée en 1984, chaîne cryptée payante. Chaîne du sport et du cinéma (statut particulier financement du cinéma). Présente avec des thématiques : Planète, i-Télé, etc.

• Les nouvelles chaînes hertziennes gratuites

Noms	Actionnaire de référence	Caractéristiques
Direct8	Groupe Bolloré	Chaîne généraliste
W9	Groupe M6	Chaîne musicale et jeunes adultes
TMC	Groupe Bouygues	Chaîne généraliste et grand public
NT1	Groupe Bouygues	Chaîne de télévision généraliste
NRJ 12	NRJ Group	Chaîne mini généraliste pour les 11-35 ans
LCP	Assemblée Nationale et Public Sénat	La Chaîne Parlementaire, partage du canal entre les 2 chambres
BFM TV	Groupe NextRadio TV	Chaîne d'informations
i Télé	Groupe Canal+	Chaîne d'informations en continu
Virgin 17	Lagardère Active	Chaîne musicale
Gulli	France Télévisions et Lagardère Active	Chaîne jeunesse pour les 6-14 ans

• Les chaînes thématiques

On peut les regarder soit librement, soit en payant un abonnement sur le câble, le satellite ou par l'Adsl et bientôt sur le portable. L'affrontement concurrentiel est fort et déjà des arrêts ou des fusions ont eu lieu.

❑ *Utilisation du média*

C'est un média puissant, idéal pour créer de la notoriété, lancer un produit, faire la démonstration et argumenter. Il convient à tous les produits mais il faut un minimum de spots pour « émerger » des tunnels publicitaires. On peut compenser son coût élevé par une stratégie bi-média de type : TV+presse ou TV+radio ou TV+affichage. Les tarifs les plus chers correspondent aux heures de la plus forte audience. Le prix annoncé correspond au format de base de 30 secondes. Les tarifs réels sont nettement inférieurs aux tarifs affichés en raison de différentes remises consenties. Le tarif est minoré pour les campagnes d'utilité publique.

En dehors du traditionnel spot qui peut avoir une durée comprise entre 3 secondes à 45 secondes, il existe d'autres moyens d'être présent en télévision comme :

– le sponsoring ou parrainage de programme ; il peut prendre la forme d'une association régulière à un programme de type météo et Darty ou Leroy Merlin « Du côté de chez vous » ou liée à un événement comme le Tour de France ;

– la participation à des émissions de type jeux ou émissions de téléréalité ; on cite l'annonceur à l'antenne. Par contre, la publicité clandestine est interdite : par exemple marque d'un polo apparaissant même si cette règle est appliquée avec une certaine souplesse dans les téléfilms.

Compléments

❑ *État du droit : un média très réglementé, du fait de son large public*

De nombreux secteurs sont interdits de publicité télévisée :

– soit pour des raisons de santé publique : tabac ou produits du tabac, boissons alcoolisées, médicaments soumis à prescription médicale, armes à feu ;
– soit pour préserver la diversité culturelle : cinéma, livres (possible pour la presse sauf presse de charme).

Longtemps interdits de publicité à la télévision, la loi autorise, depuis 2007, les distributeurs à communiquer de manière institutionnelle ou pour leurs marques d'enseignes, mais en dehors de toute campagne de type promotionnelle.
La loi du 5 mars 2009 autorise deux coupures publicitaires lors de la diffusion d'un film, d'une série, d'un documentaire ou d'un programme jeunesse mais il faut respecter une période d'au moins vingt minutes entre deux interruptions. Ces coupures ne peuvent excéder 6 minutes.

❑ *Le contrôle institutionnel : le Conseil Supérieur de l'Audiovisuel*

Créé en 1989, le CSA est composé de 9 membres désignés par le Président de la République, le Président de l'Assemblée Nationale et le Président du Sénat. Il doit :

– faire respecter les règles déontologiques,
– attribuer et gérer les fréquences télévision quel que soit le mode de diffusion,
– vérifier les cahiers des charges de chaque chaîne (obligations légales de la chaîne),
– rendre des avis au gouvernement sur les projets de loi et de décrets qui concernent l'audiovisuel,
– organiser les campagnes officielles radiotélévisées des différentes élections.

Il a un pouvoir de sanction sous forme d'amendes ou de non-renouvellement d'autorisation ou arrêt d'émission radio ou télévision.

❑ *Un contrôle préalable : l'ARPP*

Avant diffusion : toute publicité diffusée à la télévision doit obligatoirement être visionnée par l'Autorité de Régulation Professionnelle de la Publicité qui s'assure que le spot ou le *story-board* est bien conforme à un certain nombre de principes comme : le respect de la dignité humaine, l'absence de discrimination, de violences, d'éléments de nature à choquer les convictions religieuses mais aussi des éléments de publicité comportant des éléments faux, ou de nature à induire en erreur. Elle émet un avis « favorable », « à modifier », « à ne pas diffuser » des publicités. Après diffusion, si le public est choqué par une publicité, il peut saisir le Jury de Déontologie Publicitaire (une des instances de l'ARPP) qui statuera alors sur le bien-fondé de la plainte et publiera sa décision.

❑ *Que va-t-il se passer demain ?*

On peut penser que l'augmentation du taux du multi-équipement et la montée de la TMP vont segmenter encore plus l'audience. Pour les publicitaires, cela va être une force supplémentaire (toucher une cible précise), mais les chaînes risquent de ne plus réunir des audiences aussi fortes que celles du passé. Ce média perdra son caractère de grand média de masse et la concurrence va pousser à une sagesse « relative » des tarifs des spots.

❑ *Qualités et limites du média*

Qualités	Limites
Un média très puissant et très complet (son, qualité image) Un média très apprécié par la force de vente et les distributeurs Sa couverture nationale Une segmentation possible grâce aux chaînes thématiques	Son coût élevé Sa mémorisation faible du fait d'une pression publicitaire importante (zapping où le téléspectateur a tendance à faire autre chose), même si le taux de mémorisation est de 18 % Des délais de réservation (et production) longs

Internet

Fiche 12

S'il a fallu 38 ans à la radio, 13 ans à la TV pour atteindre 50 millions d'utilisateurs dans le monde, Internet a atteint ce chiffre en seulement 5 ans.
Dernier né des médias, c'est un réseau électronique mondial composé de millions d'ordinateurs, tous connectés entre eux, et sur lesquels sont stockées des informations. L'ensemble constitue une gigantesque toile d'araignée, d'où le surnom de World Wide Web (littéralement, large toile d'araignée mondiale).

Principes clés

❑ *Un média jeune et déjà incontournable*

Avec plus de 1 milliard d'internautes dans le monde, Internet devient un média incontournable.
On peut dire qu'il n'y a pas de limite définie au nombre de services offerts dans le cadre d'Internet. En dehors des sites portails tels que Free, Yahoo !, on trouve quatre types principaux d'activités :

- des services de messagerie (msn, gmail) pouvant émettre et recevoir des messages ;
- des services d'informations tels que « lemonde.fr », « stratégies.fr » proposant des informations de toute nature composées de pages élémentaires reliées entre elles par des liens «hypertexte» qui permettent de «naviguer» dans le contenu du site ;
- des services de forums comme « le post.fr », permettant la participation à des réflexions ou de discussions entre divers interlocuteurs non définis à l'avance ;
- des services de commerce électronique de type « Grosbill.com », « eBay.com »… réalisant des transactions commerciales en supprimant le contact physique entre le vendeur et l'acheteur.

• Rapide historique

Tout a commencé à la fin des années 60, quand les autorités militaires américaines, en pleine guerre froide, mesurèrent combien leur système de communication était vulnérable. En collaboration avec diverses universités, le département de la Défense étudie alors la conception d'un système qui, dans le cas d'une attaque, garantirait la circulation des informations.

En 1974, un réseau d'Universités de Californie à Los Angeles (UCLA) se crée et publie un protocole (une méthode standard) appelé « IP » pour Internet Protocol, contenant des informations sur l'origine et la destination des messages, d'où la naissance du mot Internet (INTERcommunication NETwork).
En mars 1989, un informaticien britannique du Centre Européen de Recherche Nucléaire de Genève imagine le principe d'un système d'informations décentralisé, le Web, pour permettre aux milliers de scientifiques du monde entier collaborant aux travaux de l'organisation de rester en contact et de partager à distance les résultats de leurs travaux. Le progrès technique aidant, le système devient rapidement un succès et s'ouvre au trafic commercial au début des années 90.
La publicité apparaît en 1994 aux États-Unis (en 1996 en France) sous forme d'une bannière publicitaire professionnelle pour le compte de l'opérateur américain de téléphonie American Telephone & Telegraph.
En 1998, deux étudiants de l'université américaine de Stanford créent le moteur de recherche Google. En 2000, la société se lance dans la publicité en proposant de la publicité ciblée en fonction des mots-clés.
Dans sa conception de départ, le web 1.0, c'est la communication entre un site et des internautes. En 2004, apparaît le terme « Web 2.0 » pour désigner, la possibilité de communiquer et d'interagir à la fois avec le contenu des pages des sites, mais aussi entre internautes, d'où le Web 2.0, communautaire et interactif.

- Caractéristiques françaises

Avec le Minitel créé en 1982, la France a une certaine expérience d'un réseau. En 2008, et malgré la chute d'audience très importante, il y a encore 19 millions de connexions annuelles pour près d'un million de terminaux.
En 2009, près de 2 Français sur 3 sont internautes, soit plus de 33 millions de 11 ans et plus (Médiamétrie). Les ménages ont très rapidement compensé le retard passé, grâce à la démocratisation du haut débit avec les offres triple pay (Internet+téléphonie+TV).
Il y a aujourd'hui, plus de 3 millions d'internautes connectés par l'intermédiaire d'un téléphone mobile et ce chiffre est en constante progression avec la montée de la 3 G (3e génération des mobiles).
Pour 84 % des particuliers internautes, Internet est le premier outil d'information de pré-achat en France. Selon la Fevad, les ventes sur Internet ont dépassé les 20 milliards d'€ en 2008, avec plus de 22 millions d'acheteurs. Ils sont aussi de vrais prescripteurs sous différentes formes : dépôt d'un commentaire, attribution d'une note, communication de l'adresse d'un proche ou transfert d'une vidéo.

❑ *L'audience*

- Une variété d'instruments

Pour le moment, il y a une guerre commerciale entre différents instituts sur l'instrument qui va servir de référence sur ce média. Certains pratiquent une mesure « *site centric* », méthode consistant à mesurer la fréquentation d'un site en analysant son trafic, d'autres « *user centric* » en étudiant le comportement d'un panel d'internautes.

Le Panel France de Médiamétrie/NetRatings s'appuie sur un échantillon de 25 000 individus, recrutés par téléphone et sur Internet. Cet échantillon est représentatif de la population des internautes âgés de 2 ans et plus, résidant en France et disposant d'un accès Internet à domicile et/ou sur le lieu de travail. En complément, on estime aussi l'audience pour les autres lieux de connexion (bibliothèques, cybercafés…).
Les informations d'audience et les habitudes d'utilisation d'Internet sont disponibles mensuellement sur plus de 8 000 sites, par cible (les femmes, les jeunes, les seniors, les cadres…) et par catégorie de sites (exemples : sites d'information généralistes, sites d'e-commerce, sites de voyages…).

- Un profil d'internaute qui évolue très rapidement

Avec la montée de l'équipement, le profil de l'internaute tend à se rapprocher de celui du « français moyen », mais il reste encore des différences importantes provenant du sous-équipement de certaines catégories.
Les retraités sont seulement 26 % à surfer sur le web, les non-diplômés 27 % et les ménages modestes 34 % alors que 91 % des revenus les plus élevés, 89 % des 12-17 ans, 88 % des cadres et 86 % des étudiants naviguent sur la Toile.
En 2008, les Français y ont passé plus de 32 heures par mois (domicile et lieu de travail confondus), durée en forte augmentation. La vidéo est adoptée par tous et le temps consacré à ce média a fortement progressé.
Les réseaux sociaux suscitent un réel engouement par tous, avec des jeunes très accros.

Éléments et analyse

Pour certains auteurs, la publicité sur Internet représente l'ensemble des dépenses de promotion en ligne des produits, marques et institutions. Cela comprend aussi bien le coût des insertions publicitaires quelles que soient leurs formes, mais aussi le coût des sites des annonceurs. Les acteurs de la communication n'intègrent pas les sites. Ils se rapprochent d'une définition plus traditionnelle et plus facilement mesurable de la publicité.

❑ *L'e-publicité*

Selon l'observatoire de l'e-publicité, le marché français représentait plus de 2 milliards d'euros en 2008, avec un taux de croissance annuel de 23 %.

- La publicité « classique » ou display

On parle de publicité classique, car au départ, il s'agissait de simples bannières ressemblant à une annonce publicitaire. Maintenant, il y a une grande variété de formats et les possibilités créatives sont réelles.

– La bannière. Elle peut être simple ou animée, et même interactive, elle change lorsqu'on passe la souris dessus. On parle de skyscraper lorsqu'elle est en colonne et généralement placée sur la droite. D'un coût très faible, son efficacité est réduite (taux de clics moyen autour de 0,3 %).

- Le pop-up ou fenêtre (format 250 ×250 pixels). C'est un « bouton », une fenêtre de format carré. Bien qu'il soit souvent décrié par l'internaute, son taux de clics est meilleur (0,5 à 5 %).
- L'interstitiel. Il est très intrusif, car il apparaît sous forme d'une fenêtre lorsqu'on arrive sur la page d'accueil et disparaît au bout d'un certain temps.
- Le flash transparent. Si ce format est très intrusif, il n'en demeure pas moins intéressant et efficace dans une optique de notoriété. Il est mieux accepté lorsque son contenu est ludique et sa durée limitée (maximum 10 secondes).
- Le pavé article. La publicité est intégrée à un article sur un site d'informations. Elle est liée en général, au contenu ou à l'internaute potentiel, ce qui lui donne une certaine crédibilité. Elle prend parfois la forme d'un publi-rédactionnel. Par exemple, publicité pour un réseau immobilier dans un article traitant de l'immobilier.
- Le *billboard* ou vidéo. De taille variable, c'est une animation ou une vidéo, ne dépassant pas 10 secondes. Ce format est très attractif car il peut être très créatif. Il prend la forme d'un spot TV. Il répond souvent à un objectif de notoriété mais permet aussi de pousser l'internaute à agir en allant sur le site de l'annonceur.
- L'habillage de page. Le temps d'une campagne, le site support est aux couleurs de l'annonceur. Par son originalité et son caractère peu intrusif, son impact est certain pour les campagnes de notoriété et de lancement de produits.

• Les liens sponsorisés ou *search*

Actuellement, c'est la forme la plus importante de la publicité sur Internet, avec près de 40 % en 2008 de l'e-publicité. On vise tous les internautes cherchant une information, un produit ou un service. On peut distinguer les sites tels les moteurs de recherche comme Google où Yahoo reposant sur des mots clés, des annuaires ou portails tels que Free ou Orange où l'on propose un classement thématique des informations (actualités, sports, rencontres, météo par exemple).
Le référencement peut être :

- naturel, il est réalisé par des robots d'indexation ; plus un site est fréquenté, plus il va être « référencé », présent sur le moteur de recherche en bonne position ;
- sponsorisés ou promotionnels, les moteurs de recherche perçoivent une commission pour mettre en avant le site d'un annonceur. Ces liens commerciaux sont bien identifiés sur la page et bénéficient de nombreux avantages : un paiement au clic, un trafic de qualité (l'internaute est en quête d'informations), un suivi facile des résultats.

Le choix du mot-clé est important, car il faut réussir à transformer une attente en une question, et donc, un terme ou une expression qu'un internaute formulera.
Pour les sites bénéficiant d'une forte notoriété, l'internaute se passe d'un moteur de recherches en indiquant directement le nom.

• Les modes d'achat et de tarification

On peut acheter de la publicité soit à « l'impression », soit à la « performance » :

- À l'impression, affichage d'une bannière sur une page. On achète au CPMPAP, c'est-à-dire au Coût Pour Mille impressions Pages vues Avec Publicité. Cette démarche est proche de la publicité sur les médias classiques, on achète en espérant une bonne audience et un bon retour sur investissements.
- À la performance. La régie propose un tarif pour un certain nombre de clics au CPC, Coût Par Clic ou un certain nombre d'actions CPA, Coût Par Actions (par exemple vente réalisée). Tarif indicatif : 0,20 € au CPC et 30 € au CPA par vente réalisée (selon la nature de la vente).
- Pour les campagnes par mots-clés, il peut y avoir des enchères du CPC.

❑ *Les principaux annonceurs*

Pour l'e-publicité, les principaux secteurs sont les télécommunications, les voyages et tourisme, la banque-assurance, mais certains annonceurs ont fait leur entrée dans le top 10, en 2008, comme Renault, Canal+, Procter & Gamble. Les plus fidèles sont Ebay, SNCF, SFR, Orange.
En dehors de l'e-publicité, on peut communiquer par Internet avec des sites dédiés.

- **Les sites corporate ou institutionnels**

Ils visent à faire connaître l'entreprise et les grandes lignes de son activité. On cherche à cibler l'ensemble de ses publics : les clients, mais aussi les partenaires institutionnels, les étudiants en recherche de stage, les fournisseurs, les prospects, etc. C'est un des instruments de la communication institutionnelle.

- **Les sites publicitaires ou sites vitrines**

Ils ont pour rôle de présenter les produits de l'entreprise. C'est un moyen d'information sur les caractéristiques des biens ou services proposés mais aussi un instrument pour construire une relation clientèle (par exemple identification des attentes, transfert vers le revendeur le plus proche…).

- **Les sites événementiels ou promotionnels**

Ils sont créés spécialement dans le cadre d'une opération de communication avec des appellations proches de la signature de la campagne (plus facilement mémorisable). Certains ont fait l'objet d'un buzz important et disparaissent après.

Compléments

❑ *État du droit*

L'ensemble des règles du secteur de la communication sont applicables à Internet comme la publicité mensongère, déloyale, l'utilisation de la langue française, la publicité comparative, le droit à l'image, à la propriété intellectuelle, etc.
Dernièrement, l'autorisation de la publicité en faveur des boissons alcoolisées sur Internet a été adoptée par les députés, avec un certain nombre de limites : exclusion

des sites sportifs ou destinés principalement à la jeunesse, interdiction des pop-up. La publicité sera soumise aux mêmes contraintes que sur les autres supports en matière de message de santé publique ou de contenu.
Loi du 21 juin 2004 pour la Confiance dans l'Économie Numérique (LCEN) a pour objectif de donner une impulsion au commerce électronique et sécuriser les transactions électroniques.

❑ *Que va-t-il se passer demain ?*

Avec Internet, les choses vont vite. On peut imaginer, qu'avec la montée des téléphones 3 G, on va assister à un renforcement de ce média, qui possède de nombreuses qualités. On pourra toucher la cible à tout moment.

❑ *Qualités et limites du média*

Qualités	Limites
Sa bonne sélectivité qualitative Son interactivité (la possibilité aussi d'optimiser les campagnes en cours, webplanning souple) Son coût peu élevé et ouvert à de nombreux annonceurs pour le moment Une certaine créativité renforcée par des formats vidéo Les possibilités offertes par l'arrivée de l'Internet mobile	Une mesure d'audience difficile et contestée (fraude au taux de clic par ex.) Les critères d'efficacité ne sont pas toujours satisfaisants Un rejet de la publicité en ligne par les internautes

L'affichage

Fiche 13

On parle parfois aussi de « publicité extérieure », car l'affiche n'est qu'une facette de ce média. « L'affichage », ce sont tous les messages visibles dans les lieux fréquentés par un public. C'est un média de proximité.

C'est le seul des médias à être entièrement gratuit, pour le public. Il ne faut ni acheter un équipement de type télévision, ordinateur ou radio, ni payer directement un média comme avec un journal ou une entrée de cinéma.

L'affiche, c'est un vrai choc, qu'on « prend en pleine figure », un vrai électrochoc. On comprend mieux alors les opérations de *teasing* (aguicher).

Principes clés

❑ *Un média à part en France*

• Rapide historique

C'est le média le plus ancien, car on trouve des affiches sur les murs du Forum à Rome (100 ans avant J.-C.). Lors du XIXe siècle, l'affiche a été un moyen de communication très utilisé par les révolutionnaires, car peu coûteux. Elle acquiert sa liberté en 1881, sauf l'inscription contraire « Défense d'afficher loi du 29 juillet 1881 ». Avec le développement de nouveaux moyens de transport se créent de nouveaux supports : affichage routier au début du XXe siècle, banderole sur un avion ou sur un ballon dirigeable, par exemple.

• Caractéristiques

La France est l'un des pays où les dépenses publicitaires dans ce média sont les plus importantes. Cette situation s'explique, en partie, par la relation étroite et continue de l'affichage avec des affichistes de talent tels que Toulouse Lautrec, Cappiello, Cassandre, Savignac ou Folon.

Mais aussi les sociétés d'afficheurs français ont, par une démarche marketing poussée, su développer des concepts novateurs (abribus, Vélib, *teasing* Myriam de la société Avenir...) et occupent aujourd'hui, une place majeure au plan mondial, comme le groupe JCDecaux.

Malgré une réglementation déjà contraignante, ce média est très attaqué par les anti-pubs pour son côté « pollution visuelle », d'où certaines dégradations (graffitis). Certaines associations ou groupes interpellent l'ARPP ou les tribunaux pour des créations jugées par eux, choquantes.

❑ *L'audience*

- Un instrument de mesure : l'Affimétrie

Longtemps, il n'y a pas eu de réels outils pour mesurer l'audience de ce média. Affimétrie, association de sociétés d'affichage, a mis en place des instruments pour évaluer l'efficacité d'une campagne à partir d'enquêtes sous forme d'interviews d'échantillons représentatifs.
L'instrument de mesure est ODV, l'Occasion De Voir une publicité, c'est-à-dire le passage à côté d'un panneau. On calcule aussi la répétition du message, nombre de passages devant le panneau ou le GRP (Gross Rating Point ou Point de Couverture Brute) indicateur de la pression d'une campagne publicitaire sur une cible précise.

- Une audience de qualité

75 % des Français vivent sur 18 % du territoire, cela fait donc de nombreuses occasions de voir les différents panneaux.
On assiste à une augmentation des déplacements avec des durées de plus en plus longues. Le trajet moyen domicile-trajet d'un salarié est de 32 minutes, avec des temps plus importants pour les grandes agglomérations, Paris en particulier.
L'affichage surexpose les hommes, de moins de 49 ans, avec une présence d'étudiants, de professions libérales, de cadres et professions intermédiaires.

Éléments et analyse

❑ *Les différentes formes d'affichage*

L'offre d'emplacements est variée et très importante, les afficheurs inventant régulièrement de nouveaux supports.

- L'affichage traditionnel

Il se décline en location à la semaine ou sur une plus longue période. Il se commercialise par emplacement ou par réseau (ensemble de panneaux vendus avec certains critères de sélectivité ou de forme ; par ex., villes de plus de 100 000 habitants). Il existe différents formats mais on trouve majoritairement des grands formats de 12 m^2, soit à l'italienne (4 par 3), soit panoramique :

- présent dans les zones urbaines et sur les grands axes, il touche les individus pendant leurs déplacements ;
- commercialisé pour une durée d'une semaine par les sociétés comme Avenir, Clear Channel ou CDS Outdoor, le coût d'un réseau est élevé car cela représente

des centaines de panneaux dans différentes agglomérations. Il est possible de n'acheter qu'une partie d'un réseau.

- **L'affichage transport**

Présent dans les zones urbaines et sur les grands axes, il touche les individus pendant leurs déplacements : les métros, les bus, les trams, les gares. Il peut être de format à l'italienne ou panoramique, mais il existe aussi une multitude de tailles correspondant aux supports : arrières ou flancs de bus, oriflamme, etc.

- **Le mobilier urbain**

Type d'affichage inventé par Jean Claude Decaux dans les années 60, il concilie publicité et service rendu au public par son offre d'Abribus. Cette idée a fait le tour du monde et a permis à JCDecaux d'être l'un des leaders mondiaux du secteur. C'est avec ce même concept de base, que cinquante ans après, cette société lance les Vélib à Paris (concept identique dans les autres grandes villes).
Cette forme d'affichage est très intéressante car elle cible les passants au cœur de la cité, aux endroits d'activité forte.

- **Les autres formes de publicité extérieure**

Il existe une diversité d'autres réseaux comme : les réseaux vitrines (Société Insert, petits formats en magasin) ; les réseaux des Caddies d'hypermarchés (Société Média Performances) ; l'affichage mobile sur camions, avions, dirigeables, Smart, taxis ; les enseignes lumineuses : les médias tactiques de type tables de brasserie, gobelets, Cartcom ; le *total covering* pose d'un film adhésif publicitaire sur différents supports (bus/station métro/entreprise/avion), les grandes toiles avec des tarifs pouvant aller jusqu'à 100 000 € par mois pour les toiles les plus grandes et placées dans des lieux avec un trafic important (boulevard périphérique parisien par exemple).

❑ *Utilisation du média*

C'est un média puissant qui crée de la notoriété et de l'image. Il touche une zone géographique précise et, par la variété de ses supports, a une certaine souplesse. Il vient en complément d'un autre média, sauf cas de stratégie monomédia.
Il peut être utilisé pour :

- le lancement d'un produit (un bien de type voiture, parfum, ou un service SNCF.com, banque…), avec parfois un *teasing*, ce média convient à tous les produits ;
- le renforcement d'une campagne localement (utilisation fréquente) ;
- une campagne promotionnelle : ouverture exceptionnelle lundi de Pâques, Noël ;
- la signalisation d'une enseigne.

Ses principaux annonceurs sont les opérateurs téléphoniques, les constructeurs automobiles, la grande distribution et les géants de l'alimentaire.
C'est le média favori pour les grandes causes sociales ou humanitaires, car il bénéficie de réductions importantes et même parfois de gratuité.

Compléments

❑ *État du droit : Une réglementation importante*

Loi n° 79-1150 du 29 décembre 1979 (loi Barnier) et ses différentes modifications a pour objet de renforcer la protection de l'environnement, en précisant les zones où la publicité est autorisée. Chaque commune doit éditer un règlement local de publicité qui encadre les différents dispositifs d'affichage privés ou publics : publicité, enseignes (inscription, forme ou image apposée sur un immeuble ou un terrain relatif à une activité qui s'y exerce), pré-enseignes (même définition mais indiquant la proximité où s'exerce une activité déterminée) et affichage événementiel. La publicité est interdite hors agglomération sauf autorisation (par ex. pour un centre commercial). La publicité sur les véhicules terrestres, sur eau et dans les airs est aussi réglementée.
Loi Évin 1991 et ses décrets d'application : interdiction de la publicité pour le tabac et autorisation dans certains lieux restreints (interdit terrains de sports par exemple).

❑ *Une certaine autodiscipline : l'ARPP*

Les adhérents de l'Autorité de Régulation Professionnelle de la Publicité peuvent lui demander conseil avant finalisation de leurs projets de publicité, afin d'en vérifier la conformité aux règles professionnelles en vigueur. En 2008, l'ARPP a été saisie de 685 projets de campagnes d'affichage.

❑ *Que va-t-il se passer demain ?*

On peut facilement imaginer que pour les emplacements les plus prestigieux et plus rémunérateurs, le panneau « traditionnel » sera remplacé par des panneaux numériques interactifs ou tactiles avec des procédés de type *bluetooth*, wifi ou infrarouge du portable. Cela permettra de reconnaître le passant et lui adresser une communication ciblée. Actuellement, la régie Métrobus met en place des écrans LCD dans certains quais ou couloirs du métro parisien.

❑ *Qualités et limites du média*

Qualités	Limites
Sa puissance, un vrai média de masse Sa sélectivité géographique Sa rapidité d'installation Sa diversité de supports Sa capacité à communiquer	Son coût élevé Sa capacité argumentative réduite Sa faible sélectivité en Pcs Ses difficultés à mesurer l'audience d'une campagne Sa « pollution » visuelle

La radio

Fiche 14

Des années 1960 aux années 1980, l'audience de la radio s'est profondément segmentée. On recense en moyenne près de 6 postes par foyer (autoradio, radio-réveil).
La radio est un média très réactif qui sait s'adapter aux besoins grandissants de mobilité et de dynamisme du public.

Principes clés

❑ *Un média très puissant en France*

- Rapide historique

À la fin du XIXe siècle, Branly, puis dans un second temps Marconi, ont permis par leurs avancées techniques l'émergence de ce nouveau média. La première étape importante est 1922 avec la première radio, Radio Paris, sous tutelle du ministère des PTT (Poste, Télécommunication et Télégraphes). Très rapidement, apparaissent les premières publicités et la première redevance (taxe à payer). À la veille de la seconde guerre mondiale, il existe des radios appartenant à l'État, mais aussi des radios privées (par exemple Radio Cité du futur créateur de l'agence Publicis, Marcel Bleustein Blanchet). Elles sont toutes contrôlées pendant la guerre et nationalisées à la Libération.
La seconde étape importante, en 1948, c'est l'invention du transistor qui permet une écoute individuelle et une mobilité. L'État conserve son monopole, malgré certaines tentatives de radios dites « libres ».
La dernière étape importante, c'est 1981 avec la libéralisation des ondes et la naissance des Radios Locales Privées. Cela va révolutionner le paysage radio français, avec l'arrivée de nouvelles radios de type NRJ, Fun Radio, RFM...

- Caractéristiques françaises

La France est l'un des pays où les dépenses publicitaires en radio sont les plus importantes. Le dynamisme et l'inventivité des radios françaises ont permis leur développement au niveau européen ; par exemple NRJ Group comme le Groupe Lagardère ont créé des radios dans toute l'Europe.

❑ *L'audience*

• Un instrument de mesure : l'enquête 126 000 Radio Médiamétrie

L'audience est mesurée quel que soit le support de réception (poste de radio traditionnel mais également Internet, TV, téléphone mobile…) et quelle que soit la localisation de l'écoute (domicile, travail, voiture ou ailleurs), y compris l'écoute en mobilité. On retient plusieurs indicateurs :

- AM, l'Audience Moyenne, c'est le volume des audiences obtenues en moyenne par quart d'heure, exprimée en pourcentage de la population ou en milliers ;
- AC, l'Audience Cumulée, c'est l'ensemble des personnes ayant écouté au moins une fois la station dans la journée, en pourcentage de la population ou milliers ;
- DEA, la Durée d'Écoute par Auditeur (en heures/minutes), c'est la durée moyenne d'écoute d'une station ;
- PDA, la Part D'Audience, c'est la part de marché correspondant au volume d'écoute d'une station par rapport au volume d'écoute global du média radio. 1 % d'audience est égal à 514 040 individus ou auditeurs de 13 ans et plus.

• Une audience très sélective, fidèle mais une mémorisation faible

Les auditeurs sont de plus en plus mobiles : l'écoute « hors domicile », en voiture, au travail ou ailleurs, n'a cessé de se renforcer pour représenter près de la moitié de l'écoute totale de la radio. Le domicile demeure le lieu d'écoute privilégié des stations généralistes. La voiture est celui des stations musicales. Plus des 3/4 des auditeurs de la radio effectuent au moins un déplacement chaque jour. Plus de la moitié d'entre eux écoutent la radio dans ce contexte de mobilité.
Il y a trois profils d'auditeurs :
- les plus jeunes – les 13-17 ans – sont massivement à l'écoute de la radio,
- une très grande majorité de CSP+, plus de 9 sur 10,
- les actifs écoutent plus la radio que les inactifs.

L'auditeur est fidèle (8 personnes sur 10 âgées de 13 ans et +) et la durée d'écoute est de 3 heures.
Chaque station a un profil d'audience particulier en FM. On parle souvent de « format » d'une radio (exemple format *oldies* de Nostalgies avec une cible 35-49 ans). L'audience d'une station, avec ses rendez-vous réguliers, ne varie pas et assure un nombre d'auditeurs stables pour les annonceurs (baisse le week-end).
Pour les annonceurs locaux, on peut toucher une région ou une ville grâce aux différentes radios locales et les coûts sont très abordables.

Éléments et analyse

❑ *Les différentes stations ou réseaux*

Il existe, généralement, deux manières de présenter les différentes radios :

- la première correspond aux grandes familles de radio, classification plus commerciale ;

– la seconde, classification plus institutionnelle, car provenant du Conseil Supérieur de l'Audiovisuel.

- Les grandes familles de radio

Après de nombreux bouleversements, il existe aujourd'hui quatre ensembles de radios :

– **les généralistes**, ce sont les plus anciennes : RTL, RMC, Europe 1, France Inter, Sud Radio ;
– **les musicales**, elles ont été créées dans les années quatre-vingt suite à la suppression du monopole : NRJ, Chérie FM, Skyrock, Nostalgie, RFM, RTL 2 ;
– **les thématiques**, hors musique, ce sont des radios du groupe Radio France (radios du service public) comme France Info, France Culture, France Bleue, etc. ou des radios privées comme BFM, RMC Info ou Radio Classique ;
– **les locales**, elles ne couvrent qu'un territoire (zone de diffusion réduite, par ex. une ville, un département) et sont, soit des radios décentralisées du groupe Radio France (par exemple Radio Mayenne), soit des radios privées indépendantes (TSF Jazz, Montagne FM).

- La classification du CSA (Conseil Supérieur de l'Audiovisuel)

En 1989, le CSA a défini cinq catégories de radios pour organiser le paysage radiophonique français (chiffres du nombre de radios en 2005).

Catégorie A – les radios non commerciales, au nombre de 896

Relèvent de cette catégorie, les radios éligibles au Fonds de soutien à l'expression radiophonique dont les ressources commerciales provenant de messages diffusés à l'antenne et présentant le caractère de publicité de marque ou de parrainage sont inférieures à 20 pour cent de leur chiffre d'affaires. Ces radios non commerciales ont pour vocation d'être des radios de proximité, des radios communautaires, culturelles ou scolaires. Leur programme d'intérêt local, hors publicité, doit représenter une durée quotidienne d'au moins quatre heures diffusées entre 6 heures et 22 heures.

Catégorie B – les radios commerciales locales ou régionales indépendantes et ne diffusant pas de programme national identifié, au nombre de 162

Elles se caractérisent par une zone de desserte ne couvrant pas une population de plus de six millions d'habitants et par la présence dans leurs émissions d'un programme d'intérêt local d'une durée quotidienne, hors publicité, d'au moins quatre heures, diffusé entre 6 heures et 22 heures.

Catégorie C – les radios commerciales locales ou régionales affiliées à un réseau à vocation nationale, au nombre de 228

Elles se caractérisent par une zone de desserte ne couvrant pas une population de plus de six millions d'habitants et par la diffusion quotidienne d'un programme d'intérêt local et, en complément de ces émissions, d'un programme fourni par un réseau thématique à vocation nationale.

Catégorie D – les radios commerciales thématiques à vocation nationale, au nombre de 15
Cette catégorie comprend tous les services dont la vocation est la diffusion d'un programme thématique sur le territoire national sans décrochages locaux.

Catégorie E – les radios commerciales généralistes à vocation nationale, au nombre de 3
Elles offrent des programmes d'une grande diversité de genres et de contenus, faisant une large part à l'information et peuvent effectuer des décrochages, dans la limite d'une heure quotidienne d'informations locales.

❑ *Utilisation du média*

• Ses spécificités

C'est le média du comportement qui permet de développer une forte pression publicitaire sur une courte période. Son rendement est immédiat. Le message doit éveiller l'attention et aussi répéter le nom du produit. La répétition du spot aussi est nécessaire car son taux de mémorisation est faible (5 %).
La radio, par sa souplesse, a toujours su développer une réelle interactivité avec ses jeux, ses débats, la facilité de mobiliser ses auditeurs pour certaines causes.
La radio a le son (importance du jingle d'une annonce publicitaire), mais pas l'image, donc elle va souvent venir en complément d'un média qui a, lui, l'image, comme la presse, l'affiche ou la télévision.
Ce média peut être utilisé dans le cas :

- d'opérations spéciales de type campagnes promotionnelles, soldes, ouverture exceptionnelle d'un magasin ;
- de lancement d'un produit de grande consommation ou un service de type produits financiers, assurances ;
- d'une campagne d'entretien (relance d'un produit) en excluant les produits à forte image comme la mode.

Ses principaux annonceurs sont la grande distribution (c'est pour eux un média de proximité), les constructeurs automobiles et les opérateurs téléphoniques.
C'est le média favori pour les grandes causes sociales ou humanitaires, car il bénéficie de réductions importantes et même parfois de gratuité.

• Les principales régies

Dans la réalité du marché, trois régies se partagent plus de 80 % du marché :

- IP (Information et Publicité du groupe RTL), avec RTL, RTL 2, Fun Radio, etc.,
- NRJ Global, avec NRJ, Chérie FM, Rires et Chansons, Nostalgie,
- LAP (Lagardère Active Publicité, groupe Lagardère), Europe 1, Virgin Radio, BFM, RFM, Skyrock, les radios des autoroutes, Les Indépendants (Groupement Intérêt Économique de plus d'une centaine de radios à dimension régionale).

Le tarif est abordable pour de nombreux annonceurs et dépend de la tranche horaire et de l'audience de la station. Les régies vendent chaque station, mais aussi bien souvent, des packages, offres groupées. Par exemple, on offre un ensemble de 200 spots sur plusieurs stations, sur une même cible, ce qui offre une certaine complémentarité et une répétition importante du message.

Compléments

❑ *État du droit : une réglementation importante*

Loi Évin 1991 et ses décrets d'application : interdiction de la publicité pour le tabac et autorisation pour les alcools entre minuit et 17 heures (7 heures le mercredi).
Loi du 30 septembre 1986 : les stations de radio sont tenues de diffuser 40 % de chansons francophones.
Publicité limitée sur les radios publiques aux causes d'intérêt général, aux campagnes collectives, aux sociétés nationales (suppression totale à l'horizon 2011 ?), mais parrainage possible pour toutes les entreprises.

❑ *Le Conseil Supérieur de l'Audiovisuel*

Il délivre l'autorisation d'émettre d'une radio, selon ses différentes catégories. Il a le pouvoir de sanction en cas de non-respect du cahier des charges.

❑ *Que va-t-il se passer demain ?*

Après l'adoption, fin 2007, de la norme T-DMB (*Terrestrial Digital Multimédia Broadcasting*, pour diffusion multimédia numérique terrestre), la radio est prête à passer au numérique (RNT : radio numérique terrestre). Elle sera plus pratique avec des retours en arrière possible, des compléments d'information (titres, photos, paroles, etc.) et aussi la possibilité de messages publicitaires écrits. Elle risque d'entraîner une certaine réduction de la diversité radiophonique, car certaines « petites » radios n'auront peut-être pas les moyens d'adopter ces nouvelles normes. Les foyers possédant de nombreux postes, l'écoute en numérique passera par le remplacement des téléphones portables, des baladeurs, des autoradios car aucune date de la fin de la radio analogique n'est fixée, à la différence de la télévision.

❑ *Qualités et limites du média*

Qualités	Limites
Son efficacité (retour sur investissement) Sa capacité à pénétrer le foyer Sa bonne sélectivité quantitative (jour, heure) et qualitative (station, programme) Sa rapidité de mise en place Son coût peu élevé, achat d'espace comme frais de production	Son absence de visualisation Sa couverture territoriale incomplète Sa mémorisation faible

Le cinéma

Fiche 15

La France est le premier pays en nombre d'entrées par habitant et a su conserver une place importante dans l'industrie mondiale du cinéma, derrière les États-Unis.
Aujourd'hui, le cinéma est le plus modeste des médias, tant du point de vue des investissements publicitaires (0,70 % en 2008 selon IREP), que du nombre de ses annonceurs (une cinquantaine).

Principes clés

❑ *Un média aujourd'hui très marginal, du point de vue publicitaire*

• Très rapide historique

Au XIXe siècle, les hommes ont cherché, par différents procédés, à recréer le mouvement des images. En 1895, Auguste et Louis Lumière présentent à Paris leur invention, le cinématographe, avec le premier film de l'histoire, l'entrée du train dans la gare de La Ciotat. Très rapidement, la publicité participe et finance les premières projections. Le XXe siècle a été le siècle d'or du cinéma. L'invention de la couleur (technicolor en 1910), du premier film entièrement sonore (1928), du cinémascope et du son stéréo (1953), du dolby stéréo (1963 par Ray Dolby) ont permis qu'il devienne un moyen de distraction important et très apprécié.
Avec le début du XXIe siècle, les progrès techniques (format numérique, téléchargement illégal) et l'augmentation des coûts de production peuvent, selon l'avis de certains cinéastes, concourir à la perte de ce média.

• Caractéristiques françaises

Si dans les années 1950, il y avait plus de 400 millions d'entrées par an, aujourd'hui les chiffres annuels, en progression depuis le creux du début des années 90 (120 millions d'entrées) avoisinent les 200 millions d'entrées.
Une particularité française, c'est le mode de financement du cinéma. Le législateur, depuis un certain nombre d'années, a souhaité protéger et maintenir, un cinéma français. Il a facilité le financement des films par divers procédés : avances sur recettes, participation des chaînes de télévision (Canal+ pour 200 millions d'euros, 120 millions pour France Télévision, TF1 et M6 en 2008), aide de l'État sous forme de crédit d'impôt (si tournage en français sur le territoire).

Il existe aussi une réglementation très protectrice des salles de cinéma : interdiction de passer un film certains soirs (mercredi et samedi) à la télévision, interdiction de la publicité à la télévision pour un film. Les professionnels, appuyés par les pouvoirs publics, ont su créer des animations de type Fête du cinéma, le Printemps du cinéma.

❑ *L'audience*

Selon l'enquête 75 000+ de Médiamétrie, le spectateur « moyen » est plutôt jeune (15-24 ans), urbain (agglomération parisienne et autres supérieures à 100 000 habitants) avec une CSP + (et surtout inactifs de type étudiants). Depuis quelques années, les plus de 50 ans sont aussi des spectateurs assidus.
C'est un média convivial car le spectateur y va rarement seul, mais généralement en couple ou en groupe.

Éléments et analyse

❑ *Utilisation du média*

• Ses spécificités

Média complémentaire à la télévision, il s'utilise rarement seul. Média générateur d'image, il possède une force de persuasion importante (bonne explication des gestes, capacité à lever les freins à l'achat), mais aussi, une excellente mémorisation car le spectateur est captif.
Les annonceurs fidèles au grand écran sont les secteurs de la culture et des loisirs, des télécoms, de l'automobile, des banques et de l'habillement.
Un annonceur national peut demander un repiquage adresse (bandeau en bas de l'écran pour signaler le point de vente le plus proche). Par sa sélectivité géographique, il est aussi utilisé par des annonceurs locaux : restaurants, centres commerciaux, concessionnaires automobiles, sous forme de messages souvent simples, pour un coût abordable.
C'est aussi un bon média pour les campagnes d'intérêt général en direction des jeunes (Sécurité Routière, INPES par exemple).

• Deux régies

Elles assurent la vente d'espaces publicitaires mais aussi, à la demande, le montage du spot.
Médiavision, groupe Publicis, contrôle à peu près 70 % du parc des écrans avec les salles Pathé, Gaumont et autres cinémas affiliés. Son symbole est le personnage du petit mineur, de Jean Mineur, initiateur de la publicité dans le cinéma.
Screenvision, filiale de Thomson et d'ITV (télé britannique), est présente dans les salles UGC, Rex, avec seulement 30 % (présence renforcée en Ile de France).

❑ *Formes du message publicitaire*

- **Le spot traditionnel**

Il s'achète à la semaine, du mercredi matin au mardi soir. Son Coût Pour Mille contacts est environ de 100 €.

- **Le placement de produit**

C'est l'apparition d'une marque ou d'un produit dans un film (taxi Peugeot dans la série des films « Taxi »). Il y a trois types de placement : le prêt de matériel, l'échange de marchandises et l'apparition payante. Les deux premiers ont toujours existé, le troisième a tendance à se développer depuis une vingtaine année en France, mais reste généralement modeste (1 % du budget des productions). Il apporte un capital de sympathie à une marque ou à un produit, à court et à moyen terme car il y aura, après la distribution en salles, la diffusion sur Canal Plus, en vidéo et les nombreuses rediffusions sur les différentes chaînes. Cette technique est très développée aux USA. Ainsi pour le dernier James Bond (*Quantum of Solace*), Aston Martin, filiale de Ford, a versé en plus du prêt gracieux de véhicules, la somme de 62 millions d'euros.

- **L'aide au tournage du film**

Depuis quelques années, certaines collectivités territoriales ont découvert l'intérêt de mettre en valeur leur territoire grâce au cinéma. Quelques exemples : la Région Nord-Pas de Calais a participé pour 900 000 euros dans le budget de *Bienvenue chez les Ch'tis* ou encore le Conseil Général du département de l'Ain pour *Le renard et l'enfant*. On peut aussi citer, l'usage inverse, le versement de la production pour le tournage de certaines séquences dans des monuments historiques comme le château de Versailles pour le *Marie Antoinette* de Sofia Coppola ou le Louvre pour le film *Da Vinci Code*.

Compléments

❑ *État du droit : une réglementation importante*

Limitation liée à loi Évin 1991 et à ses décrets (alcool, tabac). La publicité pour l'alcool et le tabac est interdite sur ce média (loi Evin) car en France le droit moral d'un film appartient au réalisateur et non au producteur comme aux États-Unis, d'où une certaine limitation du placement produit.

❑ *Que va-t-il se passer demain ?*

Sur les dix années à venir, il y aura le passage progressif de l'argentique au numérique. Avec ce procédé, il sera possible pour un annonceur de faire son choix en fonction d'une salle, de la séance ou du film, d'où un ciblage accru.
Dès aujourd'hui, certains films (Studios Disney ou Pixar par exemple) génèrent plus de recettes en produits dérivés (dvd, accords de licence pour des biens ou des services, mais aussi les jeux vidéos) que les entrées en salle.

Il existe aujourd'hui, quasiment autant de téléchargements illégaux que d'entrées par jour. Le délai minimum après la sortie en salle est de 6 mois pour qu'un film soit commercialisé en DVD et de 7 mois minimum pour la VOD (Vidéo à la demande). Il devrait être réduit à l'avenir pour lutter contre le piratage (délai de 4 mois ?).

❑ *Qualités et limites du média*

Qualités	Limites
Le meilleur taux de mémorisation des différents médias Son fort pouvoir de communication (disponibilité du spectateur) Sa bonne sélectivité géographique et aussi en termes de cible	Son coût d'achat d'espace élevé Le coût de production du spot Le coût du billet d'entrée pour le spectateur

Les théories de la communication

Fiche 16

La communication est le moyen de satisfaire à un besoin humain fondamental de relation. La communication est au centre des échanges sociaux. L'idée de communication est indissociable de celle d'échange, l'objet de l'échange étant une information qui se présente sous la forme de signes composant un message. La communication permet l'échange entre les personnes (échange interpersonnel).
La langue est définie par Saussure comme un système articulé de signes qui permet de faire référence à des significations. La linguistique d'abord centrée sur le message et le code, s'est ensuite intéressée au contexte social dans lequel interviennent les interactions langagières. Les linguistes ont aussi défini les fonctions du langage.

Les principaux modèles de communication

Les premiers modèles proposent une approche technique de la communication, la linguistique s'intéresse à l'acteur et au contexte. L'approche systémique analyse la communication en mettant l'accent sur les systèmes de relations.

❑ *Les modèles théoriques classiques*

- Le modèle de Shannon et Weaver

Les mathématiciens Shannon et Weaver ont proposé le premier modèle de communication à l'occasion de travaux réalisés sur la transmission des informations à travers les lignes téléphoniques. En 1948, ils proposent un modèle linéaire qui repose sur une chaîne d'éléments : la source d'information, l'émetteur qui transforme le signal en un code, le canal de transmission, le récepteur qui décode les signaux, et le destinataire du message.
Des perturbations appelées « bruits » peuvent parasiter la transmission du message et provoquer une perte d'information.
Il sert aujourd'hui de matrice de référence pour les sciences de la communication.

Schématiquement, ce modèle peut être représenté ainsi :

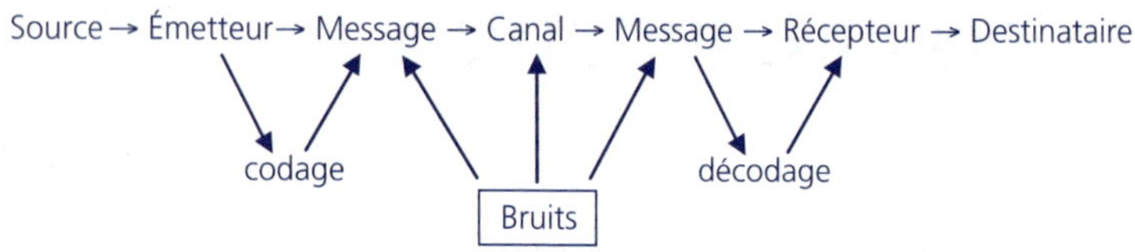

Analyse du modèle :
La source est la marque, l'organisation.
L'émetteur est la personne ou le support qui véhicule l'information (le vendeur, l'annonce presse, le spot TV…).
Le message émis est l'idée principale que l'on veut faire passer à travers un ensemble de signes.
Le canal est le moyen de véhiculer le message (la parole du vendeur, la presse, la TV…).
Le message reçu est le message interprété par le récepteur.
Le récepteur est l'ensemble des personnes qui sont en contact avec le message.
Le destinataire est l'ensemble des personnes auxquelles est destiné le message.
Le codage porte sur la forme donnée aux signaux envoyés (choix des mots, des images, des sons et leur mise en forme).
Le décodage est l'interprétation des signaux.
Ce modèle a été critiqué car il ignore les interactions entre source et destinataire, et il ne prend pas en compte l'importance du contenu du message. Ce modèle mathématique n'est donc pas totalement adapté à la communication humaine.

- Le modèle de Wiener

Le modèle de Wiener complète le modèle de Shannon en introduisant la notion de feed-back. Ce modèle s'appuie sur un processus de communication circulaire (et non plus linéaire) en introduisant un échange d'information à travers la réaction du destinataire qui devient à son tour émetteur (retour d'information). La communication devient dynamique et est régulée.

❑ *Un modèle linguistique*

- Le modèle de Hymes

Hymes s'est intéressé aux composantes de la situation de communication et a proposé un modèle (SPEAKING) qui comprend huit éléments : cadre, identité des participants, intentions, ton, canaux et codes, normes et genre.
Settings : la situation englobe le cadre (moment et lieu de l'échange, disposition matérielle) et la scène (cadre culturel et psychologique de l'échange).
Participants : les participants sont l'émetteur, le destinataire mais aussi les individus présents qui influent sur l'interaction.
Ends : les finalités désignent les intentions de l'émetteur et les résultats effectifs de l'interaction.

Acts : les actes regroupent le contenu et la forme du message.
Keys : le ton rend compte de l'accent et la manière dont l'acte est accompli.
Instrumentalities : les instruments regroupent les canaux (moyen de transmission de la parole) et les formes de la parole (le code).
Norms : les normes interviennent au niveau de l'interaction (respecter son tour de parole) et de l'interprétation (références culturelles des participants).
Gender : le genre désigne la catégorie à laquelle appartient la communication (conférence, conversation, échange professionnel).

❑ *Le modèle systémique de l'école de Paolo Alto*

L'école de Palo Alto est un courant de pensée qui, dans les années 50, s'est intéressé à la problématique de la communication en y appliquant une démarche systémique. Ce modèle propose une vision plus complexe de la communication, il reprend les caractéristiques d'un système.

L'approche systémique s'appuie sur quelques principes fondamentaux :

- La communication est un phénomène interactionnel au centre duquel se trouve la relation qui se noue entre les individus.
- La communication ne se réduit pas au message verbal, car tout comportement social a une valeur communicative : les mimiques, les gestes, les attitudes transmettent un message.
- La communication est déterminée par le contexte dans lequel elle s'inscrit, le contexte étant porteur de normes, de règles, de rituels.
- Tout message comporte deux niveaux de signification. Il comporte un contenu informatif mais exprime aussi quelque chose sur la relation qui lie les interlocuteurs.
- La relation entre interlocuteurs se structure selon deux modèles : le modèle symétrique dans lequel les différences sont minimisées et la relation définie comme égalitaire, et le modèle complémentaire dans lequel les différences sont augmentées et les protagonistes adoptent des comportements contrastés.

L'influence, la persuasion et la manipulation

Fiche 17

Principes clés

Sauf à penser que tout est permis et que les professions de la communication ne sont soumises à aucune déontologie, il est nécessaire de prendre en compte ces trois notions afin de comprendre les ressorts et les limites des stratégies mises en place.
L'humain étant cérébralement constitué de différents modules rationnels, affectifs, sensoriels, émotionnels en perpétuellement interaction, il serait vain de vouloir distinguer absolument ce qui relève par exemple de la rationalité objective et de la subjectivité irrationnelle. Pour autant, certains points de repères restent indispensables.
La croyance illusoire dans la toute puissance des médias ne doit pas faire perdre de vue la nécessité d'une analyse aussi rigoureuse que possible des motivations de la cible, à partir de laquelle les stratégies de modification du jugement ou du comportement pourront être élaborées.

Éléments et analyse

❑ *Le grand écart : information et manipulation*

L'information relève de la mise à disposition d'un contenu essentiellement cognitif à destination d'un public que l'on considère apte à juger par lui-même des implications et des conséquences qu'il doit tirer du contenu en question. Telle voiture consomme tant de litres aux cent kilomètres, rejette tant de $C0_2$ et a obtenu telle note aux crashs tests… à vous de choisir !
La manipulation, elle, vise à obtenir un résultat comportemental (achat, vote, adhésion, rejet) en considérant le récepteur comme un agrégat de mécanismes dont les réactions sont pour l'essentiel prévisibles. Telle valeur, tel mot, telle image déclencheront nécessairement (ou presque !) chez tel public, tel type de réaction.

❑ *Les stratégies de manipulation*

Premièrement, la manipulation désigne une action violente et contraignante qui prive de liberté les individus qui y sont soumis. Cette violence n'est pas physique, mais psychologique ou cognitive.

Deuxièmement, elle s'appuie sur une stratégie élaborée qui vise à tromper, à faire croire ce qui n'est pas : le message délivré est donc souvent mensonger. Il s'agit d'emporter coûte que coûte l'adhésion de l'auditoire.
Troisièmement, le procédé manipulatoire se heurte à une résistance ou, du moins, à une non-acceptation immédiate de son message. On ne cherche pas à argumenter, à échanger des idées ou des opinions, mais à les imposer en entrant en quelque sorte par effraction dans l'esprit de quelqu'un.

- **La manipulation des affects**

C'est un procédé classique qui peut être décrit à partir de deux grandes catégories de technique. D'un côté, l'appel aux sentiments ; de l'autre, l'effet fusionnel.
L'appel aux sentiments passe par 1'esthétisation du message, l'utilisation du ressort de la peur et de l'appel à l'autorité et l'amalgame affectif (construire un message qui mélange une opinion sans discussion avec un élément extérieur de l'ordre de l'affect, sans rapport avec cette opinion, par exemple, adjoindre à une image publicitaire une connotation sexuelle, patriotique ou maternelle).
L'effet fusionnel est une méthode visant à annihiler toute prise de distance critique. Parmi les procédés souvent employés, on peut citer la répétition (qui crée un sentiment d'évidence) ou la multiplication des stimuli liés à des réactions corporelles (parfum, association à des moments de plaisirs, des souvenirs type, des mélodies) : le récepteur éprouve une certaine sympathie, sans savoir pourquoi.

- **La manipulation cognitive**

Elle est de l'ordre du trucage du raisonnement et se divise, elle aussi, en deux types de procédés : d'un côté, le cadrage manipulateur ; de l'autre, l'amalgame cognitif.
Le cadrage manipulateur consiste à utiliser des éléments connus et acceptés par 1'interlocuteur, et à les réordonner de telle façon qu'il ne puisse guère s'y opposer. Vous voulez que vos enfants soient en sécurité (qui dirait « non » ?), les délinquants sont armés (c'est une évidence), donc il faut que vous aussi soyez armé… On trouve ce genre d'argumentaire chez les propagandistes de l'autodéfense.
L'amalgame cognitif, tout comme l'amalgame affectif, mêle une opinion sans discussion de son contenu avec un élément extérieur, sans rapport avec cette opinion. Cette fois-ci, l'association n'est plus fondée sur une image ou un sentiment, mais sur un lien de causalité non fondé. Faire croire que la présence d'étrangers en France est synonyme de dysfonctionnements de la société (chômage, délinquance, violence, etc.) ou associer les malversations financières au judaïsme relève de ce genre de manipulation : on identifie un problème social réel, en l'associant, sans preuve, à une causalité simplificatrice et polémique.

- **La propagande politique**

Il ne faut pas oublier que nombre de techniques discutables, utilisées aujourd'hui dans le cadre publicitaire, ont été élaborées dans la première moitié du XXe siècle à des fins politiques totalitaires. Ainsi les règles de base de la propagande politique sont relativement faciles à énoncer :

- Premièrement, la règle de la simplification. Le propagandiste se sert de slogans, de mots d'ordre, qui expriment une idée avec la force de l'évidence et qui ne souffrent guère de discussion en raison de leur concision.
- Deuxièmement, la règle du grossissement. Elle consiste à éliminer toutes les informations qui pourraient nuire et à ne retenir que celles qui viennent conforter le discours du propagandiste. On oublie volontairement certains détails et on en grossit au contraire d'autres, en défigurant alors certains faits.
- Troisièmement, la règle de l'orchestration, c'est-à-dire la répétition inlassable des idées principales afin de soumettre le public visé à un bombardement ininterrompu de la doctrine à inculquer ou des représentations à faire assimiler.
- Quatrièmement, la règle de la transfusion. Il ne faut jamais heurter de front les convictions préalables du public auquel on s'adresse ; mais au contraire, d'abord feindre de les adopter pour mieux les détourner ensuite vers d'autres buts. La transfusion permet par conséquent de s'adapter aux différents publics que l'on souhaite toucher.
- Cinquièmement, la règle de la contagion. Il s'agit de créer l'illusion d'une unanimité, d'exploiter le souci qu'ont les hommes d'être semblables aux autres, leur propension au conformisme.

❑ *Persuader et influencer*

• Le noyau et le halo, le centre et la périphérie

Ceci posé, on peut maintenant distinguer trois étapes successives dans la façon dont la publicité va utiliser les procédés d'influence et de persuasion :

- La publicité mécaniste est celle qui, partant des théories sur le réflexe conditionné, pratique le « matraquage » intensif du récepteur à l'aide des médias. La répétition des messages doit frapper l'attention et favoriser leur mémorisation. Dans cette optique, le consommateur est passif et malléable. On sait aujourd'hui qu'une telle conception du schéma de la communication est simpliste et réductrice… mais efficace !
- La prise en considération des motivations conscientes ou inconscientes des individus a conduit ensuite à l'émergence de la publicité suggestive. D'inspiration freudienne, elle considère que l'acte d'achat n'est pas uniquement un acte économique, mais aussi symbolique : il a trait à nos désirs, à nos fantasmes, à nos affects. Une telle approche aboutira au schéma classique de la communication résumé sous le sigle AIDA (attention-intérêt-désir-achat).
- Ce modèle a été supplanté, plus récemment, par la publicité sociologique. Celle-ci porte son attention sur l'individu inséré dans des groupes sociaux, dans son environnement social : derrière les demandes du consommateur se dessinent des valeurs, des goûts et des attitudes, variables en fonction du milieu d'appartenance. Les enquêtes « de style de vie » seront donc exploitées à partir de l'observation de l'évolution des mœurs et des loisirs afin de dresser des portraits psychologiques prétendant cerner l'individu dans sa totalité. Leur scientificité est loin d'être prouvée, mais elles ont indéniablement connu un gros succès durant ces dernières décennies.

- La motivation et sa dérivation

Qu'il s'agisse de manipuler, de persuader ou d'influencer, on ne doit jamais perdre de vue qu'il s'agit dans tous les cas d'utiliser une ou des motivations déjà présentes et qu'on cherche à utiliser au profit de sa cause… ou de son annonceur. L'analyse des motivations de la cible est donc essentielle dans ce type de démarche.

Un comportement, par exemple voter écologistes, peut être constaté chez un nombre important d'individus mais avec des motivations sous-jacentes différentes, parfois même contradictoires (la défense des animaux pour l'un, un souci de santé pour l'autre, la détestation du productivisme pour un troisième).

Les motivations assurent ainsi la liaison entre les comportements et les valeurs, deux systèmes qui ont chacun leur unité mais dont celles-ci ne se recoupent pas forcément.

Le partage de systèmes de valeurs communs dépend de facteurs essentiellement sociaux et culturels. Les tenants d'un système de valeurs recherchent la plupart du temps ceux qui pensent comme eux. C'est à partir de là que des réseaux relationnels se développent qui font que les défenseurs d'une croyance finissent par n'être exposés qu'à l'information qui soutient leurs convictions (je lis toujours le journal qui me donne raison).

Il est courant de décrire la motivation à partir d'un état de tension, état désagréable d'une personne dont les besoins ou les désirs ne sont pas satisfaits. Cet état déclenche un comportement orienté vers un but : réduire ou éliminer cet état de frustration et revenir à un état d'équilibre appelé homéostasie.

Ainsi le besoin d'ordre et de stabilité dans sa vie apparaît essentiel pour l'humain, comme d'ailleurs pour la plupart des animaux mais un état de tension apparaît lorsque les croyances ou les comportements entrent en conflit. Le conflit qui naît d'une alternative peut se résoudre grâce au processus de réduction de la dissonance cognitive, par lequel chacun souhaite réduire cette instabilité (ou dissonance) et ainsi, éliminer les tensions désagréables. La réduction ou la résolution apparente de ces tensions constituent un puissant moyen de s'approprier les motivations d'une cible. Ainsi nombre de fabricants de produits allégés revendiquent le fait d'avoir du goût ou bien de fournir les nutriments indispensables, ce qui permet d'éviter au consommateur d'avoir à faire des choix entre des bénéfices qui pourraient apparaître a priori comme incompatibles… et probablement le sont.

Fiche 18

Les stratégies et techniques de négociation

Principes clés

La négociation couvre un champ très large : négociations internationales, sociales, commerciales. La négociation est une forme de communication spécifique qui naît d'un écart de position et dont le but est de construire un compromis.
La négociation apparaît comme une activité d'échanges, qui met en interaction des acteurs, appelés protagonistes, qui confrontés à des divergences, choisissent de rechercher volontairement une solution mutuellement acceptable.
La négociation est une communication finalisée. Chaque protagoniste a un objectif à atteindre et se donne une marge de manœuvre.
Toute négociation est influencée par le rapport de force qui existe entre les protagonistes.

Éléments et analyse

❑ *Les composantes spécifiques de la négociation*

• Les protagonistes

Les protagonistes peuvent représenter leur propre intérêt ou l'intérêt d'un groupe et agir en tant que porte-parole. Les protagonistes peuvent adopter entre eux différents types de rapport et vont se considérer comme des partenaires ou des adversaires. Cette situation pourra évoluer selon le climat de la discussion, les comportements adoptés et la nature des arguments utilisés.
Le rapport de force qui existe entre les protagonistes peut provenir de différents éléments : être d'ordre culturel (autorité des anciens), ou statutaire (autorité hiérarchique). Il peut aussi s'appuyer sur les compétences (parole de l'expert), la personnalité (charisme) des protagonistes.

• L'écart de position

L'écart de position (ou la divergence) qui sous-tend la négociation doit pouvoir être comblé par un arrangement qui résultera de la discussion. Les protagonistes doivent avoir la volonté de réduire cet écart de position.

- **La marge de manœuvre**

La marge de manœuvre est inhérente à la négociation. Elle en fixe les objectifs et les limites. Son existence conditionne la possibilité pour les protagonistes d'agir sur la divergence en ayant recours à des concessions ou en offrant des contreparties.

- **La recherche d'un compromis**

La négociation a pour finalité d'aboutir à un compromis, résultat de concessions mutuelles ou de contreparties.

❑ *Les stratégies de négociation*

Il existe différentes approches de la négociation. Les théoriciens ont retenu deux pôles extrêmes entre lesquels se situe la négociation : l'affrontement et l'entente. Deux positions ont été définies selon le contexte : la négociation dite conflictuelle ou distributive, et la négociation dite coopérative ou intégrative.

	Stratégie conflictuelle ou distributive	**Stratégie coopérative ou intégrative**
Protagonistes	Adversaires	Partenaires
Base de la négociation	Rivalité, compétition, méfiance	Confiance, coopération, gain mutuel
Mode d'interaction	Oppositionnel	Collaboratif
Rapport de force	Recherche d'un rapport de domination	Recherche d'un rapport de force équilibré
Solution construite Résultat attendu	Projet antagoniste « gagnant-perdant »	Projet commun « gagnant-gagnant »
Attitudes	Dureté des positions (pas de solution de rechange), recours à la ruse, exploitation de la vulnérabilité de l'autre partie	Recherche d'un consensus, flexibilité des positions, justification des propositions, stabilité de la relation

❑ *Les techniques de la négociation*

Que se passe-t-il entre les protagonistes d'une négociation ? Le sens de la négociation va être déterminé par les modes d'échange et la nature de l'interaction. Les interactions peuvent prendre diverses formes. L'intérêt de s'interroger sur l'interaction dominante qui intervient entre les protagonistes réside dans la compréhension du comportement à adopter pour se diriger vers le meilleur arrangement.

• Les techniques de la négociation distributive

Il faut distinguer les interactions renvoyant au rapport d'opposition et de domination ; il faut aussi s'intéresser aux tentatives de manipulation et de disqualification.

La polémique : interaction fondée sur un rapport d'opposition	Les protagonistes sont sur la défensive, ils envisagent l'échec. Ils engagent une épreuve de force. Ils répondent coup pour coup. Le débat ne porte pas toujours sur la divergence réelle.
Le passage en force : interaction fondée sur un rapport de domination	L'un des protagonistes tente d'instaurer une relation déséquilibrée, une relation de domination. Il veut forcer la main, mettre l'autre au pied du mur.
Interaction fondée sur la manipulation	Le manipulateur met au point un stratagème qui utilise la ruse, la machination. La manipulation peut relever du discours, de la tactique et du calcul. Dans le discours, ce qui compte c'est de faire croire, de persuader, d'influencer. Les tactiques sont nombreuses : attaquer l'adversaire, dramatiser, le faire culpabiliser, l'inciter à agir dans la précipitation, le déstabiliser. Le manipulateur peut faire jouer le temps, créer un effet de surprise, faire un repli simulé…
La disqualification : interaction fondée sur l'atteinte à l'intégrité de l'autre	La disqualification repose sur la transgression du principe de légitimité des personnes qui se confrontent. Les procédés de disqualification (attaque personnelle, calomnie, intimidation, chantage, ironie, dérision, rumeur…) visent à agir sur la crédibilité de l'autre.

• Les techniques de la négociation coopérative

L'oscillation de la négociation entre le pôle coopératif et conflictuel a conduit à des tentatives de normalisation de la négociation. On appelle négociation constructive toute conception de la négociation qui vise à fixer des règles du jeu qui ne laisseront pas de place aux interactions basées sur la force, la domination, la perversion.

	Méthode	**Moyens**
Les 3 C, plan d'action en 3 temps forts	Consultation Confrontation Concrétisation	Prise de contact, questionnement, reformulation Proposition, discussion Ajustement, décompression
La négociation sans perdant	Écoute active	Respect des besoins, acceptation des sentiments, empathie
La négociation raisonnée	Se concentrer sur les intérêts en jeu Rechercher des solutions qui reposent sur des critères justes et procurent un bénéfice mutuel	Honnêteté, équité, loyauté

Le diagnostic de la situation de négociation

Fiche 19

Principes clés

Les principaux objectifs du diagnostic sont : de comprendre le client pour mieux le conseiller, de démontrer son expertise, d'adapter son argumentation. La réussite de la négociation dépend en grande partie de la qualité du diagnostic.
Le diagnostic sert à adapter l'offre de l'entreprise aux caractéristiques du client.

Méthodes

❑ *S'adapter au type de vente*

Le vendeur doit être capable de préparer et de mettre en œuvre des stratégies d'entretien adaptées au type de vente.

- Les entretiens en face-à-face

Les entretiens en face à face demandent une forte interaction entre le vendeur et l'acheteur. L'attitude et les méthodes utilisées par le vendeur varieront en fonction de la situation de vente.
La vente de solutions à forte valeur ajoutée nécessite un plan d'entretien très rigoureux. Le vendeur pourra s'appuyer sur la méthode dite LEAD qui vise à :

- **L**égitimer sa présence,
- **E**xplorer les enjeux,
- **A**ccentuer l'intérêt,
- **D**éclencher l'engagement.

Dans la première étape de l'entretien, le vendeur doit se présenter et convaincre le client qu'il est la personne qui va lui apporter les bons conseils. Il doit aussi favoriser le dialogue avec le client et l'inciter à se présenter. Le vendeur cherchera à créer un climat favorable et aura intérêt à adapter (on dit synchroniser) son comportement à celui de son interlocuteur. Enfin, le vendeur présentera un déroulé d'entretien adapté à son client. Pour un client qui est à l'initiative de la consultation, le vendeur proposera une façon de procéder et s'assurera de l'accord du client. Pour un prospect, non demandeur de l'entretien, le vendeur annoncera l'objectif de l'entretien tout en respectant le libre choix de l'interlocuteur.

La deuxième étape consiste à faire exprimer le client sur sa situation actuelle. S'il s'agit d'un client demandeur, en général, il exprimera rapidement son besoin. En face d'un prospect, le vendeur amènera celui-ci à parler de la façon dont il travaille, et des avantages de la situation actuelle. Puis, il le conduira à parler des inconvénients de cette situation afin qu'il prenne conscience de son insatisfaction, et que le vendeur puisse lui présenter sa solution.
Si les deux premières étapes ont été bien conduites, le client est désormais prêt à écouter le vendeur lui présenter sa solution.
Enfin, dans la dernière étape, le vendeur cherchera à obtenir l'engagement du client, ou du moins l'entrée en relation.

La vente répétitive est une vente caractérisée par une antériorité dans la relation entre le vendeur et le client. Elle suppose un plan de vente plus directif et moins détaillé qui s'articulera autour des étapes suivantes (méthode CEPAC) :

- **C**onnaître le contexte du client,
- **É**veiller son intérêt,
- **P**résenter son offre,
- **A**ppuyer sur des avantages clés,
- **C**onclure.

Le vendeur doit profiter de la première phase de l'entretien pour rassurer le client et lui montrer qu'il connaît ses attentes. Dans la deuxième phase, le vendeur captera l'attention du client en mettant en avant le caractère exceptionnel de la solution proposée. Puis, il détaillera son offre et insistera sur les principaux avantages obtenus par le client. Enfin, le vendeur recherchera une adhésion immédiate du client en proposant des conditions particulières de volumes, de paiement, de délais.

• La vente par téléphone

La vente par téléphone est une forme de vente difficile. La durée de l'entretien est courte, convaincre par téléphone reste délicat. Cependant, les entreprises ont compris que cette forme de vente présentait des avantages non négligeables : nombre d'actes de vente nettement supérieurs à la vente par des commerciaux itinérants, coûts moins élevés.
Par téléphone, l'impact des mots est accru, un ton et un débit de parole adaptés contribuent à faciliter la communication, et le sourire s'entend. Le respect de quelques règles simples augmentera l'efficacité de l'entretien : variez les intonations pour inspirer le dynamisme, adoptez un débit de parole plus lent qu'en face à face, utilisez des mots positifs.

La vente en appels entrants : l'appel peut provenir d'un client ou d'un prospect. Pour bien exploiter un appel entrant, le commercial doit respecter 5 étapes dans son plan d'entretien :

- enclencher le dialogue,
- étudier le besoin réel,
- élargir la proposition,
- étayer la décision,
- engager sur la suite à donner.

Tout d'abord, le commercial doit se présenter, et rassurer son interlocuteur en adoptant un rythme et un niveau technique de discours en phase avec celui-ci. Puis, il en profitera pour mieux cerner les attentes du client grâce à un questionnement approprié, qu'il aura préparé en amont. Grâce à cette découverte, le commercial pourra faire de la vente en rebond, c'est-à-dire faire des propositions adaptées pour élargir la solution de base envisagée par le client et augmenter ainsi le panier moyen de la commande. Le commercial pourra ainsi proposer une alternative au client : acheter un produit de gamme supérieure (*up-selling*). Il cherchera aussi à faire une vente additionnelle, et proposera au client un produit complémentaire à celui qu'il vient d'acheter (*cross-selling*). Avant de prendre sa décision, l'acheteur risque de formuler des objections. Le commercial devra présenter à nouveau sa proposition en insistant sur l'adaptation de la proposition aux besoins du client.
Enfin, le commercial tentera d'obtenir un accord sur la proposition soit immédiatement soit dans un temps proche et il devra valider l'acceptation de la proposition par l'interlocuteur (« Est-ce que cela vous convient ? »).

La vente en appels sortants : il s'agit d'appeler des prospects ou des clients pour obtenir un rendez-vous, pour leur proposer de nouveaux produits, ou les faire bénéficier d'offres promotionnelles. L'efficacité de la vente en appels sortants sera renforcée par le respect des étapes clés suivantes : séduire, sonder les besoins, soumettre sa proposition, surmonter les objections, sceller l'accord.
En appel sortant, les premières secondes de l'entretien sont fondamentales, le commercial doit se présenter et accrocher l'interlocuteur. La présentation doit permettre au commercial d'indiquer à son interlocuteur la société qu'il représente et de mettre en avant l'expertise de sa société dans son domaine d'activité. Il s'assurera ensuite de la disponibilité de son interlocuteur (« Avez-vous quelques minutes à me consacrer ? »). L'accroche doit éveiller l'intérêt du prospect et toucher une de ses motivations afin de préparer l'étape suivante de découverte des besoins. Ensuite, la proposition sera formulée de façon claire. Des réponses pertinentes aux objections du client favoriseront son accord.

❑ *Découvrir le contexte et les acteurs de la négociation*

Le vendeur doit recenser et réunir l'ensemble des informations utiles pour faire une proposition adaptée.

• L'entreprise du client

Le vendeur doit s'intéresser à l'environnement de l'entreprise (évolution du secteur d'activité, législation, concurrence), à la structure générale de l'entreprise (historique, statut juridique, organisation, effectif, organigramme), à ses clients (nombre, importance, typologie, attentes), à ses fournisseurs (nombre, politique d'achat, critères de choix). Le vendeur se renseignera aussi sur l'historique des relations avec le client (faits marquants).

- **Le besoin du client et ses motivations d'achat**

Le vendeur interroge le client sur la solution actuelle (avantages, inconvénients), sur l'évolution souhaitée (enjeu, objectif, budget, potentiel, mode de financement), et recherche les attentes particulières du client dont la satisfaction garantirait la réussite de la négociation.
L'analyse des aspects techniques du besoin n'est pas suffisante, le vendeur doit aussi comprendre les motivations d'achat du client. La méthode SONCAS facilite le repérage des motivations principales : Sécurité, Orgueil, Nouveauté, Confort, Argent, Sympathie (➤ fiche 20).

- **Les conditions de la prise de décision**

Il est primordial pour le vendeur d'identifier les intervenants vraiment importants dans la prise de décision, et la mise en œuvre du projet. Lorsque le projet est complexe, les parties prenantes sont nombreuses (acheteur, utilisateur, décideur, prescripteur).
Au-delà des fonctions des individus, il faut identifier leur rôle précis dans le groupe de décision. Par exemple, l'acheteur peut assurer les aspects administratifs de la fonction achat, sans jouer un rôle dans la prise de décision.
Le contexte du processus de décision mérite aussi d'être étudié attentivement, et notamment : les concurrents consultés, le mode de décision, la date prévue pour la prise de décision, le mode de présentation de la proposition souhaité.

❑ *Définir et gérer les marges de manœuvre*

Une étape préalable à la définition de la margé de manœuvre consiste à évaluer le rapport de force entre les protagonistes de la négociation. Le vendeur doit avoir une vision objective de ce rapport de force (la situation est-elle favorable, défavorable, équilibrée ?). Il doit en cerner les paramètres (enjeu, temps, puissance, statut, expertise, moyen de pression, volonté de conclure). L'analyse du rapport de force aura des incidences sur la fixation des limites de la marge de manœuvre.
Le vendeur doit savoir précisément jusqu'où il veut aller. Le vendeur doit définir sa marge de manœuvre dans la négociation. Pour cela, il fixe des limites hautes et basses pour ce qu'il veut obtenir ; il détermine les points qui sont négociables et ceux qui ne le sont pas. Le vendeur va définir à l'avance :

- une hypothèse haute qui correspond à ce qu'il estime pouvoir obtenir avec un fort niveau d'exigence, compte tenu du contexte (offre d'aspiration) ;
- une hypothèse basse qui correspond au seuil en deçà duquel il refuse de poursuivre la négociation (offre de réserve).

La marge de manœuvre peut constituer une ressource ou bien une prise de risque, il convient de bien gérer cet espace de manœuvre entre les limites que l'on a fixé. C'est un espace volontairement limité, mais dont on doit pouvoir sortir en déplaçant certaines données. Le vendeur doit imaginer une hypothèse de repli, en cas d'échec de l'hypothèse basse. Elle peut constituer un nouvel élément qui permet de reprendre la négociation.

Les techniques et outils d'aide à la vente

Fiche 20

Principes clés

La vente est un acte de communication qui n'admet pas l'improvisation. La préparation de chaque entretien avec le client, la fixation d'un objectif, l'élaboration d'une stratégie sont indispensables à la bonne conduite d'un entretien de vente.
La découverte du client permet au vendeur d'identifier ses motivations, ses besoins et ses freins. La découverte est l'occasion de pratiquer l'écoute active et de mettre en œuvre des techniques de questionnement. Bâtir un plan de découverte consiste à se fixer des objectifs précis d'informations à recueillir.
L'argumentation doit être personnalisée et trouve son efficacité dans la réponse aux attentes et besoins exprimés par le client. Elle doit être structurée et mettre en évidence le lien entre l'avantage énoncé et le bénéfice pour le client.

Méthodes et outils

❑ *Utiliser un plan de découverte*

Le plan de découverte est un plan de questionnement que le vendeur doit préparer avant d'aller en entretien. Il doit être structuré en thèmes. Les questions posées vont du général au particulier (plan en entonnoir) pour que le vendeur appréhende la situation actuelle du client, et comprenne ses attentes.
Il n'y a pas de plan de découverte type. C'est un guide qui permet au vendeur d'organiser le recueil des informations et de maîtriser le déroulement de la phase de découverte. Le vendeur aborde successivement les différents thèmes et pour chaque thème, pose des questions de plus en plus précises dans le but d'obtenir les informations utiles.
Les thèmes de questionnement portent sur la situation actuelle du client, ses projets, la solution attendue.

- Situation actuelle : entreprise (activité, historique, taille, organisation, équipement et fonctionnement relatifs au produit ou service proposé par le vendeur), marché, concurrence, clients, fournisseurs.
- Projets : évolution de l'entreprise, du marché, de l'équipement et du fonctionnement.
- Solution attendue : caractéristiques de la solution, utilisateurs, quantités souhaitées, délais, budget disponible.

❑ *Maîtriser les techniques de questionnement*

En posant des questions, le vendeur a pour objectif de recueillir de l'information. Les questions aident à guider l'entretien et à favoriser l'expression des besoins du client. Le vendeur doit réfléchir à l'ordre des questions, aux types de questions à poser, et à la manière de les poser. Le client doit pouvoir répondre facilement aux premières questions de l'entretien. Au cours de l'entretien, les questions deviendront plus précises et permettront de collecter les informations indispensables à la construction de l'offre.

On distingue différents types de questions : les questions ouvertes, les questions fermées, les questions alternatives, les questions en retour, les questions « voiture-balai » :

- **Les questions ouvertes** seront utilisées en début d'entretien pour permettre au client de s'exprimer, lui faire décrire son besoin. Elles servent aussi à relancer l'entretien et engager le client à recueillir des informations factuelles qui favoriseront l'adhésion à la proposition. Les questions ouvertes peuvent être des questions vérité qui ont vocation à amener l'interlocuteur à prendre position (« Quels seront vos critères de choix ? »), ou des questions paradoxales qui permettent de faire dire au client ce qu'il ne veut pas (« Y a-t-il quelque chose que vous ne voulez surtout pas que l'on vous propose ? »).
- **Les questions fermées** sont utilisées pour obtenir des informations précises (« Avez-vous un site internet ? »), pour verrouiller un point important de l'entretien, (« Êtes-vous d'accord avec cette analyse ? ») ou pour s'assurer de l'adhésion du client (« Est-ce que ce niveau de prestation correspond à vos exigences ? »).
- **Les questions alternatives** incitent le client à se déterminer (« Préférez-vous être livré toutes les semaines ou en une seule fois ? »).
- **Les questions en retour** permettent de demander au client des précisions, car le client qui pose une question en a souvent d'autres à poser ou souhaite s'exprimer sur sa propre expérience (« Pourquoi me posez-vous cette question ? », « Pouvez-vous m'en dire plus ? »).
- **Les questions de clôture** sont utiles pour s'assurer que l'on a recensé toutes les informations (« Quels sont les points importants que nous n'avons pas abordés ? »).

❑ *Développer une argumentation structurée*

L'argumentation permet de mettre en valeur la solution proposée, et a pour but de démontrer au client que la solution est adaptée à sa situation.

Plusieurs méthodes d'argumentation existent, nous étudierons la méthode d'argumentation structurée APB (Avantage-Preuve-Bénéfice) qui est une façon efficace de présenter les arguments.

Le plan d'argumentation structurée répond au besoin du client en s'appuyant sur des preuves. Il renforce la qualité de l'argumentation et s'appuie sur la cohérence pour augmenter le pouvoir persuasif et favoriser l'engagement du client.

Les étapes du plan d'argumentation :

- Reformuler les besoins du client (« Vous souhaitez communiquer auprès d'une cible de cadres supérieurs »).

– Attirer l'attention du client par un avantage pertinent (« Notre support est parfaitement adapté, il touche essentiellement cette cible »).
– Apporter la preuve que l'avantage est réel (« Son lectorat est composé à 80 % de cadres supérieurs »).
– Traduire la preuve en bénéfice-client au vu de sa situation spécifique (« 3 annonces dans notre support vous garantissent une visibilité optimale sur cette cible »).
– Valider l'argumentation par une question de contrôle (« Ceci correspond à vos attentes ? »).

Le vendeur a intérêt à préparer à l'avance ses arguments et à construire un argumentaire sous la forme d'une grille.

Motivation	Avantages	Preuves	Bénéfice client
Sécurité	Notre site est très fréquenté par votre cible	Trafic (visite, taux de clics, page vue, page vue avec publicité…) Profils des visiteurs Contenu du site	La visibilité de votre bannière par votre cible est garantie

Il est possible d'utiliser plusieurs fois la même preuve, c'est le bénéfice-client qui doit être adapté à la motivation du client.

L'ordre de présentation des questions

Le vendeur doit choisir l'ordre de présentation des arguments, il doit aussi sélectionner les arguments qui correspondent à la situation du client afin de ne pas donner l'impression d'une argumentation mécanique. Il a aussi intérêt à répéter l'argument le plus important, celui auquel le client a été le plus sensible.
L'utilisation de supports visuels (plaquettes, échantillons, graphiques) fixera l'attention du client et facilitera la compréhension. La démonstration de l'utilisation du produit est aussi un bon moyen de valoriser l'argumentation, et d'impliquer le client. Il faut alors mettre en valeur les fonctionnalités du produit qui correspondent aux besoins du client, faire manipuler le produit et mettre le client en position d'utilisateur.

Compléments

❑ *Pratiquer l'écoute active*

Pratiquer l'écoute active consiste à accorder une réelle attention au client. Il s'agit pour le vendeur de se placer dans une position bienveillante afin d'obtenir toute l'information nécessaire. Cette attitude facilite la compréhension du client et de ses attentes.

L'écoute active repose sur la mise en œuvre de techniques verbales et non verbales :

- Les techniques verbales : questionnement, relance, reformulation, demande de précision, utilisation de phrases affirmatives.
- Les techniques non verbales : empathie, prise de notes, silence qui favorise la réflexion et l'expression du client, signe d'intérêt.

L'écoute active contribue à créer un climat favorable à la poursuite de l'entretien, elle est fondamentale pendant la phase de découverte des besoins du client. Un bon vendeur utilisera l'écoute active à toutes les étapes d'un entretien de vente.

❑ *Repérer les motivations d'achat du client*

Les motivations d'achat sont des ressorts (forces) psychologiques qui poussent le client à agir, elles naissent des besoins ressentis par le client. Il existe plusieurs outils d'analyse des motivations, la méthode SONCAS qui reprend six motivations principales en facilite le repérage. Grâce au SONCAS, le vendeur doit pouvoir identifier quelle est la ou les motivation(s) principale(s) de l'interlocuteur :

- **S** comme Sécurité : le client veut avant tout réduire l'incertitude ou le risque lié à sa décision.
- **O** comme orgueil : le client veut être valorisé par son achat.
- **N** comme Nouveauté : le client recherche des produits, ou services nouveaux, il veut être précurseur (*early adopter*).
- **C** comme Confort : le client recherche la facilité, la commodité d'utilisation, la tranquillité d'esprit.
- **A** comme Argent : le client veut réaliser une économie, il discute les prix, il recherche le meilleur rapport qualité/prix, un retour sur investissement.
- **S** comme Sympathie : le client fonctionne à l'affectif, le relationnel est primordial.

SONCAS peut servir à différents moments de la relation avec le client : pendant la phase de découverte et d'argumentation, pour élaborer la proposition commerciale, pour défendre le prix. Très concrètement, le vendeur posera des questions du type : « qu'est qui est important pour vous ? », « qu'attendez-vous de la nouvelle solution ? », « quels sont vos critères de choix ? ». Puis le vendeur doit se demander quels sont les points à mettre en avant pour répondre au besoin exprimé. Il présentera les avantages de l'offre, et mettre en exergue comment celle-ci répond aux motivations du client.

Pour exacerber les motivations rationnelles du client (sécurité, confort, argent), le vendeur apportera la démonstration que son offre est attractive (chiffres, preuves, témoignages). Pour répondre aux autres motivations (orgueil, nouveauté, sympathie), le vendeur valorisera le client, instaurera un climat de confiance voire de connivence avec le client.

❑ *Se munir d'accessoires personnels*

Avant de partir en rendez-vous, le vendeur doit préparer un certain nombre de documents papiers ou numériques qu'il pourra présenter ou remettre au client :

– la carte de visite qui a vocation à personnaliser la relation ;
– la documentation commerciale et/ou technique concernant le produit pour illustrer ses propos ;
– la plaquette de l'entreprise pour crédibiliser sa proposition.

Le développement des technologies de l'information facilite la préparation et la gestion des supports et accessoires utilisés par le vendeur. L'ordinateur portable est devenu un outil indispensable au traitement efficace des informations recueillies à toutes les étapes de la relation avec le client.

Fiche 21

Les techniques de conclusion et les outils de concrétisation de la vente

Principes clés

Conclure un entretien de vente, c'est faire s'engager le client. De nombreux commerciaux considèrent que la phase de conclusion est un moment difficile, ils ont l'impression de forcer la décision du client. Tout au long de l'entretien, le vendeur doit s'assurer qu'il entraîne bien le client vers une conclusion positive de l'entretien. Logiquement la décision de conclure devrait appartenir au client. Cependant, cette décision peut être difficile à prendre car elle va bouleverser ses habitudes ou elle peut lui paraître prématurée. Le vendeur doit donc aider le client à se décider.
Le vendeur doit se préparer mentalement à réussir la conclusion de la vente. Son comportement doit traduire sa volonté d'aboutir (être serein mais sûr de soi), son langage doit être positif et précis.

Éléments et analyse

❑ *Les signaux d'achat*

Les signaux d'achat, verbaux ou non verbaux, sont des indicateurs qui vont permettre au vendeur de repérer le bon moment pour conclure. Le vendeur doit être attentif aux modifications de comportement de l'acheteur car la prise de décision est souvent génératrice d'un stress perceptible.

- **Le changement d'attitude du client** peut être révélateur de son intention : par exemple un client calme qui devient nerveux, un client sérieux qui se met à plaisanter.
- **L'intérêt du client pour des détails** : le client va poser des questions qui portent sur un point non discriminant de l'offre, il peut s'agir de modalités pratiques, de fonctionnement, de mise en route, il cherche à s'assurer de certaines garanties. En agissant ainsi, le client indique qu'il s'imagine avoir accepté l'offre.

C : « Mon annonce ne doit pas se trouver au milieu d'annonces de concurrents. »
V : « Soyez rassuré, je peux vous garantir un emplacement privilégié dans le premier cahier sans aucun concurrent à côté. »

– **Le client demande au vendeur de « faire un effort »**, par exemple il veut un avantage supplémentaire, il discute les conditions de paiement. Cette demande traduit un intérêt pour la solution ou une envie d'aboutir.

C : « Vous déduisez les frais de livraison, et j'accepte votre proposition. »
V : « Si je fais cet effort, nous pouvons concrétiser la vente dès maintenant ? »

❑ *Les techniques de conclusion*

Poser des questions d'engagement : elles servent à mesurer le niveau d'implication du client par rapport à l'offre et ont pour but d'obtenir du client un accord de principe sur son désir de travailler avec le vendeur.

« Si je trouve une solution qui répond à vos objectifs, vous nous confierez le projet ? »
« Qu'est-ce qui vous fait hésiter ? »
« Préférez-vous cette solution ou celle-là ? »
« À quelle date pensez-vous pouvoir vous engager ? »

Résumer les bénéfices de la solution et revenir sur les arguments qui ont été les plus convaincants.

Développer un dernier avantage en complétant ce qui a été dit, en présentant un avantage complémentaire qui complète l'offre.

« Je viens de me rendre compte que je ne vous ai pas précisé que nous sommes en mesure de vous livrer les plaquettes directement sur le salon. »

Concrétiser naturellement en expliquant le processus de commande

« Il ne nous reste plus qu'à passer aux aspects administratifs, je vous propose de compléter le contrat afin de lancer l'impression le plus rapidement possible ».

Dramatiser en alertant sur un risque potentiel (hausse de prix, fin de la promotion, rupture de stocks) et faire prendre conscience que c'est le meilleur moment pour prendre la décision. La technique de la dramatisation est à utiliser judicieusement.

❑ *Les outils de concrétisation de la vente*

Le bon de commande et la facture : la signature du bon de commande traduit l'accord intervenu entre le vendeur et l'acheteur. C'est au vendeur de prendre l'initiative de remplir le bon de commande et de le faire signer au client.

Si le client règle la totalité de son achat, le vendeur peut directement établir la facture.

Les conditions de financement : le vendeur peut proposer une solution complète qui inclut des modalités de financement de l'achat.

Les délais de règlement : le vendeur doit parfois accorder des délais de règlement à l'acheteur pour emporter son adhésion.

Fiche 22

Les techniques de finalisation de la proposition

Principes clés

Dans la plupart des cas, la conclusion de la vente nécessite de trouver avec le client des ajustements sur les conditions dans lesquelles l'accord peut se négocier : les conditions techniques, budgétaires, juridiques. Le client reconnaît que la proposition technique lui convient mais il veut réaliser l'achat aux meilleures conditions commerciales.
La réussite en matière de négociation dépend du contexte, des méthodes mises en œuvre et des comportements. Le vendeur doit évaluer le contexte de la négociation afin de s'adapter aux enjeux. Enfin, il doit savoir faire face aux situations de désaccord, de pression en faisant preuve de qualités telles que le sang-froid, la lucidité et l'audace, et la ténacité.

Méthodes

❑ *Traiter les éléments contrariants*

Les objections formulées par le client constituent pour le vendeur un élément contrariant à la poursuite de la négociation. Elles sont perçues comme un frein.
Les objections, souvent redoutées par les vendeurs, sont utiles. Elles sont la preuve que le client a porté attention à l'argumentation, il faut les considérer comme une nouvelle opportunité de valoriser l'offre. L'intention du client n'est pas de mettre fin à la négociation mais il souhaite passer un obstacle, répondre à une interrogation pour tendre vers l'objectif commun.

• Les différents types d'objections

Il faut savoir distinguer les objections fondées et les objections non fondées. Les objections non fondées comme les manœuvres de déstabilisation (« j'ai entendu dire que votre système est peu opérationnel ») ne seront pas traitées, le vendeur doit y répondre brièvement et revenir sur un avantage de l'offre. Les objections appelées « fausses barbes », « je vais réfléchir », « je vais en parler à… » ont pour but de gagner du temps et de différer la décision. Elles doivent être approfondies.

- Le traitement des objections en quatre étapes

Première étape : creuser l'objection. Cette étape consiste à obtenir des informations supplémentaires (« Pourquoi dites-vous cela ? », « A quoi faites-vous référence ? »).

Deuxième étape : atténuer la portée de l'objection en montrant au client que l'on accepte son objection, qu'on la prend en compte mais en la relativisant

C : « Vous êtes plus cher que vos concurrents »,
V : « C'est vrai, mais nos conditions sont différentes sur de nombreux points ».

Troisième étape : argumenter, pour rassurer le client et lui montrer que l'offre est intéressante et présente des avantages distinctifs. Pour accroître la portée des arguments, on peut s'appuyer sur un exemple, une anecdote, un fait précis.

Quatrième étape : contrôler que l'objection est levée (« Ai-je répondu à votre interrogation ? », « Est-ce que je vous ai rassuré sur… »).

- Les tactiques pour transformer les objections en argument

La reformulation sélective positive : il s'agit de reprendre l'élément de l'objection qui est favorable (« Vos délais d'intervention sont corrects mais vos prix restent trop élevés ») pour maximiser l'impact de cet avantage et atténuer l'objection liée au prix.

La redéfinition : par la maximisation de l'avantage (« Notre offre vous permettra de réaliser une économie globale de… »), ou la minimisation de l'inconvénient, par exemple le prix est ramené au coût unitaire.

L'engagement : consiste à céder sur un point mais en obtenant une contrepartie. « Si nous arrivons à un accord sur le prix, êtes-vous prêt à accepter ma proposition ? ».

L'isolement : il s'agit d'isoler un problème soulevé par l'acheteur pour prendre le temps de réfléchir et de verrouiller l'accord sur les autres points (« En dehors des frais de transport, sommes-nous d'accord sur les autres conditions de la vente ? »).

La solution : le vendeur demande au client de changer de position (« Que feriez-vous à ma place ? »).

❑ *Négocier des adaptations*

Face à une demande de concession de la part du client, le vendeur adoptera une stratégie de coopération, adaptera son comportement, aura recours à différentes techniques, et anticipera un repli éventuel.

Lister et hiérarchiser les points de négociation : le vendeur dispose d'un avantage déterminant qui peut être un point de négociation pour le client. Le vendeur établit une liste de points de négociation pour se créer des marges de manœuvre qui lui permettront de résister aux demandes de concession. Le vendeur identifie des espaces de souplesse dans la négociation (écart entre la position initiale et l'hypothèse basse significative) et des zones de rigidité liées à des contraintes majeures (délais incompressibles).

Obtenir des contreparties : la stratégie, appelée gagnant-gagnant, qui relève de la négociation intégrative, cherche à trouver une solution favorable pour les deux parties. Le vendeur exprime une volonté d'ouverture, et cherche ainsi à faire avancer le client vers un accord. Il s'agit d'inciter le client à accepter un échange : « Si pour l'année prochaine, vous m'assurez de renouveler la campagne, je peux étudier un prix qui rentrerait dans votre budget ». La contrepartie sert à valoriser les concessions et à rester crédible.

Rechercher un compromis : c'est une façon de sortir de l'opposition. Les compromis sont assez faciles à trouver et offrent une solution juste pour les parties impliquées. Le vendeur et l'acheteur étudient et recherchent ensemble toutes les solutions qui seraient acceptables pour les deux. Ils aboutissent à un point d'accord.

Prévoir le repli : lorsque, dans l'entretien de négociation, la pression devient trop forte ou que la négociation dure longtemps, le vendeur peut adopter une attitude de repli. Mais cette tactique doit avoir été préparée. Le vendeur choisira entre différentes techniques.

- Il reculera en acceptant des concessions dont l'importance ira en diminuant (il baissera son prix en passant par différents niveaux : de 700 €, il passera à 670, puis à 660, pour finir à 650).
- Il atténuera la demande de concession, en y répondant par un avantage moins coûteux pour lui (« Je ne peux pas modifier mon offre concernant le prix, en revanche, je peux faire un effort sur… »).
- Il retardera la prise de décision en prétextant de ne pas pouvoir s'engager immédiatement. Cette tactique montre à l'acheteur que le vendeur n'est pas prêt à accepter n'importe quelle condition.

❑ *Obtenir un accord*

Pour obtenir l'accord, le vendeur doit défendre son offre, engager le client, et faire des contre-propositions.

Défendre l'offre : le vendeur annonce ses conditions et argumente pour défendre sa proposition. Cette technique permet au vendeur de crédibiliser son offre et a pour but de renforcer le désir d'achat du client tout en lui montrant qu'il n'obtiendra pas tout ce qu'il veut.

Engager le client : le vendeur cherchera à connaître les positions de départ et les points d'accord et de désaccord de l'acheteur.

Faire des contre-propositions argumentées et rationnelles : le vendeur se positionne comme un allié du client pour faire avancer la négociation et déclencher l'achat.

La relation client et ses enjeux

Fiche 23

Principes clés

Selon les experts, il coûte cinq fois moins cher de fidéliser un client que de prospecter un nouveau client. Les enjeux de la fidélisation concernent l'entreprise dans son ensemble. Le vendeur ne maîtrise pas seul la relation client. L'ensemble des services de l'entreprise doit avoir une démarche « orientée client ». Il s'agit d'un véritable enjeu managérial qui nécessite de la cohérence dans l'action, et de la collaboration entre les individus. Les programmes de GRC (Gestion de la Relation Client) répondent à ces objectifs.

Par exemple, dans une imprimerie, l'action de tous les acteurs de la chaîne de conception et de fabrication du document, du créatif au responsable de fabrication, doit concourir à la satisfaction du client dans le respect des engagements pris par le commercial (qualité, délai, livraison).

Éléments et analyse

❑ *Le suivi de la vente*

Le vendeur doit s'assurer du respect des engagements pris lors de la signature du contrat (quantités, délais et modalités de livraison, de règlement, mise en service…). Il s'agit pour lui d'une obligation juridique qui consiste à veiller à la bonne exécution du contrat par chaque partie. C'est aussi une opportunité commerciale qui va lui permettre de montrer ses qualités professionnelles et son désir d'installer une relation privilégiée avec le client. Après réalisation de la prestation (livraison des imprimés, affichage de la campagne, sortie des spots), le vendeur recontactera le client pour vérifier sa satisfaction. En cas de réclamation ou de non-satisfaction, il devra rassurer le client et remédier au problème si c'est encore possible. Dans le cas contraire, il proposera au client une compensation technique ou financière.

❑ *La gestion de la détérioration de la relation client*

Les relations commerciales donnent lieu à des incidents, à des litiges. Le vendeur doit savoir les traiter, car ils peuvent mettre en péril l'avenir de la relation.

La détérioration de la relation client se manifeste à travers des réactions négatives du client : réclamation, plainte, non-renouvellement de commande. Dans la prise

en compte de ces dysfonctionnements, il faut distinguer l'aspect fonctionnel et les conséquences émotionnelles qui en découlent. Lorsqu'un incident survient (délai de livraison non respecté), l'acheteur doit s'organiser pour faire face à ce problème et attend qu'une solution lui soit proposée, son besoin est fonctionnel. Cet incident a aussi un impact émotionnel sur lui (colère, doute dans la fiabilité de l'entreprise). Le vendeur doit s'attacher à traiter ces deux aspects.
Pour traiter le besoin fonctionnel, le vendeur devra agir sans délai : chercher à comprendre la situation, et repérer les priorités pour imaginer des solutions alternatives. Dans le même temps, il informe le client pour que celui-ci puisse s'organiser. Enfin, il doit trouver une solution que le client pourra accepter.
Pour faire face à la réaction émotionnelle du client, il doit être à l'écoute et faire preuve d'empathie (prendre en compte l'émotion du client, le laisser « vider son sac » pour faire retomber la tension), et reconnaître le problème. Il montre au client qu'il s'occupe de lui, et peut proposer des adaptations pour compenser la gêne.
L'assertivité est une technique qui permet au vendeur d'éloigner le risque qui pèse sur la relation et d'affirmer son efficacité relationnelle. Adopter un comportement assertif consiste à affirmer ses objectifs, accepter les critiques, défendre sa position, et préserver la relation avec l'autre.

❑ *Les politiques relationnelles*

Les entreprises mettent en place des politiques relationnelles pour s'inscrire dans une relation durable avec le client. Les programmes de GRC (Gestion de la Relation Client ou CRM, *Customer Relationship Management*) sont des dispositifs technologiques au service de ces politiques.
Les cinq étapes de la gestion de la relation client :

- Collecter les informations : le vendeur qui est l'interface avec le client joue un rôle fondamental dans la remontée d'informations.
- Segmenter par des méthodes de scoring : cela permet d'identifier les clients par leur potentiel d'activité et de rentabilité.
- Adapter le service et la communication : c'est-à-dire personnaliser l'offre, et les canaux de contacts.
- Interagir avec le client : par une démarche proactive (envoi de mailing, phoning) ou une démarche réactive (répondre à ses sollicitations).
- Évaluer le dispositif par l'analyse de différents indicateurs : chiffre d'affaires par client, indice de satisfaction, taux d'attrition.

Fiche 24

Les outils de fidélisation

Principes clés

La satisfaction du client ne suffit pas à le fidéliser. Les clients sont de plus en plus exigeants, de mieux en mieux informés, de plus en plus sollicités (par la concurrence) et toujours à la recherche d'avantages supplémentaires. Des études ont mis en évidence qu'il n'y a pas de corrélation forte entre la satisfaction déclarée et la fidélité observée.
Le client fidèle procure de la stabilité à l'entreprise, et sa rentabilité s'accroît au fil du temps. Pour ces raisons, on parle de « capital client ».
Les outils dé fidélisation visent à récompenser le client, au sens de « lui faire des cadeaux » mais aussi à personnaliser la relation avec lui pour qu'il se sente valorisé.

Éléments et analyse

❑ *Les facteurs de fidélisation*

Satisfaire les attentes du client sur trois éléments majeurs : la qualité, les coûts et les délais.

Combler ses espérances en allant au-delà de ses attentes : le client ne doit pas être satisfait mais très satisfait pour rester fidèle.

Maintenir une offre compétitive, en termes de prix, de services… Pour cela, il faut opérer une veille concurrentielle constante.

Innover en permanence, en anticipant les besoins du client, voire en les suscitant. Être créatif et créer la surprise.

Rendre son offre unique, par des options, des avantages spécifiques qui la rendent incontournable.

Tisser des liens personnels et affectifs avec le client.

Créer une interdépendance : partenariat, conditions privilégiées, investissement croisé.

❑ *Les outils de la fidélisation*

Les visites renforcent la relation. Il peut être judicieux pour le vendeur d'augmenter la fréquence des rencontres.

Le SAV est constitué des prestations que l'on doit au client après la vente, elles sont définies sur la base du contrat. La qualité du service après-vente est primordiale. Pour satisfaire le client, il faut être disponible et réactif, informer et rassurer. Dans la communication, cela peut se traduire par le suivi d'un site internet, ou la garantie d'un taux d'audience minimum. Dans le domaine de l'affichage, les régies proposent au client de nouvelles solutions en cas de dégradation de panneaux ou de mauvaise visibilité.

Le marketing direct relationnel permet une relation suivie et personnalisée. Il utilise des fichiers de données personnelles pour un ciblage fin et une personnalisation poussée de l'offre. Mailing, e-mailing, phoning sont les outils classiques du marketing direct relationnel.

Les supports rédactionnels : qu'ils soient sous format papier ou numérique (lettre d'information/newsletter, magazine/webzine, blog), ces supports entretiennent la présence à l'esprit et créent de la proximité avec les clients. Pour les agences de communication, c'est aussi la mise en avant de leur savoir-faire.

Les clubs de clients ou de partenaires ont vocation à multiplier les occasions de rencontre pour améliorer la connaissance du client et nourrir les fichiers, pour favoriser le développement de l'activité, et pour valoriser l'image de l'entreprise. C'est l'apanage des grandes agences et des régies, et cela permet de nouer un lien fort entre l'annonceur et l'agence ou la régie. Le club peut se réunir autour d'événements exceptionnels, culturels et sportifs (type concert ou match de niveau international)

Les cadeaux ou invitations ponctuelles à des manifestations emblématiques constituent une alternative intéressante au club de partenaires pour des structures de taille moyenne.

L'organisation de rencontres professionnelles, a une vocation pédagogique et favorise les échanges, voire de nouveaux engagements de la part des clients. On peut citer l'exemple d'une agence de communication, qui a fait le choix du développement durable dans sa propre organisation et dans son activité de conseil. Elle offre à ses clients l'opportunité de rencontrer des experts du domaine pour mieux les sensibiliser aux problématiques de la communication responsable et crédibiliser ses choix. Ainsi l'agence apporte la preuve de sa différence, ce qui peut inciter les clients à s'engager durablement avec elle.

Les enquêtes de satisfaction doivent permettre d'identifier les différents éléments qui génèrent la satisfaction ou l'insatisfaction du client, de les hiérarchiser, afin de déterminer des axes d'amélioration. Elles doivent déboucher sur la mise en place d'une politique de satisfaction.

Les agences de communication

Fiche 25

Principes clés

En France, la création et le développement des agences de publicité (aujourd'hui agences de communication) remontent à la fin de la première guerre mondiale. Héritières des courtiers en publicité qui vendaient l'espace pour le compte des supports, les agences se sont peu à peu orientées vers le conseil aux annonceurs, la création et vers l'achat d'espace.
Aujourd'hui, le marché français de la communication est dominé par des grands groupes de communication (les deux premiers groupes français sont Publicis Groupe et Havas Advertising). Ces groupes sont constitués de filiales spécialisées dans chacune des branches de la communication : dans la publicité, le marketing direct, la promotion des ventes, le corporate, l'édition publicitaire, la communication santé, et la publicité interactive.
En dehors de ces grands groupes, le marché de la communication rassemble également de nombreuses entreprises de plus petite taille, qui par leur dynamisme et leur créativité assurent le potentiel et le renouvellement du secteur.

Éléments et analyse

❑ *Les agences conseil en communication généralistes*

Ces entreprises élaborent les stratégies de communication en partenariat avec les annonceurs, et réalisent les campagnes de communication. Les agences apportent du conseil, et conçoivent la création et la production publicitaire (affiche, film, annonce presse, plaquette).
Une agence conseil en communication propose principalement trois types de prestations :

- conseil et conception : réflexion stratégique, détermination d'un concept publicitaire, puis d'une stratégie de communication, identification des cibles, conseil en choix des moyens, et création ;
- mise en œuvre de la campagne de communication dans les médias et des opérations de communication directe : exécution, production, fabrication ;
- contrôle : juridique, réalisation d'études, gestion administrative et financière de la campagne.

Une agence conseil en communication doit donc :
- comprendre la problématique de l'annonceur ;
- mettre en œuvre les ressources pour y répondre en termes stratégiques ;
- assurer la réalisation des campagnes, leur mise en œuvre et leur contrôle.

❑ *Les agences spécialisées*

Nous retiendrons la classification de l'AACC (Association des Agences Conseil en Communication).

• Agence corporate

Une agence conseil en communication corporate connaît parfaitement la culture de son client, et du secteur d'activité dans lequel celui-ci évolue. Cela lui permet de mieux répondre à ses problématiques. Elle doit avoir aussi la capacité à orchestrer et utiliser l'ensemble des techniques de communication (publicité, création d'événement, éditions internes et externes, relation presse, dispositifs interactifs, design, identité visuelle). Ce haut niveau d'expertise lui permet de répondre de façon spécifique à un problème donné mais aussi d'assurer la cohérence globale des actions.

• Agence interactive

Le rôle de l'agence conseil en communication interactive est défini par la capacité à recommander à l annonceur une stratégie d'action interactive budgétée correspondant à ses objectifs. Il suppose une parfaite connaissance des dernières innovations techniques, une maîtrise totale du média Internet et de sa réglementation. Il nécessite aussi une expertise dans la communication interactive, dans les modèles économiques *on line*, dans l'architecture technique et les technologies interactives. L'agence doit également apporter des solutions de conseil opérationnel sur la création de trafic, l'animation de site et le marketing relationnel.
Une agence conseil en communication interactive doit disposer des ressources nécessaires pour :
- prendre en charge la conception générale d'une campagne ou d'un site ;
- définir des spécifications techniques et fonctionnelles détaillées pour : une arborescence, un cahier des charges, une architecture technique, la navigation ;
- traduire par une expression créative la stratégie grâce à des outils infographiques, électroniques, rédactionnels, sonores et audiovisuels.

• Agence de production publicitaire

À l'origine, l'agence conseil en édition publicitaire assurait la conception, le suivi et la réalisation de documents à caractère publicitaire destinés à être édités (catalogues, plaquettes de présentation…). Elle garantissait à l'annonceur l'aptitude à analyser les données de sa politique commerciale, et à les traduire en termes de stratégie éditoriale.
La conception comprend : la recherche de l'argumentation et de son expression par tous les moyens graphiques et rédactionnels ; ainsi que la production des éléments

matériels de communication de base, nécessaires à la confection des éléments constitutifs de la forme imprimée.
La gestion de la production des supports (pré-presse, presse et post-presse) intègre : l'achat, la planification et le contrôle des travaux, et l'exécution proprement dite (ordres, commandes, et contrôles).
Aujourd'hui, l'explosion des technologies numériques a fait bouger les lignes des métiers traditionnels de l'édition. Les plates-formes d'édition deviennent des sociétés de production plus globales (édition, ingénierie informatique, retouche et 3D, achat, web, son, vidéo…) capables d'accompagner leurs clients sur des problématiques plus larges et plus stratégiques. Elles sont devenues des sociétés de production publicitaire, ont intégré le numérique et font de la production multisupports.

- Agence conseil en marketing services

L'agence de marketing services exerce les métiers du conseil, de la création et de la mise en œuvre. Elle propose soit une ou plusieurs expertises dans le domaine du marketing relationnel (marketing direct, promotion, web, *street marketing*), soit une palettes d'expertises différentes au sein d'un groupe de communication.
Certaines agences font d'une expertise unique un élément d'image notamment lorsqu'elle repose sur un marché (mode, luxe), une cible (enfant, senior). Les prestations techniques fournies varient en fonction du domaine de spécialisation.
Par exemple, une agence web peut fournir différentes prestations : webdesign, développement, hébergement, référencement, dépôt de nom de domaine, design sonore, vidéo, création, achat d'art.

- Agence conseil en communication événementielle

Dans le domaine de l'événementiel, la vocation des agences est de concevoir, de réaliser, et de produire des événements. Elles apportent un conseil et assurent la conception, la création, la coordination, et la production. Elles réalisent différents types d'événements : convention, voyage, *incentive*, séminaire, congrès, symposium, événement grand public, lancement de produit, *roadshow*, salon professionnel.
L'intervention des agences auprès des annonceurs s'articule en 5 étapes clés :

- un apport stratégique pour positionner la communication événementielle dans le cadre de la communication globale ;
- une approche créative pour imaginer le concept, le thème, le format et le déroulement novateur en réponse à la problématique ;
- un accompagnement quotidien pour assister et épauler responsables et intervenants ;
- un savoir-faire d'ensemblier pour assurer la cohérence globale entre la production, la mise en scène et l'organisation ;
- une maîtrise du temps et des espaces.

- Agence conseil en communication santé

La particularité de l'agence conseil en communication santé se trouve dans son organisation : elle y intègre un pôle médical. L'agence s'entoure d'experts médicaux pour définir avec le pôle commercial les stratégies marketing. Ces spécialistes (directeur médical, médecin rédacteur, concepteur-rédacteur médical) sont chargés de la conception, du conseil et de la rédaction. Ils valident les contenus scientifiques, et gèrent les relations avec les médecins externes que l'agence sollicite.

❑ *Les agences médias*

Ce sont les entreprises qui établissent les stratégies et recommandations de choix des médias et de construction du média-planning. Elles travaillent en collaboration avec l'agence de communication.
L'agence média établit le média-planning, en fonction des objectifs, en termes de ciblage et pénétration, afin de toucher le public concerné.
La recherche, par les annonceurs, d'une optimisation et d'une coordination de l'ensemble de leurs moyens de communication a conduit de nombreuses agences médias à proposer des services liés à la réflexion stratégique et à la mise en œuvre d'une large palette de moyens de communication. Elles sont ainsi sorties de leur domaine d'origine du conseil médias et de l'achat d'espaces.
La plupart des agences médias ont développé des structures et des compétences spécifiques qui leur permettent d'accompagner les annonceurs dans la conception et la mise en place de l'ensemble de la stratégie des moyens.

❑ *Les régies publicitaires*

Elles sont spécialisées dans la vente d'espace publicitaire dans les médias (télévision, presse, radio, cinéma, Internet). Les régies peuvent être filiales du groupe de supports (Lagardère Publicité, TF1 Publicité) ou être juridiquement indépendantes.
Les régies proposent aujourd'hui des offres « cross-média » destinées à optimiser la combinaison de différents médias sur une même opération de communication.

La sélection des prestataires

Fiche 26

Principes clés

Dans le secteur de la communication le recours à des prestataires extérieurs est fréquent. Il est lié, d'une part, à la spécialisation des entreprises (agence événementielle, agence de mercatique directe), d'autre part, à la complémentarité de leurs activités.
Pour répondre au besoin de son client, à savoir la conception et la mise en œuvre d'une stratégie de communication plurimédia, l'agence conseil peut faire appel à différents prestataires : un institut d'étude pour étudier le marché, des régies publicitaires pour l'achat d'espaces, un imprimeur pour la réalisation des supports papier, une agence d'hôtesses pour l'animation d'une opération de promotion de ventes.
Les annonceurs, quant à eux, achètent les prestations des agences généralistes ou spécialisées, et des autres prestataires (imprimeurs, régies), pour mettre en œuvre leur plan de communication.

Éléments et analyse

❑ *L'acheteur*

• Son rôle

Au sein d'une entreprise, la sélection et le choix des prestataires relèvent d'une démarche organisée qui doit garantir des achats de qualité. Cette mission revient à l'acheteur, dont le rôle est au minimum de fournir aux demandeurs des biens et des services conformes à leurs exigences. Cette mission centrale est complétée par d'autres missions : l'analyse des marchés fournisseurs, l'élaboration de stratégies d'achat, le sourcing, la veille, la réalisation et le suivi des appels d'offres, les négociations, le suivi des commandes et des contrats, le traitement des litiges, la gestion des relations avec les prestataires.

• Ses compétences

L'acheteur doit avoir des compétences pluridisciplinaires :
– techniques, indispensables à la bonne définition du besoin,
– relationnelles, nécessaires lors de la négociation proprement dite,

– juridiques, pour la bonne rédaction des commandes et des contrats.

- Son statut

En agence de communication, l'acheteur de prestations de communication est le plus souvent : le chef de projet ou le chef de publicité, le responsable de l'achat d'espace, ou le service achat s'il existe.
Chez l'annonceur, il s'agira du ou des responsables directement concernés (directeur du marketing, directeur de la communication, responsable ou chargé de communication). Dans les grosses structures, le service achat joue un rôle important dans la gestion des dépenses de communication aux côtés des services marketing et communication qui sont décideurs en la matière.

❑ *La préparation des achats*

Préparer l'achat relève d'un processus qui comprend différentes étapes.

- Le sourcing

Le sourcing consiste à rechercher de nouveaux fournisseurs pour l'entreprise. Il peut être motivé par différentes raisons : la nécessité de remplacer des fournisseurs défaillants, la satisfaction de besoins nouveaux.
La démarche de sourcing aboutit au référencement de nouveaux prestataires et se décompose comme suit :

- **Recherche de prestataires potentiels** : l'acheteur effectue cette recherche auprès de différentes sources. Les sources traditionnelles sont les suivantes : presse spécialisée, foires et salons professionnels, catalogues envoyés par les fournisseurs, annuaires et guides professionnels. Sur internet (e-sourcing), on a assisté au développement des places de marché qui mettent en relation des donneurs d'ordre avec des prestataires. La place de marché permet à l'acheteur d'identifier le prestataire dont le service correspond le mieux à son besoin, et permet au prestataire de s'adresser à un contact qualifié. Pour le secteur de la communication, on retiendra : communication-online, imprimerie-online, devis-emballage.com.
- **Recueil d'informations** : l'acheteur étudie et évalue les caractéristiques des entreprises et de leur offre. Il peut réaliser des demandes de devis, voire envoyer au fournisseur potentiel une fiche de renseignements à remplir.
- **Sélection des prestataires à retenir** : si l'offre produit et l'offre tarifaire revêtent un certain intérêt, l'acheteur étudiera ces offres afin d'en évaluer le potentiel à répondre à ses besoins spécifiques.
- **Décision de référencement** : cette décision aboutit à l'inscription de l'entreprise retenue dans le panel de fournisseurs.

- L'expression du besoin

Le demandeur (qui n'est pas forcément l'acheteur) exprime son besoin dans un cahier des charges. Il en existe deux types : le cahier des charges fonctionnel et le cahier des charges technique.

Le cahier des charges fonctionnel exprime le besoin sous forme de fonctions attendues du produit (bien ou service) pour répondre au besoin. Il laisse aux fournisseurs et prestataires la possibilité d'apporter des solutions innovantes.

Le cahier des charges technique est un document dans lequel le demandeur exprime l'ensemble des caractéristiques du produit attendu : dimensions, poids, matières, couleur, contraintes techniques (pour un document à imprimer : technique d'impression souhaitée, papier recyclé, finition), normes à respecter... Le cahier des charges technique décrit la solution attendue.

- L'appel d'offres

Le rôle de l'appel d'offres est de mettre les fournisseurs en concurrence, d'identifier les fournisseurs aptes à répondre à la demande exprimée.
On l'appelle aussi consultation, et pour des demandes limitées, on parle de demande de prix, demande de devis.
L'appel d'offres consiste à demander par écrit à des fournisseurs les conditions auxquelles ils peuvent satisfaire le besoin en termes techniques, commerciaux (niveaux de prix) et financiers (conditions de règlement).

Contenu du dossier d'appel d'offres

Le dossier d'appel d'offres comprend généralement les éléments suivants :
- la désignation du produit ou article, les caractéristiques techniques à respecter, et la quantité demandée ;
- le délai et le lieu de livraison ;
- toute contrainte particulière (de confidentialité par exemple) ;
- les conditions générales d'achat ;
- les éléments de réponse particuliers attendus par l'acheteur (des garanties, des références, la décomposition du prix de vente) ;
- les modalités d'organisation de l'appel d'offres, la date et l'adresse de remise de la proposition.

L'acheteur peut fournir un cadre de réponse aux fournisseurs, cela facilitera la comparaison des offres. Dans ce cas, il peut les inviter à proposer des variantes pour ne pas limiter leur liberté.

Suivi de l'appel d'offres

Enfin, l'acheteur doit suivre l'appel d'offres. Après envoi du dossier aux fournisseurs pressentis, il peut les interroger sur leur intention de répondre, ou apporter un complément d'information si nécessaire. Lors de la réception des propositions, il préparera les dossiers pour en faciliter l'analyse comparative.
En matière d'appel d'offres public, la procédure est réglementée. L'appel d'offres peut être ouvert (lorsque toute entreprise peut remettre une offre) ou restreint (lorsque seules quelques entreprises ont été autorisées à remettre des offres). Les entreprises qui souhaitent répondre à l'appel d'offres doivent remplir deux conditions : être en règle de leurs obligations fiscales et sociales, être en capacité d'apporter la preuve de leurs compétences.

L'appel d'offres public

L'acheteur public émet un avis d'appel d'offres, et établit le dossier de consultation des entreprises (DCE) qui comprend notamment le cahier des clauses techniques particulières. Ce cahier décrit les prestations attendues, les conditions et modalités d'exécution, les conditions de livraison, et toute autre contrainte particulière (par exemple, une collectivité territoriale exigera pour l'impression de ses supports de communication la fourniture d'un papier certifié FSC ou PEFC, papier issu de forêts gérés durablement). Le marché peut être divisé en lots, et chaque entreprise peut répondre à un ou plusieurs lots.

- L'analyse comparative des offres

Elle a pour finalité de sélectionner les offres qui sont les plus proches du besoin à satisfaire.
Pour réaliser cette analyse, l'acheteur doit avoir préparé, en amont, une grille comparative des offres. Les critères les plus utilisés sont : l'adéquation de la proposition aux exigences du cahier des charges ou du brief, la qualité technique, le prix, les délais, les conditions de paiement. Dans le cas d'une consultation pour la conception et mise en ligne d'un site internet, il pourra y avoir aussi des critères relatifs à la mise en service, à la maintenance, à la formation des utilisateurs.
Lorsque la liste des critères a été établie, il faut pondérer chacun des critères en fonction de leur importance dans la prise de décision. Par exemple, pour la conception de supports de communication, les critères portant sur la qualité technique (création) seront prépondérants et pris en compte pour 60 %, les critères financiers seront moins déterminants et pris en compte pour 40 %. À l'inverse, pour l'impression des supports, les critères financiers seront les plus importants, les offres des différents imprimeurs étant techniquement peu discriminantes.

- Le choix des prestataires

Il résulte de l'analyse comparative des offres d'un point de vue technique, commercial et financier. Il peut se faire en plusieurs étapes avec l'établissement d'une *short list*. Cette étape du choix peut aussi donner lieu à une présentation orale des offres par les prestataires sélectionnés.

- La consultation d'agences

Dans l'univers de la communication, cette pratique est habituelle. L'annonceur organise une compétition d'agences c'est-à-dire une mise à l'épreuve d'une sélection d'agences (il est conseillé de limiter sa sélection à trois ou quatre agences) qui vise à retenir l'agence avec laquelle travaillera l'annonceur. Dans cette hypothèse, les organismes professionnels recommandent d'appliquer les principes de clarté et transparence. Préalablement à la compétition, l'annonceur précisera : la nature de la consultation, les délais, le type de contrat, l'indemnisation de la compétition, le nombre et l'identité des agences consultées, les décideurs, l'engagement de confidentialité, les modalités de la communication de la décision de l'annonceur.

L'annonceur consacre généralement une ou plusieurs journées à la rencontre avec les agences qui viennent présenter leur recommandation. Cette phase permet à l'annonceur d'obtenir des compléments d'informations sur les méthodologies, les moyens mis en œuvre, d'apprécier la créativité de la proposition. C'est aussi l'occasion de rencontrer les intervenants opérationnels, ou les consultants proposés par l'agence, afin d'apprécier leurs compétences et leur capacité à comprendre et s'imprégner de la culture de l'annonceur (qui seront prédictives d'une collaboration efficace).

Pour faire le choix d'une agence conseil, l'annonceur peut aussi recourir à un cabinet conseil en choix d'agences. Cela s'avère utile pour les annonceurs qui ne disposent pas en interne de la connaissance approfondie du marché des agences.

Fiche 27

La gestion des relations avec les prestataires

Principes clés

La gestion des relations avec les prestataires débute par la formalisation de la collaboration. Elle se traduit par la signature du contrat qui consacre les liens juridiques entre le prestataire et le client. Le contrat doit contenir les clauses suivantes : son objet, les prestations, le coût, les conditions de facturation, les modalités de règlement, et si nécessaire des clauses particulières. Dans le cadre d'achat de prestations simples, la signature du bon de commande vaut contrat.

Éléments et analyse

❑ *La mise en place d'une relation de partenariat*

L'objectif d'efficacité doit être au cœur de la relation client/prestataire. L'annonceur qui a besoin de contrôler la rentabilité de ses investissements en communication, doit partager avec ses prestataires, cette culture du résultat.
La relation doit être une relation de partenariat, elle implique le respect mutuel, la confiance et l'écoute.
Toute campagne de communication doit s'élaborer dans le cadre d'une étroite collaboration entre l'annonceur et l'agence qui relève d'une démarche rigoureuse, d'une transparence dans les prises de décision et dans les coûts facturés.
Dans l'hypothèse de l'intervention d'un service achat chez l'annonceur, la recherche d'un meilleur achat et de l'abaissement de coûts passe par une meilleure définition des besoins (notamment dans les grandes sociétés au sein desquelles un grand nombre de services opèrent en permanence des achats de prestations de communication), une organisation uniformisée des procédures d'achat, et une planification des achats.

❑ *L'évaluation de la relation*

L'évaluation est la procédure qui prévoit, avec une certaine périodicité, que le client et le prestataire apprécient réciproquement leur relation en utilisant une grille de notation. Sa construction se fait en plusieurs étapes : détermination des axes d'évaluation, choix et mesure des critères retenus, définition des modalités d'utilisation de la grille. Une constante : pour être efficace, la grille doit rester simple d'utilisation.

Exemple de grille d'évaluation de la relation et des prestations entre un annonceur et une agence conseil (source AACC)

Appréciation globale de la prestation de l'agence					
Ensemble de la prestation	1	2	3	4	5
Évaluation de la prestation de l'agence dans son rôle de conseil					
Compréhension de la problématique	1	2	3	4	5
Connaissance du marché	1	2	3	4	5
Pertinence des recommandations stratégiques	1	2	3	4	5
Esprit critique de l'agence	1	2	3	4	5
Qualité de la copie stratégie	1	2	3	4	5
Cohérence et originalité des opérations proposées	1	2	3	4	5
Réactivité de l'agence	1	2	3	4	5
Niveau d'implication des dirigeants	1	2	3	4	5
Évaluation de la prestation de l'agence dans son rôle de création					
Cohérence entre la stratégie et la création	1	2	3	4	5
Originalité et impact du concept créatif	1	2	3	4	5
Qualité de la direction artistique	1	2	3	4	5
Réactivité de la cellule créative de l'agence	1	2	3	4	5
Évaluation de la prestation de l'agence dans son rôle de suivi commercial et technique					
Qualité de la relation commerciale	1	2	3	4	5
Disponibilité de l'équipe commerciale en charge du budget	1	2	3	4	5
Clarté des comptes rendus de réunions	1	2	3	4	5
Qualité du suivi technique	1	2	3	4	5
Réactivité de la cellule commerciale	1	2	3	4	5
Adéquation entre les prix pratiqués et la qualité de la prestation	1	2	3	4	5
Clarté des devis et des plannings réalisés	1	2	3	4	5

La préparation et la conduite de l'entretien d'achat

Fiche 28

La préparation est une étape essentielle, elle vise deux axes distincts.
La constitution du dossier qui regroupe les éléments objectifs et chiffrés : offre du fournisseur, détail du prix de vente, offres concurrentes, profil du fournisseur.
La planification de la négociation : objectifs à atteindre, points négociables, marge de manœuvre, arguments, concessions, stratégie envisagée, techniques prévues.
Le déroulement de la négociation est aussi important que son contenu car les stratégies et techniques de négociation n'ont d'effet que si elles sont utilisées au bon moment. La position de l'acheteur est plus favorable car, c'est en principe lui, qui a pris l'initiative de rencontrer le vendeur, pour discuter d'une offre dont il a pu étudier, en amont, les points forts et les points faibles.

La préparation de l'entretien

Pour une préparation efficace de la négociation, l'acheteur doit :

❑ *Analyser le contexte de la négociation*

La bonne connaissance des enjeux de chacun permet de déterminer les risques encourus. L'acheteur doit évaluer quels sont les enjeux pour son entreprise : en termes de gains, de risques. Il doit aussi comprendre les enjeux pour le fournisseur : développer son activité, accroître sa part de marché, détrôner un concurrent.

❑ *Collecter des informations sur le fournisseur*

L'acheteur doit rassembler des informations sur l'activité, le marché, les produits du fournisseur pour identifier ses points forts et ses points faibles.

Données significatives : chiffre d'affaires et son évolution, part de marché, position concurrentielle, qualité des produits, capacité de production, capacité de développement, niveau de performance (qualité des produits, respect des délais, réactivité).

❑ *Évaluer les atouts et les faiblesses de son entreprise sur le marché du fournisseur*

Données significatives : quantités achetées, croissance de la puissance d'achat, santé financière et pérennité de l'entreprise, capacité de développement de l'activité, notoriété et image de l'entreprise qui en font une référence.
L'acheteur doit se demander s'il est un client intéressant pour le fournisseur, par exemple un client à fort potentiel.

❑ *Préparer techniquement la négociation*

L'acheteur recense les points à négocier et les hiérarchise, définit des objectifs à atteindre, élabore une argumentation, et détermine des zones de repli ou marges de manœuvre.

• Points à négocier

Les clauses à négocier peuvent être de nature commerciale (prix, remises, conditions de paiement, livraison), technique (niveau de qualité attendu, services complémentaires), juridique (confidentialité, conditions générales d'achat).

• Objectifs à atteindre

Pour chacune des clauses à négocier, l'acheteur se fixe des objectifs réalistes (ce qu'il veut obtenir : 2,5 % de remise sur le prix unitaire). Pour fixer ces objectifs, s'il y a eu appel d'offres, l'acheteur peut se servir de l'analyse comparative des offres qu'il a réalisée et qui lui permettra d'identifier des pistes de négociation si l'un des fournisseurs est plus cher qu'un autre sur le même poste. Il s'agira d'un élément objectif de négociation avec preuve à l'appui.

• Argumentation à développer

L'acheteur s'appuie sur deux outils : un argumentaire spécifique aux points à négocier, et un argumentaire général.
L'acheteur construit une argumentation spécifique sur ces points afin de convaincre le vendeur de lui accorder ce qu'il veut. (« Nous avons fortement augmenté la quantité de supports à imprimer, nous sommes passés de 20 000 à 25 000 catalogues par an, je vous demande de faire un effort sur le prix unitaire »).
L'acheteur peut aussi étayer son argumentation en mettant en avant les forces de l'entreprise sur le marché (bonne santé financière, capital image élevé, croissance positive, acteur référent sur son marché).
Plus l'argumentation s'appuie sur des faits, des données objectives, plus son impact sera fort.

• Marge de manœuvre

L'acheteur sait que le vendeur n'acceptera pas toutes ses conditions. Il sera amené à faire des concessions sur certains points. Il doit donc au préalable déterminer les points essentiels pour réaliser un bon achat et se fixer un objectif plancher à respecter (il n'acceptera pas la proposition en dessous de 5 % de remise).

❑ *Choisir la stratégie et les tactiques de négociation*

L'acheteur peut choisir entre deux types de stratégies :

- **Stratégie des accords partiels** : l'acheteur choisit d'aborder les points les uns après les autres, et de passer au point suivant qu'après avoir atteint son objectif et obtenu un accord sur ce point.
- **Stratégie globale** : l'acheteur recherche un équilibre global et négocie sur l'ensemble des éléments.

Différentes tactiques sont utilisables :

- **Expression d'un point non négociable** : en préalable de la négociation, l'acheteur peut annoncer d'emblée un point non négociable mais acceptable par le vendeur, ce point acquis la négociation peut débuter : « Compte tenu de la date de notre manifestation, nous sommes d'accord pour une livraison une semaine avant. Par ailleurs, je souhaite que nous étudiions ensemble les conditions tarifaires que vous pouvez nous accorder ».
- **La fausse piste** : l'acheteur conduit le vendeur à négocier sur des objectifs secondaires sur lesquels il pourra céder, pour être ferme sur l'objectif principal.
- **La mise en perspective** : Il amplifie l'importance de la négociation et envisage des perspectives plus larges de collaboration pour amener le vendeur à accorder des avantages immédiats : « si nous sommes satisfaits des conditions de notre collaboration sur cette affaire, l'année prochaine nous pourrons envisager de faire appel à vous pour les supports de communication de tous nos événements ».

❑ *Se préparer matériellement*

La préparation matérielle concerne le choix du lieu, du cadre, du moment et de l'environnement de la négociation. Cette préparation est importante et peut avoir une influence non négligeable sur celle-ci.

À titre d'exemple, on peut citer l'importance de la place des personnes autour de la table de négociation. Une organisation en face à face favorisera l'affrontement, le côte à côte, la collaboration.

Parfois, l'acheteur met les interlocuteurs dans des situations d'inconfort pour rendre la négociation difficile : forte luminosité, attente prolongée, déjeuner au milieu de la réunion.

La conduite de l'entretien d'achat

❑ *Les sept étapes de l'entretien*

Les présentations (ou prise de contact) ont pour objectif d'établir la relation, et de préciser le rôle de chaque interlocuteur, et de recueillir des éléments d'information sur l'interlocuteur (allure générale, attitude, tenue).

L'ouverture de la négociation : l'acheteur prend en main la conduite de l'entretien, il cadre l'entretien et expose son objet et le contexte de l'entretien (temps imparti, règles du jeu).

Les positions de départ : l'acheteur va rappeler les termes de la consultation et de l'offre commerciale. Puis, il va exposer son point de vue en disant par exemple au vendeur que son offre a retenu son attention mais qu'il souhaite en approfondir certains aspects. Le vendeur écoutera, questionnera l'acheteur, et répondra en défendant ses propositions initiales.

L'étude des positions consiste pour chaque partie à analyser la position de l'autre en termes de convergences avec sa propre position, de divergences à discuter, de non-dits, de contradictions. Cette analyse est concomitante à l'exposé des positions de départ.

La confrontation vise à faire évoluer la position de chaque négociateur grâce à l'argumentation et à la contre-argumentation. La relation devient instable voire conflictuelle, mais cette étape est nécessaire pour s'acheminer vers un nouvel équilibre. La confrontation peut porter sur différents éléments de la proposition, souvent il s'agit des clauses commerciales et notamment du prix, des délais, et conditions de paiement.
Dans cette phase de l'entretien, en particulier, l'acheteur doit être assertif, c'est-à-dire être capable de défendre ses objectifs avec fermeté dans le respect de l'interlocuteur, sans esprit de domination ni de soumission. L'assertivité, c'est l'affirmation de soi dans le respect d'autrui.

La recherche d'un accord et sa concrétisation consistent à rechercher des points de convergence et passe par des propositions alternatives, l'obtention de contreparties, et la mise en évidence des points d'accord. La concrétisation de l'accord passe par sa formalisation dans un document écrit.

Le suivi se traduit par la mise en œuvre de l'accord, et la fourniture de la prestation attendue par le client.

❑ *La communication non verbale de l'interlocuteur*

L'observation de la communication non verbale des négociateurs est intéressante et peut révéler des états ou émotions non exprimés verbalement (doute, crainte, défense). Les gestes peuvent amplifier le discours, la posture traduire l'état d'esprit (supériorité, soumission), le regard et la voix trahir l'émotivité.

Le traitement du conflit en négociation

Le conflit naît du constat d'une divergence entre les parties, cette divergence alimente un désaccord qui entraîne la rupture de la coopération, et l'éclatement du conflit. Pour résoudre un conflit il faut respecter trois règles :

- **Identifier la nature du conflit** : le conflit peut être d'ordre affectif (ou irrationnel), ou d'ordre intellectuel (ou rationnel). Un conflit affectif résulte d'attitudes verbales ou comportementales liées aux sentiments cachés ou explicites des protagonistes. Un conflit intellectuel est fondé sur des modes de raisonnement ou d'analyses différents.
- **Identifier le style du négociateur** : les comportements de négociation des protagonistes ont permis de distinguer quatre groupes principaux :
  - Le négociateur coopératif manifeste une réelle volonté d'aboutir dans le respect de l'autre et de ses objectifs. Il s'inscrit dans une démarche de négociation « gagnant-gagnant ». En général, il construit des relations de partenariat saines et durables avec ses interlocuteurs.
  - Le négociateur affectif agit selon ses sentiments et émotions du moment. Il est impulsif et ses choix souvent subjectifs. Il peut décider d'un achat, ou refuser de traiter avec un fournisseur sans motif rationnel. L'interlocuteur a intérêt à rentrer dans son univers affectif pour être compris.
  - Le négociateur conflictuel privilégie la force à la diplomatie, il utilise le chantage ou la menace, abuse du rapport de force et rompt facilement le dialogue (c'est à prendre ou à laisser).
  - Le négociateur démagogue utilise la manipulation, le mensonge pour flouer son interlocuteur. Il compense son incapacité à s'affirmer par ses qualités professionnelles par des procédés d'influence contestables.
- **Adapter le type de négociation** : Le vendeur doit être souple et flexible et être capable d'adopter les quatre styles de négociateurs principaux. Si l'acheteur est conflictuel, le vendeur doit savoir s'adapter et choisir aussi de se situer sur le registre conflictuel en ne souriant plus, haussant la voix tout en gardant la maîtrise de soi, et un langage positif. L'adoption du style coopératif par le vendeur semble la solution adaptée à tout type de négociateur, et la meilleure pour résoudre le conflit.

Fiche 29

Les documents commerciaux

Principes clés

Les principaux documents commerciaux sont : le devis, le bon de commande, le bon de livraison, et la facture. Leur présentation est normalisée, et ils sont, le plus souvent, établis à partir de logiciels de gestion commerciale.
Les principaux modes de règlement sont : le chèque, le virement, et la lettre de change. Leur utilisation est conditionnée par l'ouverture d'un compte dans une banque.

Méthodes

❑ *Les conditions de vente*

Elles sont en général pré-imprimées au dos des documents commerciaux et représentent une garantie pour le vendeur en cas de litige ou d'impayé.
Les principales clauses contractuelles sont :

Clause de déchéance du terme	Tout incident se produisant au paiement de l'une des échéances rendra exigible immédiatement la totalité des créances dues par le client.
Clause pénale	Fixe de manière forfaitaire le montant des dommages et intérêts susceptibles d'être versé au cas où une partie ne remplit pas son obligation.
Clause résolutoire	Permet d'exiger l'annulation du contrat en cas de non-paiement dans les délais et de récupérer les biens vendus.
Clause de réserve de propriété	Pour les ventes de marchandises : en cas de non-paiement par le débiteur, le créancier peut invoquer cette clause pour récupérer le bien qui ne lui a pas été payé.

❑ *Les pièces commerciales*

- Devis

Le devis vise à informer le client de façon précise sur le prix de la prestation demandée et sur les conditions de réalisation des travaux.

Fournisseur ***Client***

COM'ESTIBLE

Agence de communication

108, route d'Albi

31130 BALMA

Tél : 05.61.52.42.94

Fax : 05.61.52.42.95

E-mail : contact@comestible.fr -

EURL au capital de 8 000,00 euros

SIRET : 25794708620760 –

RCS : TOULOUSE

APE : 4582F

Date d'échéance 08/02/2009

DEVIS

N° devis	Date	Code client
DC09-0002	08/01/09	CL0206

SUP CONCOURS

8, rue Théron de Montaugé

31200 TOULOUSE

Référence	Description	Quantité	Prix unitaire HT	Remise HT	Total HT	Tx TVA
INFCREA	**Travail de création graphique** Coût horaire indivisible	1,50	55,00		82,50	19,60
IMPDIVERS	**Impression offset cartes de correspondance** Impression offset recto verso, papier couché mat 350g, 1 pli central, livré à plat, dim. : 10 x 21 cm, 1000 ex.	1 000	0,395		395,00	19,60

Description précise de la prestation

Cachet et signature précédés de « Bon pour accord »

% TVA	Base montant	TVA
19,60 %	477,50	93,59

Total HT	Total TVA	Total TTC
477,50	93,59	571,09

Montant à payer par le client s'il accepte le devis

Net à payer
571,09

- Commande

Elle peut revêtir différentes formes : email, fax, signature du devis avec la mention « bon pour acceptation », bon de commande interne à l'entreprise. La commande doit être précise pour éviter tout risque d'erreur et toute situation de conflit avec le fournisseur. Généralement, lorsque le vendeur et l'acheteur complètent un bon de commande, ils le font parce qu'ils sont d'accord sur l'objet de la vente et sur le prix. Toutefois, un bon de commande n'est établi que si le bien acheté ne peut être immédiatement emporté (non disponible immédiatement, trop volumineux).

- Bon de livraison

Le bon de livraison établi en 2 exemplaires accompagne la marchandise. L'original sera remis au client et le double reviendra au fournisseur, tamponné et signé par le client, ce qui représente une preuve que la marchandise a été livrée et acceptée par le client.

- Facture

Elle doit comporter des mentions obligatoires :

- le nom, l'adresse, le n° SIREN et la mention registre du commerce et des sociétés de votre entreprise suivie du nom de la ville où se trouve le greffe où elle est immatriculée,
- le nom et l'adresse du client facturé,
- les n° d'identification à la TVA,
- la date de la facture,
- le n° de la facture,
- la dénomination et la quantité précise des produits ou des prestations,
- le prix et la TVA applicable,
- les rabais, remises et ristournes,
- la date de règlement,
- les pénalités de retard,
- les conditions d'escompte,
- les conditions générales de vente.

COM'ESTIBLE
Agence de communication
108, route d'Albi
31130 BALMA
Tél : 05.61.52.42.94
Fax : 05.61.52.42.95
E-mail : contact@comestible.fr
EURL au capital de 8 000,00 euros
SIRET : 25794708620760
RCS : TOULOUSE
APE : 4582F
TVA intracommunautaire: FR33257947086

FACTURE

N° facture	Date	Code client
FC08-0275	15/12/08	CL0206

ALTERNANCE FORMATION
8, rue Théron de Montaugé
31200 TOULOUSE

Date d'échéance: 15/12/2008
Mode de règlement : chèque au comptant

Référence	Description	Quantité	Prix unitaire HT	Remise HT	Total HT	Tx TVA
IMPV5000	**Impression offset flyers** Impression recto verso, Papier couché brillant 135g, dim.: **A5, 5000 ex.**	1,00	120,00		120,00	19,60

% TVA	Base montant	TVA
19,60 %	**120,00**	**23,52**

Total HT	Total TVA	Total TTC
120,00	**23,52**	**143,52**

Net à payer
143,52

❑ *Les modes de règlement*

• Le chèque

Le chèque est un document écrit par lequel une personne physique ou morale, titulaire d'un compte, donne l'ordre à sa banque de payer une certaine somme, au profit d'un tiers désigné.

- La lettre de change

La lettre de change relevé (LRC) est un document écrit par lequel le créancier (tireur) donne l'ordre à son débiteur (tiré) de payer à une date fixée (échéance) une somme déterminée à une personne désignée (bénéficiaire = créancier).
La lettre de change relevé magnétique (LCRM) est une forme moderne de la lettre de change. Elle est dématérialisée (pas de support papier) et enregistrée directement par télétraitement auprès de la banque du créancier.

- L'ordre de virement

Un virement est un document écrit par lequel une personne, physique ou morale, donne l'ordre à sa banque de prélever une somme déterminée sur son compte et de la transférer sur le compte d'un tiers, le bénéficiaire.

Partie 2

Mise en œuvre de projets de communication

Fiche 30

Les différents types de communication

La communication globale

La communication globale d'une organisation définit son territoire de communication et a pour vocation d'assurer la cohérence des messages, à l'externe et en interne, ainsi que leur efficacité. Elle nécessite une démarche rigoureuse et une mise en œuvre exemplaire. Chaque prise de parole doit être l'occasion de décliner le message essentiel.
La communication externe s'adresse aux cibles et publics proches et/ou éloignés de l'organisation. La communication interne intéresse les salariés et collaborateurs de l'organisation.

◆ *Exemple de cibles de la communication globale d'une grande entreprise et de ses marques*

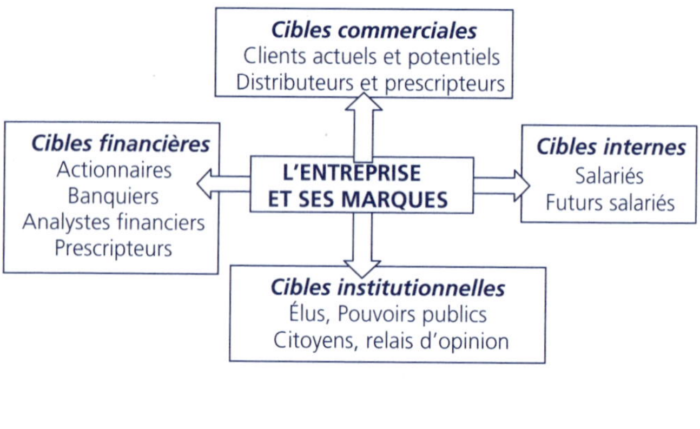

La communication institutionnelle (ou corporate)

La communication institutionnelle désigne la communication qu'une organisation entretient avec l'ensemble de ses publics : collaborateurs/salariés, journalistes, leaders d'opinion, pouvoirs publics, partenaires sociaux, actionnaires, ONG, grand public. Elle est le premier vecteur de l'image de l'organisation mais elle est aussi

vecteur d'information et alerte en cas de changement brutal de situation (crise).
L'image d'une organisation se construit sur ses valeurs, ses engagements (économiques, sociétaux, éthiques) et ses ambitions. Ces notions constituent le socle de l'élaboration des stratégies et des actions à mener.
L'organisation doit parler d'une seule voix à ses différents publics, c'est donc la direction générale qui orchestre la communication institutionnelle. Aujourd'hui, l'organisation ne doit pas se contenter de prendre la parole, elle doit surtout installer un véritable échange avec toutes les parties prenantes, pour répondre à leurs attentes de reconnaissance, de transparence, et d'éthique.
La signature, expression la plus simple du message, accompagne l'organisation sur le long terme. Les signatures actuelles traduisent souvent un bénéfice partagé entre l'organisation et ses publics.(EDF « changer l'énergie ensemble », ministère de l'écologie « entrons dans le monde d'après », Orange « ensemble plus loin », Société Générale « on est là pour vous aider »).
Les entreprises émettent des signes en tant qu'acteur économique et acteur social (ou civil). En tant qu'acteur économique, l'entreprise communique sur ses objectifs, ses réalisations, et ses résultats, au niveau financier, technologique, humain. En tant qu'acteur social, l'entreprise communique sur sa mission, ses valeurs, son rôle dans la société.
On a l'habitude de rattacher à la communication institutionnelle, **la communication financière et la communication de recrutement** car ces deux types de communication, de part la spécificité de leurs cibles, interfèrent sur l'image de l'organisation.
La communication financière s'est développée dans les années 1980 avec les privatisations. Elle concerne au premier plan les groupes côtés en bourse. Elle est destinée à créer et à entretenir des liens de confiance entre l'organisation et ses actionnaires ainsi que les différents intervenants de la communauté financière.
(banquiers, analystes financiers, gestionnaires, investisseurs, journalistes économiques). Le rapport annuel d'activité est le document central du système d'information financière. Il n'est plus désormais une bible indigeste pour les non initiés, les entreprises en ont fait un véritable support de communication corporate plus éducatif, plus créatif, plus ludique. Les relations presse et les relations publiques sont des outils privilégiés de la communication financière. Aujourd'hui, les entreprises développent aussi des sites internet ou des espaces sur leurs sites dédiés à l'information financière.
La communication de recrutement vise à faciliter et optimiser le recrutement des salariés ou collaborateurs. Il s'agit d'inciter les jeunes diplômés à postuler sur des emplois proposés par l'organisation. La mise en place d'une campagne de recrutement peut être aussi l'occasion de modifier, voire rajeunir, l'image de l'organisation, qui doit se rendre attractive auprès des cibles directes de la campagne, mais aussi du grand public (exemple des campagnes de l'armée de terre).
La communication de crise revêt, elle aussi, une dimension institutionnelle, en ce sens qu'il appartient à la direction générale de mettre en place des stratégies de prévention et d'anticipation de la crise. La communication de crise est une communication de prévention par la mise en place d'une veille informationnelle permettant de réagir rapidement à toute crise économique, financière, sociale.

À l'externe, la communication de crise doit diminuer les risques de dégradation de l'image de l'organisation auprès de ses publics et cibles. La stratégie de transparence, servie par un discours explicatif, limitera ces risques.
En interne, la communication de crise est destinée à faire circuler des informations au personnel de l'entreprise afin de favoriser une dynamique positive, une adhésion et de valoriser l'image de l'entreprise par une bonne cohésion et un bon fonctionnement.

La communication commerciale

La communication commerciale a pour rôle principal d'inciter le consommateur à acquérir un produit ou une marque. Elle nécessite une réflexion stratégique, et met en place des actions comme la publicité, ou la promotion des ventes. On distingue la communication de marque et la communication produit.

❑ *La communication de marque*

Pour le consommateur, la marque a une fonction d'identification et de réassurance. Dans sa dimension cognitive, la communication doit faire connaître la marque, et l'installer durablement dans l'esprit du consommateur. Dans sa dimension affective, la communication doit doter la marque d'une image favorable.
La construction de la notoriété de la marque passe par son identification, grâce notamment à l'identité visuelle, et par l'utilisation de moyens de communication impactants comme les médias. L'image de la marque résulte du positionnement retenu mais dépend essentiellement de la communication. Si la communication a été efficace, l'image voulue (par l'entreprise) sera identique à l'image perçue (par le consommateur).
La communication de la marque fait agir le consommateur. Dans une stratégie de conquête, elle peut avoir recours à des moyens promotionnels, dans une stratégie de fidélisation, elle aura recours à des moyens relationnels. L'intérêt de la marque est d'établir un lien de proximité avec le consommateur.

❑ *La communication produit*

Cette communication est celle de l'entreprise sur ses marchés. Elle vise à promouvoir les biens ou services fabriqués et commercialisés par l'entreprise. De façon générale, les messages s'appuient sur la performance des produits (avantage produit). L'objectif de la communication est de favoriser le lancement et les ventes d'un produit en le faisant connaître et en développant sa notoriété. Les moyens médias sont les moyens privilégiés pour atteindre cet objectif cognitif. La communication produit poursuit aussi un objectif conatif, et vise à agir sur les comportements des cibles. Le marketing direct et la promotion des ventes sont d'excellents outils pour conquérir puis fidéliser des consommateurs.

La communication interne

La communication interne peut se définir comme l'ensemble des échanges d'informations qui s'établissent entre les acteurs d'une organisation pour leur permettre de vivre et de travailler ensemble.

❑ *Place de la communication interne*

La communication interne dépend étroitement de la communication externe. Elle est l'une des composantes du système global d'organisation des flux d'information et des échanges. Les cibles de la communication interne sont l'ensemble des personnes qui contribuent en interne à l'activité de l'organisation (personnel, salariés, bénévoles, stagiaires).

❑ *Rôles de la communication interne*

La communication interne accompagne le projet socio-économique de l'organisation, elle en présente les objectifs, en explique les modalités au personnel par des supports d'information adaptés.
Elle apporte un appui opérationnel aux managers dans son rôle d'information, d'écoute et de dialogue. Elle les aide à concevoir et mettre en œuvre des plans de communication et leur propose des outils.
Elle élabore la politique d'information interne et en pilote la réalisation. Elle conçoit et met en œuvre le schéma directeur de l'information interne et de la politique éditoriale. Elle fait circuler l'information.
Elle développe une dynamique collective et une appartenance à l'organisation. Elle fait vivre et évoluer la culture commune.
Elle écoute le corps social, et recueille de l'information formelle (étude, questionnaire) et informelle qui lui permet d'établir un diagnostic et de formuler des recommandations.

❑ *Les moyens de la communication interne*

- La communication orale : les entretiens, les réunions d'information, de service, les visioconférences et web-conférences, les conventions, les séminaires.
- La communication écrite : note d'information, bulletin d'information, journal d'entreprise, newsletter, revue de presse, livret d'accueil.
- La communication audiovisuelle : film, radio, télévision d'entreprise, panneau d'information.
- La communication par l'événement : journée portes ouvertes aux familles du personnel, anniversaire, départ à la retraite.

Les autres types de communication

❑ *La communication sociale*

La communication sociale peut être définie par la spécificité de ses annonceurs qui appartiennent à ce que l'on appelle « le tiers secteur », et qui sont des membres actifs de la société civile tels que les associations, les ONG, les syndicats. Ces organisations touchent différents domaines, dont la solidarité, la santé, les droits de l'homme, l'environnement, l'enfance. Les cibles de la communication sociale sont diverses : le grand public et les entreprises pour les inciter aux dons, les militants pour provoquer l'engagement, les victimes pour leur apporter une aide.

La communication sociale utilise les grands médias pour informer et sensibiliser. Pour accéder aux médias, les organisations nouent des partenariats, organisent des événements, et s'appuient sur les relations presse.

Les outils de la communication directe, en particulier les mailings fonctionnent bien pour les appels aux dons. Les opérations de *charity* promotion qui associent les grandes marques aux organisations leur permettent aussi d'accroître leurs ressources. Enfin, la caution apportée par une célébrité qui se fait le porte-parole de l'organisation favorise la reconnaissance des actions engagées et leur efficacité.

❑ *La communication publique*

Ses domaines sont larges, et ont des caractéristiques et des enjeux très différents. La communication publique prend en compte toutes les catégories de population, et n'hésite pas à choquer lorsqu'il s'agit de lutter contre des fléaux de société.

- **La communication administrative** concerne l'information diffusée par les administrations nationales ou territoriales (comptes-rendus, avis au public).
- **La communication politique** : c'est l'ensemble des opérations de communication des équipes au pouvoir (gouvernement, régions, départements, communautés de communes, communes) ; Cette communication s'appuie sur les moyens légaux (communiqués, conférences de presse, bulletins et journaux municipaux, affichage réservé) et les nouveaux moyens de communication numérique (sites internet, blogs, chats). Elle bénéficie aussi des moyens mis en place par les formations politiques, les préoccupations électorales étant au centre de cette communication.
- Le Service d'information du gouvernement (SIG) a pour mission principale de diffuser l'information sur l'action gouvernementale, et de mettre en place des actions d'information d'intérêt général.
- **La communication sur les grandes causes** : il s'agit des campagnes d'intérêt général lancées par les ministères (campagne sur le Grenelle de l'environnement du ministère de l'écologie et du développement durable), les collectivités territoriales, et des organismes publics ou parapublics (INPES, institut national de prévention et d'éducation à la santé, Sécurité routière). Ces campagnes ont un objectif conatif, elles visent à sensibiliser et modifier les comportements.

La démarche de projet en communication

Fiche 31

Le projet est un concept qui est inscrit dans l'histoire des hommes. Aujourd'hui, la démarche de gestion de projet répond aux préoccupations managériales d'appréhender un environnement complexe et incertain. Cette démarche introduit de nouvelles méthodes d'organisation et de management. À l'origine, elle fut mise en œuvre par le secteur industriel. Désormais, elle concerne tous les secteurs d'activité, y compris le secteur de la communication.
La démarche de projet est adaptée à la résolution d'un problème de communication car elle intègre différentes phases, elle gère et optimise les échéances et le budget. La résolution d'un problème de communication passe par les mêmes phases que sont l'appropriation de la situation et la mise en œuvre de solutions. Elle dépend d'un contexte temporel et financier, et elle relève d'un dispositif de délégation de pouvoir.
La réponse à un problème de communication doit s'inscrire dans le respect des paramètres de qualité globale du projet : Performance (qualité technique), Délais (qualité temporelle), et Coûts (qualité économique).

Définitions du projet

Les définitions du projet sont nombreuses. La norme Afnor X 50-105 (le management de projets-concepts) a donné la première définition du projet : un projet se définit comme une démarche spécifique, qui permet de structurer méthodiquement et progressivement une réalité à venir. Un projet est défini et mis en œuvre pour élaborer la réponse au besoin d'un utilisateur, d'un client ou d'une clientèle et il implique un objectif et des actions à entreprendre avec des ressources données. Cette définition du projet a été précisée par la norme X 50-115 et la NORME ISO 10006.
L'AFITEP (Association francophone de management de projet) dans son dictionnaire « management de projet » propose la définition suivante : le projet est un ensemble d'actions à réaliser pour satisfaire un objectif défini, dans le cadre d'une mission précise, et pour la réalisation desquelles on a identifié non seulement un début mais aussi une fin.

Caractéristiques du projet de communication

❑ *Le projet de communication revêt les caractéristiques générales du projet*

Il est réalisé pour un client : qui peut être externe (annonceur pour une agence) ou interne (service dans une collectivité territoriale) à l'organisation.

Il répond à un besoin de communication exprimé par le client. Ce besoin est précisé dans la demande de l'annonceur, qui est formulée dans un brief ou appel d'offres. Ce document comporte les éléments nécessaires pour définir le besoin et les contraintes afférentes (notamment en termes de délais de réalisation et de budget).

Il a un caractère unique et complexe : chaque projet est nouveau car le processus complet de réalisation présente des différences d'un projet à l'autre. L'activité projet exclut donc une activité répétitive, elle suppose un *one shot*. Un événement, même s'il s'agit d'un événement reconduit d'une année sur l'autre, sera unique car la manière de l'organiser et le résultat seront différents à chaque fois.

Un projet de communication est complexe car il fait appel à des ressources (humaines, financières, techniques), des compétences (fournisseurs internes ou externes, partenaires) des moyens qui doivent être coordonnés.

Il se déroule sur une période donnée (début/fin) et sous contraintes budgétaires : les notions de début et de fin du projet sont fondamentales pour organiser les actions à mettre en œuvre pour atteindre l'objectif. Dans un projet de communication, le paramètre délai est très important, voire le plus important lorsqu'il s'agit d'organiser une manifestation à une date déterminée.

Le projet doit respecter l'enveloppe budgétaire qui lui a été allouée. Il est donc indispensable d'estimer le coût d'un projet afin de savoir quelle somme investir dans le projet.

Il favorise la créativité : par l'exploration et la recherche de solutions originales, par le partage et l'échange d'expérience, la complémentarité.

❑ *Les acteurs du projet de communication*

Les rapports entre différents acteurs d'un projet de communication sont régis par un système de délégation. Le commanditaire choisit le maître d'œuvre auquel il délègue la conduite du projet, qui lui-même, en confie la réalisation à un chef de projet et à son équipe. Le chef de projet délègue à son tour la réalisation de certaines tâches.

Le commanditaire (ou maître d'ouvrage) : c'est le client ou annonceur. Il formule une demande, et fixe les objectifs, le budget et le calendrier du projet. Dans certains projets ambitieux et impactants, le commanditaire s'entoure d'un comité de pilotage dont le rôle est de prendre des décisions.

Le maître d'œuvre : c'est le responsable de la réalisation du projet (directeur de l'agence de communication). Il est désigné par le maître d'ouvrage. Il est responsable des choix techniques et du respect de la demande du client.

Le chef de projet (ou chargé de projet) : il est désigné par le maître d'œuvre pour prendre en charge la réalisation du projet. Il est entouré d'une équipe projet qui est l'instance opérationnelle. Le chef de projet a un rôle polyvalent : il organise et coordonne le travail, il suit l'avancement des travaux, les budgets et les délais, il rend compte de l'avancement du projet. Les qualités essentielles du chef de projet sont : la rigueur méthodique et le sens relationnel. Par exemple, le chargé de projet événementiel est en relation avec une multiplication d'interlocuteurs (sur un festival de musique, de nombreux métiers se côtoient : du régisseur au chargé des relations presse, en passant par le cariste et le technicien plateau) et doit penser à tout au même moment.

Les fournisseurs et prestataires spécialisés (imprimeurs, photographes, sociétés de production) sont les partenaires externes.

Les étapes du projet de communication

❑ *La préparation du projet (ou avant-projet)*

Elle intègre la prise en charge du dossier de l'annonceur par l'analyse de sa demande (ou de son besoin) et la recherche de solutions de communication. Les solutions proposées sont étudiées en termes de performances, de coûts, de délais et de risques. Elle s'achève par le choix de la solution retenue et à mettre en œuvre.
La phase de préparation du projet doit permettre d'explorer toutes les options pour répondre au besoin ou problème de communication, de s'assurer que le projet sera réalisable et profitable, d'estimer les ressources nécessaires et les délais.

• La prise en charge du dossier de l'annonceur

L'analyse du besoin : commence par l'appropriation du brief ou cahier des charges dans lequel le commanditaire exprime son besoin. Cependant, certains annonceurs ne savent pas toujours formuler leurs besoins de façon explicite. L'analyse de la demande conduira souvent à la faire préciser, notamment sur les points suivants :

- Le contexte : qu'est-ce qui justifie le projet ?
- Les finalités : quelle est la raison d'être du projet ?
- Les besoins : besoins explicites, besoins implicites, besoins latents ?
- Les intérêts : que doit rapporter le projet ?
- Les objectifs : quels sont les résultats attendus du projet ? Quels sont les objectifs prioritaires ?
- Les contraintes : quelles sont les contraintes à respecter (coûts, délais, juridiques…) ?
- Les critères de réussite : qu'est-ce qui permettra de dire que le projet a réussi ?

L'analyse de la concurrence : l'étude de la concurrence permet d'identifier les principaux concurrents, de repérer leurs atouts et leurs limites, leurs pratiques et fonctionnement. Ce recensement est une occasion de faire le point sur « l'état de l'art », les idées à retenir, celles à bannir afin d'ajuster la proposition.

L'analyse de l'existant : elle consiste à analyser la stratégie globale et les actions de communication antérieures réalisées par l'annonceur. Cette analyse doit permettre de mettre en cohérence le projet actuel et les solutions proposées avec l'ensemble du dispositif de communication de l'annonceur.

L'analyse des contraintes : le projet doit être réalisé dans le cadre des contraintes préalablement définies, essentiellement les contraintes techniques, humaines, budgétaires. La connaissance de l'environnement juridique, économique et technique permet d'identifier les limites au projet, de connaître ce qu'il est possible de faire et ce qui ne l'est pas.

- La proposition de solutions de communication

Pour répondre à la demande de l'annonceur, plusieurs solutions sont envisagées.

La recherche de solutions et la validation : l'exploration des différentes solutions est réalisée. Cette étude des moyens susceptibles de répondre au besoin exprimé est essentielle et doit permettre de retenir la solution optimale pour satisfaire le besoin de l'annonceur. En fait, il s'agit d'identifier le ou les moyens opérationnels, de les sélectionner, et de valider le choix opéré.

La présentation des solutions : en agence de communication, la formalisation de la ou des solutions de communication retenues est réalisée dans une recommandation ou proposition. Celle-ci reprend le contexte du projet (ou de la demande), les objectifs à atteindre, le contenu de la solution et sa mise en œuvre, le planning et le budget.

❑ *La réalisation, le pilotage, et la régulation du projet*

Dans cette phase, il s'agit de réaliser la solution retenue. La réalisation du projet passe par la mobilisation des ressources, la coordination des actions, et la proposition d'ajustements si nécessaire.

La mobilisation des ressources : toutes les ressources disponibles pour le projet sont mobilisées (humaines, financières, techniques). Ces ressources peuvent être disponibles en interne.
Mais très souvent, il est nécessaire de faire appel à des prestataires externes, pour la création, l'exécution et la fabrication des solutions de communication (graphiste, imprimeurs, agences spécialisées).

Le pilotage du projet : il nécessite de coordonner, de suivre et de contrôler les actions à réaliser. Il suppose l'utilisation d'outils de pilotage de projets tels que le planning (ou le rétroplanning), l'organigramme des tâches, le budget, les tableaux de bord, le reporting.

La régulation du projet : il arrive que dans certains projets, il soit nécessaire de mettre en place des actions correctives. Après avoir identifié les dysfonctionnements, il conviendra de proposer une solution alternative qui ne mette pas en péril l'équilibre général du projet.

❑ *L'évaluation du projet*

Tout projet doit être réalisé et évalué sous condition de performance ou qualité technique de l'objet du projet (ex. : organisation d'une manifestation, conception et réalisation d'un portail internet).
La maîtrise de la performance est la meilleure garantie de la réussite du projet.

La mesure de la qualité et de la réussite du projet : l'évaluation du projet de communication sert à en mesurer la qualité et doit être prévue dès son élaboration. On dispose d'outils quantitatifs qui permettent de répondre à la question « combien » (combien de participants, de visiteurs). Ces outils sont utiles pour prouver, rendre des comptes, valider. Les outils qualitatifs permettent de répondre aux questions « pourquoi » et « comment », et favorisent la compréhension et la réflexion.

Le retour d'expérience : l'expérience acquise sur un projet doit pouvoir être réutilisée sur d'autres projets.

Cette démarche, que l'on appelle le retour d'expérience, consiste à analyser, partager l'expérience vécue afin d'améliorer les performances collectives.
L'analyse du projet permet de différencier les éléments positifs, à retenir pour les autres projets, des éléments négatifs, c'est-à-dire les problèmes rencontrés et les solutions retenues afin que ce type de problème disparaisse.
Le partage s'opère grâce à une formalisation dans un support mis à la disposition de tous.

La démarche de projet appliquée à l'organisation d'un événement

La gestion d'un projet événementiel se fait en deux temps : la préparation (démarrage et planification) et la gestion de l'événement (réalisation, gestion et contrôle, clôture).

Le démarrage du projet : dans cette phase, il s'agit de réfléchir aux enjeux stratégiques et aux besoins externes et internes que l'événement pourrait combler (en externe valoriser l'image de l'entreprise, en interne fédérer le personnel). À partir de cela, une ou des propositions d'événements peuvent être faites. Avant de choisir le meilleur projet, il faudra définir les critères d'évaluation des propositions. Chaque projet d'événement sera évalué quant à son opportunité (faire ou ne pas faire), sa pertinence (réponse au besoin), son impact (résultats).
Le choix du meilleur projet ayant été opéré, il faudra étudier la faisabilité technique, financière, organisationnelle du projet.

La planification du projet :

- 1re étape : elle consiste à découper l'événement par type d'activités et à les détailler. La description des activités doit être claire, précise et mesurable. Chaque tâche à réaliser pourra faire l'objet d'une fiche descriptive.
- 2e étape : il faut évaluer les durées des tâches, les coûts, les objectifs de qualité attendus, identifier les ressources nécessaires (à l'interne et/ou à l'externe).

- 3e étape : la date de l'événement ayant été fixée, il faut établir un ordre de déroulement des activités et l'optimiser en fonction des disponibilités des ressources et des objectifs du projet. On identifie alors « le chemin critique » c'est-à-dire les activités sur lesquelles il ne faut pas prendre de retard car elles influencent directement la durée du projet.
- 4e étape : organiser les ressources et les optimiser grâce à l'utilisation d'outils de pilotage de projet : ordonnancement (réseau PERT) et planning des tâches à réaliser (diagramme de GANTT).
- 5e étape : mettre en place des outils de suivi de la réalisation du projet (ils seront utilisés dans la réalisation du projet) afin de réduire l'incertitude. Il peut s'agir du journal de bord, des comptes rendus de réunions, des rapports d'avancement et rapports financiers.

La réalisation (ou la tenue) de l'événement : dans cette phase, les parties prenantes doivent avoir une vision commune de l'événement car elle influe directement sur l'image véhiculée par l'événement. Chaque intervenant devra s'engager, maîtriser le rôle à tenir dans le respect de la hiérarchie d'ensemble. Pour les événements de grande envergure une « salle des commandes » coordonnera les actions de dernière minute (accueil, signalisation, sécurité, logistique) et gérera les imprévus.

La gestion et le contrôle : il s'agit de s'assurer que le projet se réalise selon les plans. L'utilisation de listes de contrôle est en ce sens opportune, elle sera complétée par la vérification des fiches descriptives des tâches afin de s'assurer que les prestations et les supports ont bien été réalisés.

La clôture : à ce stade, le projet est achevé, l'événement a eu lieu. L'objectif est d'évaluer comment le projet a fonctionné, de comparer les résultats acquis à ceux prévus et d'expliquer les écarts. L'analyse des outils de pilotage sera particulièrement intéressante.

Le budget du projet

Fiche 32

Principes clés

Les budgets sont des outils de prévision, d'aide au pilotage ; ils récapitulent l'ensemble des dépenses et recettes prévisionnelles du projet.
Le budget du projet de communication correspond à ce que l'on peut dépenser pour réaliser le projet. Les coûts dépensés pendant le déroulement du projet se décomposent en deux postes : des achats et des heures de travail. L'estimation des achats ne pose pas de problèmes, il suffit de les lister (à partir des tâches à réaliser et des livrables à produire) et de les évaluer. L'estimation des heures de travail est plus délicate, lorsque les individus impliqués dans le projet n'y consacrent qu'une partie de leur temps de travail.
Dans une agence de communication, les heures de travail des collaborateurs sont évaluées pour déterminer les honoraires de l'agence. Ces honoraires intègrent aussi la prestation intellectuelle de l'agence dont la valeur est difficile à évaluer.
Dans un service communication, il s'agira d'évaluer le coût horaire de chaque collaborateur et le temps passé sur le projet pour les imputer au coût global du projet.
La préparation du projet de communication doit passer par la réalisation d'un budget prévisionnel. En général, on veille à inscrire dans le budget une provision (de l'ordre de 5 à 10 % du montant du budget global) pour faire face au dépassement presque inévitable des dépenses initialement prévues.

Méthodes

Traditionnellement, on établit des budgets intermédiaires et un budget global du projet.

❑ *Les budgets intermédiaires*

Les budgets intermédiaires récapitulent les dépenses afférentes aux différentes opérations du projet. Ils permettent l'évaluation indépendante de chaque opération.

◆ *Exemples de budgets intermédiaires pour une manifestation*

Pour célébrer la sortie du vin primeur, le syndicat professionnel des viticulteurs de la région fait appel à son agence de communication pour organiser cet événement.

Pour répondre à la demande de son client, l'agence prévoit une manifestation grand public, dont la communication sera assurée par une présentation à la presse de la manifestation et une campagne publicitaire.
4 budgets intermédiaires ont été réalisés par l'agence : le budget de présentation de la manifestation à la presse, le budget de la manifestation grand public, le budget de la campagne publicitaire, et le budget de l'agence de communication.

Budget de l'opération de présentation à la presse

Intitulé de la dépense	Fournisseur	Montant HT
Lieu de la manifestation – Réservation du château	Syndicat professionnel	Partenariat
Matériel événement – Matériel réceptif – Sonorisation légère	Château Château	Partenariat Partenariat
Décoration – Kakémonos, ballon hélium, affichettes, T-shirt, verres pub	Syndicat professionnel	0 €
Réceptif – Déjeuner	Château	1 500 €
Relations publiques – Invitation des VIP – Accueil et gestion du site	Agence de communication	Honoraires
Relations Presse – Fichier journalistes – Invitation journalistes (rédaction invitation, envoi, relances) – Gestion conférence de presse	Agence de communication	Honoraires
Ingénierie événementielle – Navette avec chauffeur, transport matériel, installation PLV	Sous-traitant	205 €
Frais divers – Envois, déplacements, photocopie	Agence de communication	80 €
Total général HT		1 785 €

Budget de la célébration grand public de la mise en perce

Intitulé de la dépense	**Fournisseur**	**Montant HT**
Lieu manifestation – Place de la mairie	Mairie	Partenariat
Matériel événement – Scène, tente, barrières de foule – Tables de dégustation	Mairie Syndicat Professionnel	Partenariat 0 €
Décoration – Kakémonos, bouteilles primeurs, barriques, affichettes, Ballon hélium, T-shirts, drop stop…	Syndicat professionnel	0 €
Réceptif – Fournitures verres en plastique, serviettes, nappes en papier	Agence de communication	45 €
Personnel et animation – Vignerons – Agents de sécurité – Charrette et chauffeur pour transport tonneau	Vignerons Agence de communication Syndicat Professionnel	0 € 400 € 0 €
Relations Presse – présence d'une attachée de presse, rédaction du communiqué, envois, édition revue presse vignerons	Agence de communication	Honoraires
Ingénierie événementielle – Demande autorisations, installation PLV – Transport du matériel	Agence de communication Syndicat Professionnel	Honoraires 0 €
Frais divers – Envois, photocopies, petit matériel	Agence de communication	80 €
Total général HT		525 €

Budget du Plan de Communication

Intitulé de la dépense	Fournisseur	Montant HT
Affichage CHR – Création affiches – Affichage 180 faces – Taxes municipales – Impression affiches	Agence de communication Régie Mairie Imprimerie	Honoraires 3 500 € 150 € 800 €
Campagne radio – Conception message – Diffusion de 30 spots – Enregistrement message	Agence de communication Radio	Honoraires 1 500 € 400 €
Campagne presse – Conception de l'annonce presse – Encart 188×152 mm dans le quotidien régional (une parution)	Agence de communication Quotidien régional	Honoraires 4 000 €
Total général HT		10 350 €

Budget de l'Agence de communication

Intitulé de la dépense	Temps passé/Coût horaire	Montant HT
Chef de projet – Invitation des VIP – Gestion conférence de presse – Accueil et gestion du site	 5 heures à 30 € 4 heures à 30 € 8 heures à 30 €	 150 € 120 € 240 €
Assistant chef de projet – Invitation des VIP – Invitation des journalistes – Demande d'autorisation, installation PLV – Accueil et gestion du site	 5 heures à 20 € 12 heures à 20 € 6 heures à 20 € 8 heures à 20 €	 100 € 240 € 120 € 160 €
Attachée presse Rédaction du communiqué, présence sur la manifestation grand public, revue de presse	10 heures à 22 €	220 €
Concepteur-rédacteur/Graphiste Création du message radio, de l'annonce presse, de l'affiche	26 heures à 18 €	468 €
Majoration (dépassement)		242 €
Total général HT		2 060 €

Pour tenir compte de ses charges de structure, l'agence applique un coefficient de 2,5 pour fixer ses honoraires.

$$\text{Honoraires de l'agence} = 2060\ € \times 2,5 = 5\ 150\ €$$

❑ *Le budget global des dépenses*

Il reprend tous les totaux des budgets intermédiaires.

Intitulé	Fournisseurs	Budget HT
Budget Présentation presse	Syndicat, château, agence de communication	1 785 €
Budget Mise en perce	Syndicat, vignerons, mairie, agence de communication	525 €
Budget Plan de communication	Agence de communication, radio, quotidien, régie, imprimerie	10 350 €
Budget Agence de communication	Agence de communication	5 150 €
Total général HT		17 810 €

Ces différents budgets seront présentés et expliqués au client (syndicat des viticulteurs) par l'agence de communication ; la signature du client peut être apposée en bas de chaque budget pour acceptation.

❑ *Le budget des recettes*

Pour financer cette opération, les 30 viticulteurs les plus importants versent une contribution de 500 €. Le solde est financé par le syndicat professionnel.

Intitulé de la recette	Origine	Montant HT
Souscription	Viticulteurs	15 000 €
Participation	Syndicat professionnel	2 810 €
Total général HT		17 810 €

Fiche 33

Les outils de gestion opérationnelle

La gestion de projet a pour objet de prévoir et de suivre l'avancement du projet sur les plans performances, coûts, délais. Elle utilise des outils et des méthodes qui facilitent la prise de décision et diminuent l'incertitude liée au projet.
Les différents outils de gestion de projet sont de plus en plus performants, et l'informatique facilite leur mise en forme et leur représentation. L'utilisation de logiciels de gestion de projet optimise la gestion du projet car ils simplifient certaines opérations : la comparaison de l'avancement réel par rapport aux prévisions, l'actualisation du planning.

Les outils de pilotage du projet de communication

❑ *Le phasage du projet*

Pour bien maîtriser le déroulement du projet, on va le diviser en grandes phases. Le phasage du projet permet de réduire l'incertitude et de fixer des objectifs.
Chaque phase est matérialisée par l'achèvement d'une production ou livrable (cahier des charges, maquette, réalisation technique) et est close par un jalon (moment où l'on remet le livrable).
Le phasage permet de cadrer le projet et guider sa réalisation, de définir les tâches à réaliser et leur planification, de permettre la gestion financière du projet.

❑ *L'organigramme des tâches*

C'est un outil structurant du projet qui illustre les concepts de base de la gestion de projet : la division du travail et le processus délégatif. C'est un outil d'organisation (qui fait quoi) et de communication (quels sont les engagements pris par les intervenants). Il consiste à :

- établir la liste exhaustive de tout ce qu'il va y avoir à faire pour atteindre le résultat du projet ;
- définir à qui on va confier la responsabilité des tâches (tâches à réaliser soi-même ou à faire réaliser par un prestataire) ;
- planifier ces tâches dans le temps en fonction des ressources dont on dispose.

Cet outil permet de mieux contrôler les différents intervenants à tous les niveaux, de réguler et de réorienter le projet si cela s'avère nécessaire.

L'organigramme des tâches (ou organigramme technique) est une méthode de découpage du projet sous la forme d'une arborescence qui décompose le projet en sous-ensembles, en produits à livrer (livrables), en lots de travaux, et en tâches.

❑ *Le planning*

Le planning est un instrument de représentation du projet dans le temps et un outil d'organisation. L'organisation repose sur le listage exhaustif des tâches à réaliser, la durée de ces tâches, leur ordonnancement dans le temps, l'évaluation des dépendances entre ces différentes tâches. Il existe plusieurs représentations du planning : les diagrammes à échelle de temps (GANTT) et les représentations en réseaux (PERT).

• Le diagramme de GANTT (diagramme à échelle de temps)

Il permet d'établir un calendrier, de faire des hypothèses sur les ressources et les disponibilités. Il présente une liste de tâches en colonne et l'échelle du temps en abscisse. Les tâches sont définies et quantifiées dans leur durée. Chaque tâche est marquée par une date de début et de fin. Il s'agit d'une date butoir pour la tâche à réaliser, date au-delà de laquelle la réussite du projet peut être remise en cause. On parle de *dead line* dans le management de projets événementiels.

• Le réseau PERT (représentation en réseau)

Il met en évidence la logique de déroulement du projet :

- les dépendances entre les tâches (quelle tâche doit être achevée pour commencer la tâche suivante ? quelles tâches peuvent être menées en parallèle ?) ;
- la durée minimum du projet ;
- les temps d'attente afin de déterminer l'enchaînement optimum des activités à mener (chemin critique).

L'intérêt du planning est de proposer une vue d'ensemble de l'organisation du projet. Il contient les actions réalisées et celles à faire, et met en évidence les intervenants. L'utilisation d'un type de planning varie en fonction des spécificités du projet : l'élaboration d'un réseau PERT se justifiera dans la conception d'un projet multimédia par exemple (conception d'un Cd-rom, d'un site internet), le diagramme de GANTT conviendra mieux pour l'organisation et la planification d'événements.

• Le rétroplanning

Il est très utilisé dans les agences, et constitue une forme particulière de planning. Il part de la date de fin de projet et remonte dans le temps pour fixer les dates auxquelles les différentes activités ou tâches doivent être réalisées.

❑ *Le budget*

Le budget du projet correspond au montant des sommes mises à la disposition du chef de projet pour le réaliser dans le respect du cahier des charges. Le budget opérationnel du projet est constitué des lignes budgétaires qui comprennent les coûts

de revient estimés des différentes tâches, et la provision estimée pour couvrir les risques du projet.
Le budget à date indique l'état du budget à un moment donné car le budget peut évoluer en cours de réalisation du projet.
Les méthodes d'élaboration du budget d'un projet de communication sont détaillées dans la fiche 32.

❑ *Le tableau de bord*

C'est un outil de communication en direction des différents acteurs, il permet d'analyser des situations et de prendre des décisions.
Le tableau de bord est constitué d'indicateurs sur le projet. Les indicateurs sont des données chiffrées significatives. Si l'on prend l'exemple des relations presse, les indicateurs peuvent être : le nombre de communiqués de presse diffusés, le nombre d'articles publiés, le pourcentage d'articles traitant d'un thème précis, le pourcentage d'articles positifs…
Il existe quatre types d'indicateurs :

- **Les indicateurs de pilotage** qui permettent de vérifier que l'on va dans la bonne direction. Si les indicateurs signalent des écarts, il faudra s'interroger et prendre des mesures correctives.
- **Les indicateurs de résultat** qui permettent de faire une analyse *a posteriori* du rapport coût/efficacité des actions.
- **Les indicateurs de performance** : ils évaluent la qualité et l'efficacité technique des actions. Ils peuvent aussi servir à évaluer les prestataires extérieurs.
- **Les indicateurs d'anticipation** qui aident à s'adapter à l'évolution de la situation et du contexte.

Le tableau de bord est alimenté par le reporting. Les informations doivent être enregistrées en continu ou à des fréquences courtes pour favoriser la réactivité. Les tableaux de bord ne doivent pas être complexes, leur lecture et interprétation doivent être faciles.

❑ *Le reporting*

Dans un projet, l'information dont on a besoin pour prendre des décisions est souvent détenue par les autres acteurs. Le reporting sert à informer les décisionnaires. C'est au chef de projet de définir le contenu, la forme, et la fréquence du reporting. Le rôle des personnes qui font le reporting est important puisque les décisions prises dépendent de la qualité des informations transmises.

Fiche 34

Les coûts et la rentabilité du projet

L'organisation et la conduite de projets de communication nécessitent une évaluation de leurs coûts et de leur rentabilité.

Le coût de revient (ou coût complet)

❑ *Définitions*

La méthode des coûts complets sert à calculer le coût de revient du projet.
Les charges directes peuvent être affectées directement et sans calcul préalable au coût d'un produit ou une action déterminée.
Les charges indirectes sont communes à plusieurs coûts ou produits ou actions, elles ne peuvent pas être affectées directement à un coût ou une action déterminée.
Centre d'activité ou centre de coût : service ou fonction principale de l'entreprise (administration, production, commerciale) dans laquelle on peut répartir les charges indirectes.
Unité d'œuvre : unité qui permet de mesurer l'activité d'un centre de coût, utilisé pour imputer les charges indirectes du centre au coût d'un produit ou d'une action.

Coût complet (coût de revient) = charges directes + charges indirectes.

Marge sur coût complet = Prix de vente – coût complet

Marge sur coût direct = Prix de vente – coût direct.

❑ *Calcul du coût de revient*

- Exemple

L'agence Com'Eddy est spécialisée dans l'organisation d'événements. Le commercial vient de décrocher un nouveau contrat : l'organisation du 20e anniversaire de l'association « Entreprendre Autrement » qui compte 300 adhérents. Au sein de l'agence, le dossier a été confié à un chef de projet. Le concept de la manifestation est une soirée festive, dans un lieu prestigieux (château du XVIe siècle). On attend la présence de 200 personnes.

Charges directes :

– Location de la salle du château : 600 €
– Orchestre pour la soirée : 500 €
– Coût d'un repas (traiteur) boissons comprises par personne : 40 €
– Décoration tables (fleurs) : 20 € par table, 20 tables prévues
– Location vaisselle : 1 € par convive

Charges indirectes mensuelles pour la totalité de l'activité de l'entreprise

	Chef de projet	Commercial
Charges mensuelles Unité d'œuvre Nombre Unité d'œuvre	4 000 (1) heures de travail 160	6 000 (2) contrats signés 30
Coût U.0 (3)	25	200

(1) Les charges indirectes du chef de projet représentent une partie du loyer, le salaire du chef de projet et les charges sociales, l'amortissement du matériel informatique qu'il utilise, une partie des frais de téléphone…
(2) Les charges indirectes du service commercial représentent une partie du loyer, le salaire du commercial et les charges sociales, l'amortissement de la voiture de fonction, une partie des frais de téléphone, frais de déplacements…
(3) Coût U.0 = charges du centre/nombre U.0 = 4000/160 = 25 €
1 heure de travail du chef de projet coûte 25 € à l'entreprise.
1 contrat signé coûte 200 € de coûts commerciaux.

• Démarche

1re étape : calcul du coût direct
Location salle : 600
Orchestre : 500
Repas (40 € ×200) : 8 000
Décoration (20 ×20) : 400
Location vaisselle (1 € ×200) : 200
Total coût direct : 9 700

2e étape : calcul du coût indirect
Pour créer le fichier des convives, établir les invitations, gérer les retours, créer les menus déposés sur les tables, le chef de projet de l'agence Com'Eddy a travaillé 22 heures :
Charges indirectes chef de projet (22 h ×25 €) : 550
Charges indirectes commercial (1 contrat ×200) : 200
Total coût indirect : 750

3e étape : calcul du coût de revient

Coût de revient = coût direct + Coût indirect

10 450 = 9 700 + 750

4e étape : fixation du prix de vente

L'entreprise prend habituellement une marge de 30 % du coût de revient pour établir son prix de vente.

Prix de vente = coût de revient × 1,30

13 585 = 10 450 × 1,30

Le devis proposé au client sera donc de 13 585 € hors taxe, soit 16 247,66 € TTC.

5e étape : calcul des marges et des taux de marge

Marge sur coût de revient = prix de vente HT – coût de revient

3 135 = 13 585 – 10 450

Taux de marge = marge sur coût de revient/coût de revient = 3 135/10450 = 30 %
Taux de marque = marge sur coût de revient/prix de vente = 3 135/13585 = 23 %

✎ ***Remarque :*** *La méthode du coût de revient comporte la répartition des charges indirectes sur les différentes fonctions ou services de l'entreprise (production, approvisionnement, administratif, commercial). Cette répartition des charges indirectes peut s'avérer difficile et aléatoire. Aussi on peut se limiter au calcul du coût direct de l'opération (Manifestation ici) et de la marge sur coût direct (Prix de vente – coût direct). Dans cet exemple, si l'on considère que le prix de vente fixé s'élève à 13 585 € HT, la marge sur coût direct = 13 585 – 9 700 = 3 885.*

Cette marge sur coût direct doit être obligatoirement positive pour couvrir une partie des charges indirectes de l'entreprise (10 000 € par mois dans notre exemple). Il est possible également de fixer le prix de vente à partir du coût direct en prenant un taux de marge plus élevé (35 % au lieu de 30 % par exemple).

Le seuil de rentabilité

❑ *Définitions*

La méthode du seuil de rentabilité sert à déterminer le chiffre d'affaires à atteindre pour rentabiliser le projet.
Les charges fixes sont des charges de structure qui ne varient pas en fonction de l'activité (loyer, charges du personnel, amortissement du matériel).
Les charges variables varient en fonction de l'activité (achats de matières premières ou de marchandises).
Le seuil de rentabilité est le chiffre d'affaires à atteindre pour couvrir l'ensemble des charges de l'entreprise (ni perte, ni bénéfice). Au-delà de ce chiffre d'affaires, l'entreprise réalise des bénéfices.

Seuil de rentabilité = Charges fixes/Taux de Marge sur Coût Variable

Taux de marge sur coût variable = Marge sur Coût Variable/Chiffre d'affaires

❑ *Calcul du seuil de rentabilité*

- Exemple

Vous travaillez dans une agence de communication événementielle et l'un de vos clients (voyagiste), fait appel à vos services pour organiser son stand sur la foire internationale de la ville de T. qui dure 10 jours. Pour s'assurer de la rentabilité de ce projet, il vous demande de calculer le seuil de rentabilité relatif à cette manifestation en vous communicant les éléments suivants :

– Pour déterminer son prix de vente HT, il applique au prix d'achat des voyages vendus un coefficient de 2
– Le prix de vente moyen d'un voyage est de 1 200 €
– Le coût du personnel présent sur le stand est de 2 000 € par personne. 2 commerciaux sont prévus sur le stand
– Frais divers (repas…) : 1 000 €

Vous estimez que les coûts liés à l'organisation du stand et à la communication sont les suivants :

– Location stand : 10 000 €
– Création et impression des supports visuels présents sur le stand (affiches) : 5 000 €
– Création et impression de tracts publicitaires : 1 000 €
– Organisation d'un jeu sur le stand pour gagner des voyages : 1 500 €
– Encart publicitaire dans le guide du salon distribué gratuitement aux visiteurs : 2 500 €

Le voyagiste espère vendre 200 voyages pendant la foire.

- Démarche

1re étape : répartir les charges en charges fixes et charges variables

Charges	Montants
Charges variables : Prix d'achat des voyages vendus	200 voyages ×600 €* = **120 000**
Charges fixes : Charges de personnel Frais divers Location stand Supports visuels Tracts Jeu Encart publicitaire **Total charges fixes**	 4 000 1 000 10 000 5 000 1 000 1 500 2 500 **25 000**

* Prix de vente = prix d'achat × 2 → 1 200 = 600 × 2

2e étape : établir un compte de résultat différentiel

Compte de résultat différentiel	Montants	Pourcentages
Chiffre d'affaires	200 voy. × 1200 = 240 000	100 %
Charges variables	200 voy. × 600 = 120 000	
Marge sur coût variable	240 000 – 120 000 = 120 000	120 000/240 000 = 50 % (1)
Charges fixes	25 000	
Résultat	120 000-25 000 = 95 000	

(1) Taux de marge sur coût variable (TMCV)

3e étape : calculer le seuil de rentabilité

Seuil de rentabilité = Charges fixes/Taux de marge sur coût variable

Seuil de rentabilité (en €) = 25 000/0,50 = 50 000 €

Seuil de rentabilité (en nombre de voyages) = 50 000/1200 = 41,66 = 42 Voyages.

Pour rentabiliser ce salon, il faut que le voyagiste réalise un chiffre d'affaires minimum de 50 000 €, qui correspond à la vente de 42 voyages.
Compte tenu des prévisions de vente, le seuil de rentabilité semble facile à atteindre et la participation à ce salon peu risqué, voire très rentable.

Les dysfonctionnements et la résolution des problèmes

Fiche 35

Dans un projet, il y a toujours des dysfonctionnements (techniques, relationnels). Il faut savoir les gérer efficacement.
Le projet réunit différents acteurs qui doivent partager une vision commune sur le projet (enjeux, objectifs). Mais chaque individu, chaque entité représentée dans le projet peut avoir des objectifs et des positions qui lui sont propres.
Les activités à réaliser et les décisions à prendre vont donner l'occasion de confronter les points de vue. Les individus ont parfois tendance à privilégier leur façon de voir les choses. Une divergence de point de vue ou un conflit ne constituent pas un problème en soi, ils sont normaux et peuvent constituer une opportunité d'avancer. C'est la façon de les gérer qui peut en devenir un.

Les dysfonctionnements constatés

❑ *Les dysfonctionnements liés au manque de ressources*

La non-disponibilité des ressources pour réaliser le projet au moment voulu peut être source de dysfonctionnement. Si au moment de la réalisation de l'activité, la ressource (humaine, technique) n'est pas disponible, le travail ne peut pas se faire.

❑ *Les dysfonctionnements financiers*

Lorsque des difficultés techniques et humaines apparaissent (insuffisance de machines ou d'hommes pour réaliser l'activité), il est possible de mobiliser des ressources supplémentaires au service du projet (heures supplémentaires, appel à une ressource extérieure). La planification initiale du projet sera respectée mais l'objectif économique (respecter le budget) ne pourra être tenu.

❑ *Les dysfonctionnements liés au non-respect de la planification*

Lorsque les difficultés techniques apparaissent tard dans la réalisation du projet, le résultat ne pourra être livré dans les délais même en déployant des ressources supplémentaires. Dans ce cas, il est probable que le retard dans les délais engendre le versement de pénalités financières (pénalités de retard).

❑ *Les dysfonctionnements de la communication*

L'objet de la communication dans un projet est d'échanger de l'information. Un plan de communication doit être réalisé afin de déterminer : qui a besoin de quelle information ? sous quelle forme ? et quand doit-on disposer de l'information ? À défaut d'une communication structurée et organisée, les risques de perte d'information se multiplient.

La résolution des problèmes

❑ *La méthodologie*

Poser le problème : c'est-à-dire le reconnaître, collecter des informations sur le problème.
La méthode du QQOQCP est intéressante pour organiser la recherche des informations sur le problème. Cette méthode permet de mieux cerner un problème et ses causes grâce à l'enchaînement de 7 questions :

- Qui ? Qui sont les acteurs concernés ? Qui est responsable ?
- Quoi ? Quel est le problème, son origine, ses causes ? Quelles sont les tâches ou activités concernées ?
- Où ? Où se pose le problème ? À quel niveau du projet ?
- Quand ? Quand le problème s'est-il posé ? Quand se répète-t-il ?
- Comment ? Comment cela se passe ? Avec quels moyens ? Avec quelles modalités ?
- Combien ? Combien de personnes sont concernées ? Combien d'activités ou de tâches ? Combien cela va coûter ? Quelle durée ?
- Pourquoi ? Pourquoi ces personnes, machines ? Pourquoi ces activités ? Pourquoi cette procédure ?

Analyser le problème : c'est-à-dire rechercher son origine et en analyser les causes objectives (dépasser les explications simplistes et évidentes). Le classement et la hiérarchisation des causes peuvent se faire grâce à des outils de type diagramme causse/effet, arbre des causes.
Rechercher des solutions : la recherche de solutions passe par une dynamique créative et d'échange. L'enjeu est de trouver des solutions qui apportent des gains réciproques. Les réunions de type brainstorming sont bien adaptées à cette démarche.

Le brainstorming (ou tempête des cerveaux) est une méthode de créativité orale de groupe. Elle consiste à produire le plus d'idées possibles dans une durée limitée sur un sujet donné. Les principes à respecter sont : ne pas porter de jugement sur les idées émises, privilégier la quantité d'idées, favoriser l'imagination.

Choisir la solution : le choix de la solution fait d'abord l'objet d'une négociation, puis d'une explicitation pour s'assurer de l'accord, et enfin d'une formalisation.

❑ *La démarche*

Il s'agit d'une démarche coopérative qui repose sur la confiance et le respect (accorder du crédit à ce que dit l'autre), la transparence, et l'ouverture.

Fiche 36

Les prestataires et leurs moyens de production

Ce qui hier était une spécialité professionnelle, le développement photographique par exemple, a quasiment disparu des annuaires professionnels alors que d'autres compétences, webdesigner, référenceur, hébergeur ont fait valoir leurs spécificités. Les prestataires de services constituent un univers mouvant et diversifié que l'on doit sans cesse évaluer de deux points de vue opposés : celui de l'habitude et de la confiance d'un côté, celui de l'innovation et de la compétitivité, de l'autre côté, qui permettent l'optimisation des coûts et la qualité.

Principes clés : connaître pour mieux choisir

Par définition, un prestataire est quelqu'un qui possède des compétences et des moyens que vous n'avez pas (sinon, pourquoi faire appel à lui ?) mais que vous devez évaluer. Sans être exhaustive, la liste qui suit recense les principaux types de prestataires du secteur de la communication :

- Photographes/concepteurs de banques d'images/spécialistes de la 3D et du relief.
- Graphistes.
- Concepteurs de sites (html/CMS/Flash)/Conseillers en stratégie webréférenceurs.
- Hébergeurs, Prestataires mails.
- Fabricants d'enseignes et de signalétique.
- Imprimeurs (offset, numérique, impression textile, adhésifs, bâches, sérigraphie).
- Spécialistes de l'audiovisuel (captations de congrès/édition DVD/montage vidéo/postsynchronisation/habillage sonore/voix off).
- Traiteurs, fleuristes, concepteurs de stands, fabricants de supports d'identification et de contrôle (bracelets, badges), de supports d'exposition (totem, kakemono, déroulants, chevalets, présentoirs).
- Centre d'appels, de télémarketing, spécialistes de l'e-mailing (gestion de fichiers), routeurs.

On remarquera que le découpage des compétences à l'intérieur d'un portefeuille de prestataires peut être un critère de choix. On préférera peut-être traiter avec une entreprise au spectre d'activités large afin d'instaurer une relation de confiance et de négocier des prix sur la base de volumes importants de prestations, avec le risque d'une dépendance accrue pour des pans entiers de sa propre activité. Au contraire, peut-être préférera-t-on multiplier les prestataires spécialisés afin de privilégier la qualité des produits et services et de répartir les risques, au prix d'une lourdeur de gestion accrue et d'une faible fidélisation.

Éléments et analyse

❑ *Ne pas préjuger de sa démarche*

L'évolution des techniques exige une veille permanente qui permet de définir la meilleure stratégie en termes de prestations.

Pour réaliser un e-mailing, par exemple, est-il préférable d'acheter un fichier de prospection préconçu à un fournisseur, ou de le faire réaliser au regard des critères que je lui fournirai ou d'acheter un logiciel qui me permettra d'extraire moi-même les adresses mail à partir d'annuaires publics, type Pages Jaunes ?

Si j'opte pour l'utilisation des services d'un prestataire, dois-je acheter ou louer ses fichiers ? Seule une analyse précise des besoins peut permettre de répondre à ce genre de question.

❑ *Comprendre le fonctionnement des annuaires professionnels*

La présence d'un prestataire dans un annuaire, tout particulièrement sur le web, ne constitue en rien une garantie de qualité. L'annuaire est en lui-même un moyen de communication. Dans la grande majorité des cas, le référencement d'une entreprise est fait… par l'entreprise en question, au moyen d'un formulaire en ligne. Rien ne saurait donc dispenser de la constitution et de la mise à jour de son propre fichier de prestataires.

❑ *Maîtriser son projet et solliciter les prestataires*

Le recours à des prestataires doit s'inscrire dans une démarche de projet globale. Celle-ci implique la constitution d'un rétroplanning, d'un budget, d'un cahier des charges technique ainsi qu'une représentation claire du rôle de chacun des prestataires et des documents à leur fournir. Les questions de la conception des sites internet/intranet (fiche 59 et 60) et de l'impression (fiches 47 à 52) étant traitées par ailleurs, on ne s'attardera ici que sur les autres prestataires principaux.

- Le photographe

Il intervient pour réaliser toute forme de photographie de communication y compris dans le cadre événementiel. Outre un brief sur le projet lui-même, il importe d'évoquer avec lui les questions de formats, de tirages, de droits, d'éventuelle prise en charge des retouches numériques. Son devis doit impérativement mentionner les délais de réalisation. Attention ! Son travail est une œuvre à part entière et ne peut être utilisé sans son accord.

- Le graphiste

À partir d'un brief et, éventuellement, d'une prémaquette, son rôle est de vous proposer une mise en image de votre projet. Son devis doit décrire l'objet de la commande, énumérer les éléments à réaliser, et suivre le déroulement logique de création de l'œuvre, pour éviter toute interprétation erronée. Ainsi sont présents deux éléments indissociables :

- les honoraires de création, c'est-à-dire la rémunération des recherches, des travaux et des frais techniques nécessaires à la création de l'œuvre ;
- les droits d'auteur, soit la rémunération de l'exploitation de cette œuvre. Au cas où vous souhaiteriez exploiter une œuvre déjà existante, seul ce poste est à prendre en compte.

Le contrat ou bon de commande doit reprendre les termes du devis. Il engage les deux parties : le graphiste à livrer sa création et vous à le rémunérer. De plus, il fait foi devant les tribunaux en cas de litige. Le devis lui-même peut faire office de contrat de commande, s'il comporte un calendrier de réalisation et que le graphiste et son client l'ont tous les deux signé.
L'objet de la commande doit être explicité en précisant la liste des supports prévus, le nombre d'exemplaires ou la durée d'utilisation, éventuellement une zone géographique d'utilisation (régionale, nationale, internationale). Le graphiste peut détailler le prix d'un ou plusieurs postes :

- création et recherche des premiers projets (somme due même en cas de non-réalisation du projet),
- mise au point de la création retenue,
- réalisation technique de la création,
- cession de droits d'auteur(s) de la création.

✎ ***Remarque :*** *une étape intermédiaire est possible si le graphiste facture une « Note d'auteur » qui portera la mention « Honoraires de création graphique préalables à une cession de droits d'auteur ». Le taux de TVA applicable est alors de 5,5 %.*

Si le graphiste est assujetti à la TVA, il indique son prix hors taxes en précisant le taux de TVA. S'il ne l'est pas, il indique « TVA non applicable, article 293 B du CGI ». En cas d'appartenance à une association de gestion agréée, il mentionne obligatoirement « Membre d'une AGA, le règlement par chèque est accepté ». Il est recommandé de convenir d'un délai en jours ouvrés (les cinq jours de la semaine, en excluant les jours chômés), ainsi que de mentionner des conditions générales contractuelles au recto, qui président au bon déroulement du travail. Dans le cas où le graphiste souhaite faire de son devis un contrat de commande, il conclut par : « Pour toute commande de votre part, merci de retourner le double de ce devis, revêtu de votre signature et de votre mention Bon pour accord et exécution ». Il signe son devis.

• L'hébergeur sur Internet

Il importe de bien connaître les spécificités du site que l'on veut faire héberger en ne se contentant pas d'une simple évaluation du volume de celui-ci. On distingue couramment l'hébergement dédié de l'hébergement mutualisé.
Dans le premier cas le serveur est entièrement réservé à un client, dans le second, il est partagé entre plusieurs. La première solution constitue une prestation haut de gamme réservée à des sites techniquement très élaborés et impliquant un grand volume de transferts, on s'attachera donc plutôt à détailler le deuxième cas.
Les paramètres à prendre en compte sont donc :

- La quantité de trafic autorisée : elle est corrélée à la fréquentation de votre site. À titre de repères approximatifs, on peut compter sur 30 Go/mois pour une association, 600 Go pour une entreprise.
- Le volume de stockage : il correspond à la quantité de données que contient votre site (la place qu'il prend ou prendra à terme). Il convient d'anticiper sur son évolution future, notamment si la possibilité est offerte aux utilisateurs d'y déposer des documents. Compter de 200 Mo pour une association à des volumes beaucoup plus importants, par exemple pour des sites commerciaux avec des catalogues sous forme de bases de données.
- La fourniture d'un nom de domaine. Si les 2 services sont en principe dissociés (on peut très bien ne pas passer par son hébergeur pour obtenir un nom de domaine), ils sont souvent dans la pratique l'objet d'une même offre.

On rappellera qu'un nom de domaine comprend en fait 2 niveaux. Le premier renvoie soit à un pays («.fr » pour la France, «.ca » pour le Canada), soit à une activité («.com » pour commerciale, «.edu » pour éducation). Le second constitue une appropriation privée d'une partie du précédent : « wikipedia.org » est un sous-ensemble du domaine «.org. ».
L'intérêt d'un nom de domaine est, bien sûr, de présenter une signature unique et explicite de vos activités sur le web.

- La présence d'au moins une base de donnée MySQL avec prise en charge du langage PHP (indispensable pour les CMS-éditeurs de contenus). Ces fonctionnalités sont indispensables dès que vous dépassez le stade du site vitrine.
- La possibilité de faire du streaming (diffusion de vidéo ou de son en direct, à distinguer du téléchargement). Une telle fonctionnalité implique un surcoût important. Elle ne doit être envisagée que si elle s'applique au « cœur de métier » du site.
- La présence de statistiques permettant d'analyser la navigation des utilisateurs dans le site mais aussi les liens entrants et sortants. Cette dimension est essentielle car une analyse rigoureuse du trafic interne et externe du site doit être au cœur de vos stratégies d'optimisation. Comprendre comment les visiteurs naviguent à l'intérieur de votre site vous permet de mesurer l'attractivité de chacune des pages, l'adéquation de celle-ci aux besoins des visiteurs et peut déboucher sur des modifications sensibles de votre architecture d'ensemble. Les liens entrants sont le reflet direct des réussites ou échecs de votre travail de référencement.
- La mise en œuvre de comptes mails, redirections, alias et listes de diffusion. L'activité support d'un site peut nécessiter l'utilisation de nombreuses adresses mails professionnelles pour les différents collaborateurs. On s'interrogera dès lors sur la pertinence qu'il y a à générer des comptes mails spécifiques ou à utiliser des redirections ou alias à partir des adresses personnelles des intervenants.

Les formats numériques et leurs modes de transfert

Fiche 37

Microsoft, Apple, Linux et maintenant Google génèrent des environnements informatiques par rapport auxquels les éditeurs de logiciels développent des stratégies technologiques et commerciales qui leur sont propres. Il appartient à chacun d'abord de comprendre les potentialités et les limites du système dans lequel il s'insère, pour s'y adapter sans s'y laisser enfermer.

Principes clés : efficacité et transmission

Si le propre de l'ère numérique est de faire reposer tous les supports et tous les langages sur le même système binaire (des bits de « 0 » ou de « 1 »), le propre de la démarche commerciale en informatique est de chercher à capter le client dans un système qui le fidélise, en créant une relation de dépendance à un système d'exploitation ou à un logiciel.

On voit donc deux logiques s'opposer : d'un côté celle des utilisateurs qui aimeraient bien pouvoir utiliser n'importe quelle donnée sur n'importe quel appareil avec n'importe quel logiciel (une interopérabilité totale) et de l'autre celle des fabricants et concepteurs de logiciels qui cherchent à rentabiliser leurs productions en enfermant leurs clients dans un monde le plus riche possible mais totalement contrôlé par la marque.

À côté de cet antagonisme de bases, plusieurs stratégies viennent compliquer la question.

D'une part, l'existence de logiciels professionnels (progiciels) conçus au départ dans un cadre de production très précis, l'impression par exemple, et qui opèrent avec réticence le chemin vers une utilisation grand public. D'autre part, à l'inverse, la démarche militante des partisans du logiciel libre qui, s'appuyant sur des communautés d'utilisateurs concepteurs, combattent la logique commerciale de l'exclusivité. Enfin, le positionnement des industriels, en général en position de challengers sur le marché, qui font de l'interopérabilité de leurs produits un argument contre la marque dominante.

Éléments et analyse : extensions et lisibilité

❑ *Achats et dépendances*

La plupart des entreprises commerciales concevant des logiciels construisent leur rentabilité sur des formats propriétaires fermés, c'est-à-dire des spécifications de données, visualisables par leur extension (PSD, DOCX, FLA) et qui ne sont lisibles que par leurs logiciels eux-mêmes brevetés (respectivement Photoshop, Word 2007, Flash).

Un format propriétaire peut toutefois être ouvert et lisible gratuitement lorsque la stratégie de la marque consiste à imposer celui-ci comme standard commun et produit d'appel, c'est le cas du. PDF d'Adobe. Un même logiciel peut donc à la fois générer un format propriétaire fermé, propriétaire ouvert et ouvert ; dans l'ordre pour Photoshop, cela donnera. PSD, PDF, JPEG.

Bien sûr ces 3 formats n'ont pas les mêmes caractéristiques : seul le. PSD conservera la superposition des calques et la possibilité de retravailler l'image dans son intégralité, le. PDF est lisible par tous moyennant le téléchargement d'un logiciel gratuit mais ne pourra être modifié qu'avec un logiciel payant, le JPEG, enfin, sera lisible par beaucoup d'applications mais est un format compressé n'offrant que des possibilités de modifications et une qualité limitées.

Les choses se compliquent encore lorsqu'un format propriétaire fermé est ouvert au bout d'un certain temps. Le DOC (99-2003) est aujourd'hui lisible avec un logiciel libre comme Writer d'OpenOffice mais pas la version la plus récente des fichiers Word (DOCX). Plus subtilement encore un logiciel comme Frontpage génère des fichiers a priori standards (HTML) mais en insérant dans les pages des composants, pour les effets d'animation par exemple, qui rendent l'hébergement du site conditionné à l'utilisation d'hébergeurs... labellisés par Microsoft.

❑ *Connaître les formats et leurs possibilités de lecture*

• Les formats d'images

Les repères essentiels portent sur la qualité et la lisibilité des différentes extensions : un domaine finalement assez facile pour peu qu'on fasse attention à l'usage souhaité :

- Le PSD (photoshop) ou PSP (Paintshop) sont des formats à utiliser pendant la retouche sur ces logiciels. Ils préservent votre travail et sont indéfiniment modifiables sans perte de qualité. Leur poids nécessite ensuite la conversion en d'autres formats (compressés) plus aptes au transfert.
- Le TIFF (Tag Image File Format) est théoriquement destiné à préserver un maximum de qualité sans être prisonnier d'un logiciel. Malheureusement, le très grand nombre de versions de ce format fait qu'il manque très largement son objectif et peine à trouver sa place entre les extensions propriétaires et les formats compressés.

– Le PNG (Portable Network Graphics) est l'émanation de recommandations du consortium W3, son principal inconvénient est de ne pas être reconnu par les navigateurs d'ancienne génération et de ne pas supporter l'animation.
– Le GIF, lui, supporte les animations et est résolument tourné vers le web de par sa légèreté. Ne comportant que 256 couleurs, il s'accommode mal des dégradés et préfère les zones de couleur homogènes.
– Le JPEG, ou JPG, est le format le plus utilisé pour les images. Son principal point fort est son taux de compression réglable. On peut choisir la finesse et la qualité d'une image ou au contraire opter pour sa compression et sa légèreté, ce qui en fait le format polyvalent par excellence.

• Les formats vidéo

Il s'agit là du domaine le plus complexe, car au problème des formats s'ajoute celui des *codecs*. Les codecs – pour compression-décompression –, servent à alléger la vidéo, en évitant d'en détériorer trop la qualité. Le son et l'image sont souvent traités de manière dissociée, ce qui explique que parfois on a l'image (le lecteur a le bon *codec* vidéo) mais pas le son. Ou inversement.

– Dans un fichier AVI, chaque composante audio ou vidéo peut être compressée par n'importe quel *codec* (DIvX et mp3 par exemple). C'est un «conteneur» très pratique, le plus utilisé. Il est normalement lu par tous les logiciels de lecture vidéo mais il est trop lourd, en tant que tel, pour être utilisé sur le web.
– Le WMV est le format conteneur de Microsoft et de sa famille de *codecs* vidéo. On le trouve souvent en streaming ou en téléchargement. Il nécessite Windows Media Player.
– Le MOV, symétriquement, est le format conteneur d'Apple et de ses *codecs*, parfois de très bonne qualité. Il nécessite Quicktime.
– DivX et Xvid, sont eux les *codecs* vidéo les plus utilisés. Ils permettent de diviser par 6 la taille d'un film en DVD sans trop de perte de qualité. Xvid est le concurrent libre de DivX. L'un comme l'autre nécessitent des mises à jour régulières mais sont lisibles par la plupart des logiciels.
– Le MPEG 4 est le *codec* de la haute définition.
– Le FLV est le format vidéo de Flash. Très utilisé sur le web, il nécessite le plug-in (additif au navigateur) gratuit Flash Player.
– Le RMVB est le format propriétaire qui s'ouvre avec RealPlayer.

• Les formats audio

D'un usage plus courant, et donc davantage soumis à la pression des utilisateurs, les formats audio, bien que différenciés, sont lisibles par la plupart des logiciels.

– Le WAV est un format ancien et lourd. Il reste incontournable sous Windows puisque c'est dans ce format qu'on extrait/lit les morceaux d'un CD.
– Le MP3 est le plus connu des codecs audio. Il permet de diviser par 6 ou 8 la taille d'un fichier WAV sans trop de déperdition.
– Le WMA est le format de compression audio de Microsoft. Assez répandu sur Internet.

– Le AAC est le format de compression audio (avec perte de qualité) utilisé par Apple. Les morceaux achetés sur iTunes Music Store sont compressés en AAC. Il existe maintenant sans perte : Apple's Loseless (ALAC).

- Les formats de texte

– Le DOC est, bien sûr, le format de Word de Microsoft, lisible aujourd'hui par Open Office (dont le format est ODT). On ne le confondra pas avec DOCX qui nécessite des versions très récentes du logiciel.
– Le TXT est un format ouvert de texte brut (ASCII : code américain normalisé pour l'échange d'information) lu par tous les logiciels mais il ne comporte aucune mise en forme. Son utilité est de ce fait très limitée.
– Le RTF (Rich Text Format) est un format ouvert, établi par Microsoft, qui peut être lu et utilisé par différents traitements de texte avec une mise en page rudimentaire.
– Le PDF (Portable Document Format) est un format ouvert, établi par Adobe qui garantit la mise en page en vue de l'impression du document et est devenu le standard en la matière.
– Le PostScript gère les sorties papier des imprimantes et des photocomposeuses. Les fichiers postscript ont des noms se terminant en «.ps » et sont utilisés par le monde professionnel de l'édition : la qualité obtenue est élevée et le suivi géré par Adobe.

❑ *Prendre de bonnes habitudes*

Tout d'abord, ne pas confondre surenchère commerciale et efficacité technique. L'immense majorité des logiciels sont utilisés à un tout petit pourcentage de leurs possibilités. Est-il absolument indispensable d'en acquérir la dernière version qui vous permettra triomphalement d'enregistrer vos travaux dans un format que vous serez (presque) seul à pouvoir lire ?
Ensuite, soigneusement évaluer ses besoins. L'utilisation d'un logiciel WYSIWYG (*What You See Is What You Get*) pour mettre à jour une page web ne peut-elle s'accommoder d'un éditeur HTML gratuit ? Vos besoins bureautiques imposent-ils une application susceptible de gérer des documents de plusieurs centaines de pages ?
Toujours sauvegarder ses fichiers dans le format propriétaire (pour pouvoir le retravailler) et dans des formats de transferts allégés.
Ne pas hésiter à enregistrer ou exporter un fichier en autant de formats différents qu'il aura d'usage, sans jamais effacer le fichier source.

❑ *Mention spéciale : les exigences de l'impression*

Il est indispensable de bien connaître le niveau d'exigence (ou au contraire d'adaptabilité) de l'imprimeur avec lequel vous travaillez. Pour éviter des navettes chronophages une règle simple s'impose : savoir si le procédé d'impression utilisé (offset) ou le support imprimé (sérigraphie) implique un flashage et donc la génération de fichiers PostScript.

Le cahier des charges

Fiche 38

Rien ne serait plus faux que de croire que les aspects techniques ou comptables des métiers de la communication relèvent d'une intendance plus ou moins méprisable. L'efficacité professionnelle passe par la maîtrise de ces aspects et surtout par la compréhension de ce qu'ils engagent.

Principes clés

Le cahier des charges n'est pas qu'une manière plus ou moins conventionnelle de formaliser une demande mais un document contractuel entre le donneur d'ordre et le ou les prestataires. Il vise à définir les spécifications d'un produit ou d'un service à réaliser en le situant dans une démarche de projet que le ou les prestataires doivent s'approprier. Il est important aussi à l'interne car il vise à expliciter les éléments du projet sans préjuger d'une compréhension a priori de celui-ci. Bref, il n'a qu'un seul ennemi : l'implicite.

La rédaction d'un cahier des charges vise un double objectif :

- Pour le prestataire potentiel, il s'agit évidemment de définir le plus précisément possible ce qui est attendu de lui, en explicitant les paramètres qui, de son point de vue, peuvent permettre une modulation de l'offre technique et commerciale (prix, quantité, qualité, conditionnement…).
- Pour le rédacteur, l'essentiel est d'imposer une grille de lecture des offres qui lui permettent des comparaisons efficaces. Une réflexion préalable sur la hiérarchisation des critères est donc indispensable. On peut utilement s'inspirer de modèles de cahier des charges, disponibles par exemple en ligne, à condition de ne pas oublier le caractère spécifique de chaque situation.

Éléments et analyse

❑ *Fonctionnalité et technicité*

La difficulté essentielle de la rédaction réside dans l'équilibre à trouver entre ouverture et anticipation :

- Une rédaction « ouverte » privilégie une présentation fonctionnelle du projet, en ne préjugeant pas des solutions techniques. Son principal avantage est de valoriser les prestataires innovants et de participer d'une veille technologique enrichissante

pour l'émetteur. Son principal inconvénient est de rendre plus difficile les comparaisons, de par la par le large spectre qualitatif rendu possible.
- Une rédaction « anticipatrice » cherche à verrouiller la dimension qualitative en s'appuyant sur des connaissances techniques fortes et privilégie donc une variabilité purement commerciale. Son principal avantage est d'assurer une meilleure maîtrise du projet. Son principal inconvénient est d'entraîner à long terme une sclérose des pratiques.

❑ *La structuration formelle du cahier des charges*

Bien qu'il ne s'agisse pas d'une règle absolue, on peut considérer qu'un cahier des charges doit comporter 4 parties :
- La première explique pourquoi le projet existe, quels sont ses objectifs et qui le pilote : rôles respectifs de la Maîtrise d'ouvrage et de la Maîtrise d'œuvre (MOA et MOE), procédures de validation, etc.
- La seconde énumère les besoins fonctionnels, techniques et organisationnels ainsi que les contraintes et les exigences.
- La troisième partie liste les prestations attendues.
- La quatrième partie définit le cadre et les modalités de la réponse : planning de l'appel d'offres, documents attendus, etc.

❑ *Les considérations juridiques*

Précisément, il y a trois conditions juridiques à inclure dans le cahier des charges :
- un planning précis (des dates, des délais impératifs avec engagement de résultat et un mécanisme de pénalité en cas de retard),
- les clauses de cession des droits incluant les droits des éléments de contenu utilisés pour créer le site (textes, photos, images…),
- les modalités de validation (déroulement et supports des validations, répartition des rôles lors de la recette, PV de réception provisoire, PV de réception définitive, etc.).

S'il n'est pas un document juridique, le cahier des charges a bien une valeur juridique en cas de conflit entre le prestataire et le client.

◆ *Exemple de cahier des charges simplifié pour un site web.*

I. Présentation

1. Présenter l'entreprise
Son historique
Sa taille (CA et nombre de salariés)
Ses activités principales
Ses produits et/ou services
Son organigramme

2. Présenter l'existant
Support de communication

Existant fonctionnel
Existant technique

II. Description des besoins

1. Les objectifs du site
Site de vente en ligne
Site de lancement d'un produit, d'un service
Site vitrine
Site éditorial
Site d'information
Site de fidélisation

2. La cible du site
Nature (entreprise, particulier, collaborateur…)
Genre
Tranche d'âge
Appartenance sociale
Attentes
Style de vie

3. Les contenus
Quel type de contenus allez-vous fournir (texte, sons, vidéos, illustrations, photographies, logo…)
Sous quel format (.doc, pdf, mp3, jpg…)
Nombre de pages, photos, fichiers…

4. L'architecture du site
Nombre de rubriques et leur libellé
Schéma d'arborescence de la navigation
Faite un inventaire exhaustif de toutes les informations et contenus qui seront diffusés sur votre site. Faites des regroupements par thème puis hiérarchisez l'information en rubriques, sous-rubriques.

5. Les besoins fonctionnels
Besoins fonctionnels en « front office »
- Moteur de recherche
- Galerie d'images
- Formulaire d'inscription à une newsletter
- Présentation de news

Besoins fonctionnels en *back office*
- Ajouter, effacer, modifier une news
- Ajouter, effacer, classer des images
- Gestion de la newsletter
- Gérer les profils utilisateurs

6. Les besoins techniques
Architecture technique
Configuration logicielle
Configuration matérielle
Hébergement
Nom de domaine

Reprise de l'existant
Sécurité

7. Les besoins en référencement
Référencement naturel
Référencement actif
Mots clés de positionnement
Annuaires ciblés

8. Les besoins de suivis
Statistiques de fréquentation
Suivis du référencement
Maintenance et mise à jour des applications
Formations
Assistance technique

9. Les besoins en cessions de droits d'exploitations (patrimoniaux)
Décrivez les droits que vous souhaiter acquérir sur les créations d'auteur (graphisme, vidéo, son…)
Que souhaitez-vous comme durée de cession ?
Sur quel(s) support(s) souhaitez-vous diffuser les visuels (nombre et nature) ?
Étendue géographique de la diffusion ?
Souhaitez-vous acquérir le droit de modifier les sources ?
Souhaitez-vous rétrocéder les droits d'exploitation ou de diffusion à de multiples clients ? Combien ?
Souhaitez-vous négocier que le nom de l'auteur ne soit pas cité en légende des visuels ?
Souhaitez-vous négocier avec l'auteur pour qu'il ne revendique pas la paternité des visuels en public ? (préciser les supports concernés) ?

III. Prestations attendues
Quels sont les livrables que vous souhaitez obtenir du prestataire pendant et à l'issue du projet ?
Un planning de réalisation
Une arborescence détaillée du site
Une expertise et des recommandations ergonomiques
Une documentation technique

L'analyse des signes et des codes

Fiche 39

S'il est un domaine susceptible de commentaires et d'effets rhétoriques plus ou moins réussis, c'est bien celui qui concerne l'analyse des significations propres à tel ou tel milieu, cible, secteur d'activité. On fera bien de s'appuyer sur quelques repères fondamentaux qui ne livrent pas la clé de tout mais ont le mérite d'être simplement vrais.

Principes clés

On ne le répétera jamais assez : la signification ne se transporte pas, le message qui passe d'un émetteur à un récepteur quelle qu'en soit la forme n'est qu'un ensemble de signaux qui ne prend sens que par un encodage spécifique à l'émetteur puis au récepteur.

Communiquer, c'est être membre d'une communauté sémantique, d'où le rôle essentiel de la culture définie réciproquement comme tout ce qu'il est nécessaire de savoir pour être membre. Ce n'est qu'à l'intérieur d'une situation de communication, solidement ancrée dans un passé et une culture commune, que pourra éventuellement émerger de l'information comme nouveauté.

L'information est donc l'élément perçu comme nouveau à partir d'un répertoire de signes donné qui correspond au patrimoine linguistique et culturel de l'émetteur comme du récepteur. On voit là que la communication ne se confond pas avec l'information, y compris, bien sûr, dans le domaine publicitaire.

Le monde dans lequel circule l'information n'est pas transparent car l'appropriation d'une signification, d'un message, est très largement dépendante de l'intérêt que l'on porte. Comprendre les signes et les codes, suppose comme préalable que l'on fasse attention à ceux-ci. Il serait inutile de s'interroger sur une stratégie créative, par exemple, en laissant de côté les conditions de réception du message.

Éléments et analyse

❑ *Communiquer et informer*

De la même façon que toute phrase contient beaucoup plus de non-dit que de dit (tout ce à quoi les mots renvoient ou font allusion), une information est faite de beaucoup plus de passé que de présent (tout ce qu'il est nécessaire de savoir pour la saisir mais aussi le contexte dans lequel elle émerge).

Un message constitue d'autant plus une information que le répertoire de l'émetteur, comme du récepteur, est étendu et la probabilité que ce message apparaisse faible. Si on y ajoute la dimension sémantique, la quantité d'information devient, du côté de l'émetteur, une mesure de son degré de liberté dans le choix des signaux, et, du côté du récepteur, une mesure de l'effet de surprise du message. Un être qui posséderait un vocabulaire constitué d'un seul et même mot ne pourrait jamais transmettre aucune information (de son point de vue) et il n'y a pas d'information pour Dieu... puisqu'il est sensé tout savoir.

Un mot acquiert d'autant plus de signification et de nuances lorsqu'il est perçu par un récepteur dont le vocabulaire est riche, ce qui peut avoir son importance au regard de la cible à laquelle on s'adresse. Comparez le vocabulaire d'un animateur sur NRJ et sur France Culture par exemple...

De plus, un message ne véhiculant qu'une faible quantité d'information peut, dans certaines circonstances, revêtir une grande importance et bouleverser le comportement d'un individu (« Oui » ou « Non », répondant à la question « Ai-je un cancer » ?). Les discours de propagande ou de publicité contiennent certainement moins d'information qu'un discours scientifique. Leur influence sur les comportements n'en est pas pour autant moins grande, bien au contraire. À cela s'ajoute, bien sûr la question du décalage entre le répertoire de l'émetteur et celui du récepteur...

À un premier niveau de signification donc, l'information est ce qui donne sens aux impulsions électroniques véhiculées par les réseaux, aux signes imprimés sur les pages du journal, aux sons émis par la radio. Si le signal n'est rien d'autre que le déplacement d'impulsions électroniques ou de traces d'encre auxquelles on a donné au préalable une signification, l'information est ce qui ajoute de la valeur au signal. Encore faut-il ajouter que cette valeur signifiante n'existe que subjectivement, dans l'esprit de l'émetteur et (peut-être) dans celui du récepteur.

À un deuxième niveau de signification, l'information est ce qui a du prix, de la rareté et acquiert par là une dimension opérationnelle en modifiant le comportement du récepteur (décision, achat, émotion). Elle aussi subjective, elle se définit non seulement par la capacité du récepteur à saisir les significations mais encore et surtout par celle d'en tenir compte, d'où le rôle essentiel du contexte qui non seulement contribue au sens mais surtout à la motivation.

Transmettre, signifier, influencer... 3 niveaux dont aucun ne saurait être négligé dans une approche professionnelle de l'information

❑ *Signes, indices, icônes, symboles*

Dans son Cours de Linguistique générale Ferdinand de Saussure montre que la langue est un ensemble de signes, eux-mêmes décomposables en deux entités indissociables, le signifiant et le signifié. Ainsi, le mot table, dans sa dimension sonore comme dans sa traduction graphique, renvoie directement à l'objet généralement composé d'un plateau horizontal supporté par quatre pieds. Le signe n'est donc pas, à strictement parler, le mot lui-même, mais la relation qui unit le mot à l'objet. Or cette relation, comme l'a bien montré Saussure, est généralement arbitraire : si l'on excepte quelques mots dont les sonorités imitent la réalité qu'ils désignent (par exemple, le mot coucou reprend les sonorités produites par l'oiseau auquel il renvoie, comme le font toutes les onomatopées), le lien qui unit signifiant et signifié est strictement arbitraire. Autrement dit, il n'y a pas de similitude entre le mot table et l'objet ainsi désigné.

Pour le philosophe américain Charles Sanders Peirce (1839-1914), la linguistique n'est elle-même qu'une partie de la sémiologie, ce qui le conduit à distinguer :

L'indice est dans un rapport de contiguïté avec l'objet auquel il renvoie, comme une empreinte de pas ; à la différence de l'icône ou du symbole, il n'a aucune intention signifiante (l'empreinte n'est que la conséquence du pas, elle ne veut rien dire en soi).

L'icône entretient un rapport de ressemblance avec l'objet qu'il désigne ; ce lien est donc d'ordre mimétique, ou analogique : c'est par exemple le cas des pictogrammes, qui représentent de façon schématique les réalités qu'ils désignent.

Le symbole renvoie à l'objet non pas de façon mimétique, mais par simple convention ; ce rapport est purement arbitraire, comme le signe linguistique tel que Saussure l'a étudié. La compréhension du symbole dépend donc des codes culturels dans lesquels il s'inscrit. Ainsi, le deuil est symbolisé par la couleur noire en Occident, mais par la couleur blanche en Asie. Pour être un signe efficace, le symbole doit donc être partagé : un individu ne peut inventer son propre symbole, car sa signification ne serait pas comprise.

❑ *Les fonctions du langage*

C'est le linguiste russe Roman Jakobson qui, dans ses Essais de linguistique générale, met en avant l'existence de 6 fonctions du langage à partir desquelles se construisent l'interprétation des signes et la maîtrise des codes :

- La fonction référentielle (parfois appelée fonction cognitive ou dénotative) permet d'évoquer tout ce qui forme le contexte de la communication : êtres, objets, propriétés, événements, etc. C'est en fait l'objet du message, ce dont il parle, ce à quoi il se réfère (que ce référent soit réel, possible ou imaginaire).
- La fonction expressive (parfois appelée émotive) est une variante de la fonction référentielle : elle concerne les cas où le locuteur exprime directement son attitude à l'égard du contenu de son discours ; autrement dit, il y a fonction référentielle dès que l'émetteur exprime un point de vue, donne son avis. Ainsi, toutes les traces de la subjectivité du locuteur (c'est-à-dire, en énonciation, « celui qui parle ») dans le discours relèvent de cette fonction expressive.
- La fonction conative (parfois appelée injonctive ou impressive) vise à orienter le comportement du récepteur dans le sens indiqué par l'énoncé, notamment au moyen de l'impératif (« Soyez sages ! »). C'est particulièrement le cas des slogans politiques ou publicitaires, tous à peu près équivalents à « Élisez-moi ! » ou « Achetez-moi ! ».
- La fonction poétique est axée sur le message en tant que tel, et plus précisément sur sa formulation. Elle se manifeste lorsque le locuteur travaille son discours en jouant sur les sons (allitérations ou assonances, rimes et effets rythmiques), sur la disposition des mots ou groupes de mots (parallélismes et antithèses, chiasmes,

gradations...) ou sur les analogies (métaphores, métonymies...). Plus largement, on peut dire que dès qu'il y a figure de style, la fonction poétique est engagée. Dans la poésie, il arrive qu'elle soit dominante, mais elle vient généralement à l'appui d'autres fonctions. Par exemple, dans le slogan publicitaire, elle sert à renforcer les fonctions expressive et conative.

- La fonction phatique est centrée sur le contact entre les interlocuteurs. Elle apparaît dans des énoncés sans véritable dimension référentielle, mais destinés à établir, maintenir, rompre ou rétablir le contact avec le récepteur. C'est le cas de formules telles que « Bonjour », « Au revoir », « Allo ? », « Il faut que je me sauve », etc. On peut penser aussi aux ponctuations de la conversation orale, comme « tu vois » ou « quoi ».
- La fonction métalinguistique permet au locuteur de faire de sa langue (ou d'une autre langue) l'objet de son discours : le référent est alors ici la langue elle-même. Dictionnaires et grammaires appartiennent donc à cette catégorie, tout comme des termes tels que « substantif », « proposition subordonnée », « complément », ou encore « je » dans la phrase « je est un pronom personnel ».

❑ *La parole et le geste*

S'il est courant de distinguer les codes kinésiques (les gestes) des codes phoniques (la parole) comme le digital et l'analogique, c'est que la communication digitale nécessite un apprentissage du code (arbitraire du signe) alors que la communication analogique est partiellement intelligible, sans apprentissage d'une culture à une autre.

Même si cette distinction ne saurait constituer un absolu (certains usages corporels sont culturellement construits et donc arbitraires), la communication analogique serait ainsi le mode de communication sur les relations, tandis que la communication digitale traiterait du contenu.

L'intérêt pratique de cette articulation consiste à s'interroger sur la concordance des deux communications dans une situation donnée ; de façon simpliste, ai-je les gestes de ma parole et la parole de mes gestes ?

❑ *Leaders d'opinion et gardiens de portes*

C'est en analysant les mécanismes de décision de vote aux USA, en 1948 (*Peoples's Choice*), que Katz et Lazarsfeld constatent la part très importante prise dans celles-ci par l'influence interpersonnelle alors même que la pression directe exercée par les médias semblait, au premier abord, déterminante. Ce constat donnera lieu à l'hypothèse célèbre de la communication à deux étages (*two-step-flow*) : « Fondamentalement, la suggestion était celle-ci : que le flot des idées paraît souvent aller de la radio et de la presse vers les leaders d'opinion et de ceux-ci vers les segments moins actifs de la population ». Les années 50 voient ainsi se multiplier les études sur les gardiens de portes (*gate keepers*), personnes censées pouvoir, par leurs positions sociales, bloquer, dériver ou, au contraire, relayer le flot d'informations véhiculé par les médias.

La principale leçon de cette analyse pour la pratique de communication consiste dans la nécessité de s'interroger sur les conditions de réception du message et sur la nature ou la fonction de ceux qui peuvent le relayer localement ou au contraire en empêcher la diffusion. L'organisation d'évènements spécifiques mais aussi le sponsoring et les différentes formes de partenariats rentrent dans ce champ de préoccupation.

Fiche 40

Le contexte socioculturel : cibles et groupes d'appartenance

S'il est entendu qu'un individu ne se réduit pas à un échantillon et qu'on ne saurait prétendre le connaître intégralement à partir de l'analyse des classes ou des groupes auxquels il appartient, il n'en reste pas moins vrai que le ciblage de plus en plus précis auquel se livrent les professionnels de la communication comme ceux du marketing repose sur une approche socio-économique des groupes d'appartenance.

Principes clés

Les groupes d'appartenance peuvent être définis à plusieurs niveaux, qui permettent une appréciation de plus en plus fine du contexte socioculturel dans lequel la cible évolue. On remarquera toutefois que le passage d'un niveau à un autre ne se fait pas toujours de façon linéaire et que les différentes grilles de lecture ne se recoupent pas exactement.

De la classe sociale à la CSP (Catégorie Socio Professionnelle), de la CSP au style de vie, les lignes bougent et le niveau de revenu, par exemple, ne suffit pas à définir une mentalité ou une conduite.

On observe souvent un décalage entre la classe sociale ou le groupe d'appartenance revendiquée et la réalité économique et sociale de l'individu qui s'impose à lui. D'où cette question fondamentale pour le professionnel de la communication : faut-il s'adresser à ce que les individus sont ou à ce qu'ils croient être ?

De grandes distinctions transversales, entre les sexes ou entre les générations viennent compléter ou compliquer l'analyse : la réalité du cadre masculin de 50 ans n'est pas celle du cadre féminin définie par cette classe ou ce groupe. Il faut donc bien comprendre qu'aucune grille de lecture ne peut à elle seule prétendre restituer le contexte socioculturel d'une cible. La difficulté est donc bien plus d'articuler entre eux les différents niveaux d'analyse en se méfiant de telle ou telle grille que la média sphère aura ponctuellement mise à la mode.

Éléments et analyse

❑ *Souvent niées mais toujours présentes : les classes sociales*

On entendra par classe sociale un ensemble de populations suffisamment homogènes par leurs revenus, leurs mentalités, leurs attitudes pour constituer des entités différenciées. Ce qui ne signifie pas que les individus qui en font partie se reconnaissent dans cette qualification. Deux obstacles majeurs à la transparence des statuts apparaissent :

- D'une part, le fait qu'un individu a d'autant plus tendance à revendiquer son statut social que celui-ci est valorisant et… inversement. Ainsi, 40 % des Français interrogés déclarent appartenir à la « classe moyenne » alors que les classes moyennes au sens sociologique du terme ne constituent que 25 % de la population.
- D'autre part, la tendance, amplifiée par le marketing moderne, à revendiquer sa différence strictement individuelle. Vendre du rêve implique de lever les freins que la réalité économique impose à la cible et la multiplication des dossiers de surendettement n'en est que le symptôme le plus visible.

On le voit, le mythe, souvent évoqué durant les Trente Glorieuses, d'une réduction des inégalités qui laisserait place à une détermination individualisée des situations sociales est loin de trouver sa réalisation dans l'évolution contemporaine des revenus. On assiste au contraire partout en Europe à un rétrécissement des classes moyennes et à une amplification des inégalités de revenus.

L'apparence d'une uniformisation des consommations ostentatoires (portables, vêtements) ne doit pas faire oublier cette réalité d'une organisation verticale de la société.

❑ *Les professions et catégories socioprofessionnelles : une stratification plus subtile*

On l'a vu, l'évolution des sociétés modernes n'est pas marquée par un nivellement des inégalités de revenu mais par le polymorphisme des statuts sociaux. Les modèles de comportement correspondant à telle ou telle classe sociale ne définissent plus une typologie stable (Le Bourgeois, L'Ouvrier) mais les individus sont amenés, à partir de leur niveau de revenu et de ce qu'ils jugent compatibles avec leur statut social à sélectionner les signes extérieurs d'appartenance à sa classe qu'il revendique et assume.

Rien ne distingue le cadre supérieur hurlant son soutien au PSG dans les tribunes du stade… si ce n'est le 4x4 avec lequel il rentre chez lui ; de même le vélo du BOBO parisien n'a rien de spécifique, mais les cafés qu'il fréquente et les boutiques « bio » où il se ravitaille fonctionnent comme autant de signes d'appartenance.

Bref, la stratification sociale n'impose plus tant une panoplie qu'un répertoire, plus souple, mais tout aussi discriminant. À l'intersection du capital économique (revenus, patrimoine) et du capital culturel (mœurs, savoir, diplômes), la cible est définie par son « habitus », son style de vie qui fonctionne à la fois comme facteur de différenciation individuelle et de reconnaissance grégaire.

❑ *Les styles de vie ou les différences égalitaires*

Les styles de vie doivent être compris comme un niveau de spécification plus précis des cibles par rapport à ce que les notions de « classe » et de « Profession et Catégorie Socioprofessionnelle » peuvent apporter, mais qui ne transgresse que très rarement ces dernières. L'individu est toujours soumis à la même tension : pour se définir, il faut se différencier mais pour être identifié, il faut s'apparenter à un groupe. Si je ne suis qu'un échantillon, je n'existe pas mais si je ne ressemble à rien, on ne me voit pas…

On assiste ainsi à des différenciations horizontales (par opposition à la verticalité des classes) par lesquels, à niveau de revenu semblable et de façon transversale aux PCS, des regroupements identitaires se constituent, ainsi en est-il des *geeks* ou des écolos, des motards ou des amateurs de rollers. À partir d'une activité ou d'un centre d'intérêt se développent des connotations auxquelles l'individu adhère plus ou moins mais qui lui proposent comme un prêt-à-porter d'attitudes à partir desquelles il se définit. Le cadre supérieur qui promène sa Harley Davidson de Mai à Septembre, en affichant toute la panoplie du motard rebelle, s'achète un fragment d'identité en Kit qui en fait une cible d'autant plus facile à atteindre qu'elle revendique sur le mode du fantasme des codes qu'elle peine à s'approprier.

Les styles de vie définissent ainsi des cultures particularistes, leurs membres partageant des valeurs et des expériences communes qui les distinguent des autres, que ces cultures s'articulent autour de séries télévisées, de saga cinématographiques ou de pratiques sportives.

❑ *De génération en génération*

Objets de toutes les convoitises de par leur pouvoir d'achat entièrement tourné vers les biens hédonistes mais aussi sources de toutes les incertitudes à cause de la volatilité de leurs engouements, les adolescents aujourd'hui s'inscrivent à la fois dans des conflits constitutifs de leur tranche d'âge et des tendances spécifiques de leur époque.

L'agence Saatchi & Saatchi identifie 4 conflits structurels à l'adolescence :

- Autonomie et appartenance, ou la nécessité à la fois de s'émanciper ostensiblement du cercle familial tout en se créant sa propre communauté affective.
- Rébellion et conformité, ou l'affirmation de soi par le refus à concilier avec le besoin de reconnaissance par les autres.
- Idéalisme et pragmatisme, ou l'exigence d'échapper à l'hypocrisie des adultes tout en prenant pied efficacement dans le réel.
- Narcissisme et intimité, ou l'obsession de l'apparence personnelle contrariée par l'authenticité de la relation à l'autre.

Ceci précisé, il n'en reste pas moins vrai que les générations se suivent et ne se ressemblent pas, ou plutôt que leurs histoires diffèrent. Si la génération qui affronta la grande guerre eut un destin particulièrement malheureux, celles qui, aujourd'hui souffrent le plus (toutes proportions gardées) sont nées dans les années 80. Leur malheur n'est pas d'avoir rencontré la guerre… mais le chômage et la modération salariale.

1975, les salariés de cinquante ans gagnaient en moyenne 15 % de plus que les salariés de trente ans, laissant ainsi peu de marge à la valorisation de l'expérience et de l'âge, les jeunes d'alors bénéficiant de salaires de départ élevés du fait de vingt années de plein-emploi. Aujourd'hui, l'écart est de 40 % : les fruits de la croissance économique, faible depuis 1975, ont été réservés aux plus de 45 ans. La lecture en termes de générations permet de comprendre que les jeunes valorisés d'hier sont devenus les seniors favorisés d'aujourd'hui. Ce privilège générationnel trouve d'ailleurs sa traduction politique : les députés de moins de 45 ans représentaient 29,5 % de l'assemblée en 1983, et seulement 12 % aujourd'hui.

Les générations en pointe, les premiers nés du baby-boom, ont bénéficié de la forte croissance scolaire du début des années soixante et profité ensuite de la dynamique favorable à l'emploi des jeunes dans la période 1965-1975 : développement d'EDF, du programme nucléaire et de l'aérospatiale, rattrapage du téléphone, extension de la couverture de santé à l'ensemble de la population, montée en puissance de la communication de la publicité et de la presse, etc. Ainsi, les générations nées entre 1945 et 1950 sont situées sur la crête d'une vague montante dont les 20-30 ans d'aujourd'hui ne bénéficient pas.

Le caractère brutal de cette évolution s'accroît si l'on tient compte du fait, qu'en France du moins, la situation professionnelle à trente ans conditionne les perspectives à tout âge ultérieur. Pour ceux qui n'ont pas fait leur place à trente ans, il est trop tard et les conditions sociales se figent. Il était donc préférable, pour toute la vie ultérieure, d'avoir vingt ans en 1968, lorsque le taux de chômage dans les deux ans de la sortie des études était de 4 %, qu'en 1994, où ce taux culminait à 33 % ! Aujourd'hui, ce taux est de 20 %...

C'est que l'augmentation sensible du niveau d'études moyen ne s'est pas accompagnée d'une augmentation proportionnelle des emplois correspondants à ces diplômes. Le mouvement d'aspiration vers le haut de la structure sociale s'est ainsi sensiblement ralenti. La dévaluation des diplômes s'accompagne d'un phénomène de déclassement important, processus qui conduit une proportion grandissante de jeunes salariés à occuper des emplois pour lesquels ils sont trop qualifiés. On passe ainsi d'une jeunesse conquérante (les baby-boomers) à une jeunesse sur la défensive, marquée par la désillusion et la crainte de l'avenir.

Si les individus nés au lendemain de la seconde guerre mondiale ont profité de la prospérité et des possibilités d'ascension sociale générées par les Trente glorieuses pour s'élever fréquemment au-dessus de la condition de leurs parents, les trajectoires des générations nées dans les années 1960 apparaissent plus ambiguës. Plus souvent issues de milieux relativement favorisés (grâce aux acquis de la génération précédente), elles ont aussi eu moins d'opportunités d'améliorer leur statut.

On observe ainsi une tendance générale qui voit les trajectoires ascendantes diminuer régulièrement de fréquence (de 33 % pour la génération 1944-1948 à 25 % pour la génération 1964-1968) alors que les trajectoires descendantes, elles, augmentent (de 13 % à 22 %), sachant que la part de la population dont le statut n'évolue pas reste globalement stable (autour de 60 %). Ainsi, à l'approche de la quarantaine, près d'un fils de cadre sur quatre né au tournant des années 60 occupe un emploi d'ouvrier ou d'employé. C'est également le cas d'une fille sur trois.

Les enfants de cadre dont le statut professionnel régresse par rapport à celui de leurs parents sont prioritairement ceux dont les parents avaient acquis ce statut en cours de carrière. On constate donc comme un effet cliquet : un statut social fraîchement acquis dans une lignée a plus de chances de se dégrader que s'il est enraciné dans l'histoire familiale : derniers arrivés, premiers repartis ou la fin de la méritocratie !

La rédaction des messages et les stratégies de création

Fiche 41

Il ne s'agit plus aujourd'hui pour les grandes agences de se contenter d'aligner les prix et les récompenses lors des différents concours et festivals de la profession mais de tenter, à ces occasions, d'imposer une approche, voire une théorie complète de la créativité publicitaire. Chacun essaie d'imposer durablement ses vues… et de se positionner en leader incontestable.

Principes clés

Traditionnellement, la relation entre l'annonceur et l'agence se déroule selon le schéma suivant. Un annonceur rédige un brief pour l'agence, brief que « transporte » les commerciaux et qui se transforme ensuite en brief créatif. L'agence propose ensuite une *copy strategy* pour l'annonceur. L'évolution des stratégies de création conduira de fait à remettre en cause cette dernière notion.

La relation entre l'annonceur et l'agence est une relation de commande, l'entreprise passe commande, elle a un besoin, elle le définit et elle l'exprime. La relation entre l'agence et l'annonceur est une relation de conseil, mais aussi une relation commerciale.

Un bon projet créatif comporte une idée forte et une seule, il est très dangereux de multiplier les idées pour un produit. Cela n'empêche pas de soumettre plusieurs propositions pour une seule idée.

Éléments et analyse

❑ *Les évolutions dans l'approche du projet créatif*

• La *copy strategy* (ou copie *strategy*)

C'est le projet créatif typique des années 80, la publicité n'en est plus à la réclame mais vise encore la preuve. Très efficace avec des produits de consommation courante, la *copy strategy* est structurée par :

- la **promesse :** le message à communiquer à la cible,
- la **preuve :** l'étude comparative, la présence de résultats, la démonstration du produit,
- le **bénéfice consommateur** (concret, observable),

– le **ton** qui va constituer l'ambiance du message, sa scénarisation et son émotion.

La *copy strategy* est accompagnée d'une définition précise de la cible, d'une analyse de la publicité des concurrents, d'un historique de la communication du produit ou du service.
La *copy strategy* est assez proche de la théorie de l'USP (*Unique Selling Proposition*) : la publicité fait une proposition forte, attractive, exclusive, en s'appuyant sur la spécificité réelle ou supposée du produit.

- La *copy strategy* créative

Il s'agit d'expliciter **l'axe publicitaire** : une idée forte élaborée à partir des freins et des motivations et qui synthétise à la fois le positionnement et la promesse de la marque. Les motivations choisies ne doivent engendrer de frein mais être stimulantes. Le choix final est déterminé par la recherche de l'originalité et de la spécificité. Exemples de freins : le faible coût d'un ordinateur peut laisser supposer une qualité médiocre, la facilité d'utilisation d'un téléphone portable peut être interprétée comme un manque d'innovation technologique, un produit diététique a forcément mauvais et une boisson pétillante s'adresse obligatoirement aux jeunes… Il faut donc de se méfier de ses motivations qui peuvent se révéler être des freins durables pour le produit… et pour la marque.
On utilise **le concept d'évocation** comme renvoyant à une situation concrète qui crédibilise l'axe. C'est ce que Roland Barthes nomme l'effet de réel qui crée l'illusion d'une situation ou d'une sensation : une vague qui roule sur la plage pour symboliser la fraîcheur d'un après rasage.
Le **thème** est la déclinaison du message : conception rédaction, scénario, musique, ton, ambiance du message, bref, tout ce qui va servir à matérialiser l'effet de réel.

- La star stratégie

Elle se développe avec les années 80 lorsque le consommateur éprouve le besoin de s'identifier à une marque : on n'achète plus un produit mais une marque. Jacques Seguela et l'agence RSCG s'en feront les chantres. Cela commence avec l'attractivité qu'exercent les héros publicitaires (mère Denis), les stars (Isabelle Adjani et un savon), le recours à la provocation (Benetton), la publicité superproduction (Citroën et Jean-Paul Goude).
L'aboutissement de la star stratégie permet à la marque de sortir de l'anonymat et de devenir une star qui a un physique (ce qu'elle apporte), un caractère (sa valeur imaginaire), un style (les constantes de création).

- Le plan de travail créatif, le PTC (Agence Young et Rubicam)

À la fin des années 80, les agences de publicité traversent une crise qui va en faire disparaître plus d'une. La crise fait le ménage et la communication change d'âge : fini le temps des strass et des paillettes, voici venu le temps des gestionnaires. Le plan de travail créatif porte la marque de cette évolution.
Cette stratégie s'applique en particulier à des annonceurs prudents, à des marchés sensibles, à des produits instables : le fait principal positionne le produit et la marque

en liaison avec une analyse des principaux concurrents, les objectifs sont précis concis mesurables. À partir de cet état des lieux se construit la stratégie créative (cible de communication, bénéfice consommateur, support et justification du bénéfice consommateur, thème et ambiance du message) et se définissent les instructions et les contraintes (budget et charte graphique).

- La stratégie de disruption

Elle apparaît au début des années 90 où la crise se ressent d'une manière durable (stagnation des ventes, consommateurs économes et prudents, essoufflement de la publicité : la star stratégie lasse...). La stratégie de disruption va petit à petit devenir un modèle avec tous les risques que cette plate-forme créative comporte (rupture totale entre le message voulu et la perception de la cible, impact très difficile à évaluer a priori).
Jean Marie Dru, de l'agence TBWA fournit un prolongement intéressant avec le concept du saut créatif : capacité des créatifs de l'agence à traduire un objectif marketing en situation originale, séduisante et attractive pour la cible. Le saut créatif (la disruption) brise les conventions et redessine le marché.
Dans un premier temps, il s'agit de détecter les conventions qui « norment » un marché, c'est-à-dire « le stock d'idées toutes faites qui maintiennent les choses en l'état ». La marque souffre de leur carcan. Il faut donc les remettre en cause, les questionner. Cette étape permet de valider les habitudes figeant les pensées, les stéréotypes qui emprisonnent les perceptions, les évidences invisibles qui enterrent la marque. Les conventions ne sont pas des faits, ce sont des opinions.
La disruption (la rupture) est le moment de remise en question qui permettra à la marque de se repositionner. La « disruption » s'attaque à l'identité globale de la marque. Mais en déstabilisant ces dernières, il faut veiller à rester juste par rapport à la marque et à l'idée qu'on s'en fait.
La « vision » construit ensuite le sens (orientation future et signification) de la marque. Imaginer une vision à long terme pour une marque demande une profonde compréhension de cette marque et exige donc de laisser beaucoup de place à l'imagination et aux rêves.

❑ *La conception du message écrit*

Quelle que soit la place de l'image dans la communication moderne, le sens reste, si ce n'est l'exclusivité, du moins la mission première du message écrit. C'est pourquoi il est nécessaire de clarifier le rôle que l'on souhaite faire jouer à celui-ci dans son rapport à l'image.

- Expliciter le message visuel

Il arrive que le visuel soit très explicite ; néanmoins, on peut quand même considérer qu'il est nécessaire de verbaliser ce message, c'est-à-dire de le transposer textuellement, pour ne laisser aucune ambiguïté susceptible d'induire en erreur. Dans ce cas, la communication textuelle se contente de mettre en mots le message que transmettait déjà la communication visuelle. Cela permet d'éviter tout risque de malentendu

dans l'interprétation de l'image, et cela accentue généralement la mémorisation de la marque (car l'accroche et la signature la donnent souvent explicitement).
Parfois, le texte vient lever le caractère équivoque de l'image : il rend alors l'image univoque en fermant l'éventail des significations possibles pour n'en retenir qu'une. C'est ce que Roland Barthes appelle la « fonction d'ancrage » du message linguistique. La publicité a tendance à utiliser des visuels poétiques ou intrigants pour attirer l'attention du récepteur mais le risque d'ambiguïté que fait courir au message le choix d'une telle image nécessite un texte qui remplisse la fonction d'ancrage dont parle Barthes.

- **Compléter le message visuel**

Le message transmis par l'image est bien souvent incomplet : il est rare qu'une image publicitaire parvienne à signifier, sans le secours du texte, la marque, le produit, la promesse et la preuve. Dès lors, c'est au texte de compléter le message. L'accroche, mais aussi dans certains cas le pavé de texte et la signature s'ajoutent ainsi à l'image, dans ce que Roland Barthes appelle la « fonction de relais ».

- **Nuancer le message visuel**

Enfin, il arrive que le texte, l'accroche en particulier, doive aller au-delà du message visuel pour amplifier, modifier ou minimiser ce qu'il exprime : le texte vient alors nuancer l'image. Dans cette optique, le texte peut remplir plus précisément quatre fonctions.
Il peut tout d'abord créer un décalage avec l'image : lorsque le produit n'a aucune véritable originalité et que l'annonceur choisit de le montrer en gros plan pour qu'il soit bien reconnu dans les points de vente, une accroche décalée peut être un moyen d'ajouter de l'intérêt au message. Elle cherche ainsi à provoquer la surprise du récepteur, à le faire sourire par l'humour ou le jeu de mots : elle ajoute une forme de fantaisie, que l'image ne contient pas. Bien évidemment, le choix d'une accroche décalée ne correspond pas à toutes les cibles : elle est plus souvent utilisée lorsqu'on s'adresse à une cible jeune et infidèle, ainsi Fanta prenant pour slogan « Passe le Fun autour de toi »
Le texte peut aussi ajouter une dimension affective au message : là encore, c'est particulièrement utile lorsque le produit et/ou l'image sont banals. Le but n'est plus de faire sourire le récepteur ou de le surprendre, mais de le toucher pour l'impliquer : l'annonceur cherche ainsi à cultiver une forme de proximité avec sa cible comme le fait Yoplait affirmant à propos de son produit « Perle de lait » : « Une femme qui se fait plaisir est toujours belle ».
Il peut encore impliquer le récepteur dans l'annonce : l'enjeu est alors d'éveiller la curiosité du récepteur par une accroche intrigante, énigmatique, qui attire véritablement l'attention du récepteur. Ce dernier doit en effet résoudre l'énigme : il est actif, il s'approprie le message transmis par l'annonce, ce qui permet évidemment une meilleure mémorisation de l'annonceur. Ici, on ne joue plus sur la proximité, mais sur une forme de complicité, de connivence entre l'annonceur et le récepteur. N pourrait en trouver l'exemple dans le slogan de Multimania « Bienvenue à tous les points de vue »

Le texte peut enfin avoir à minimiser la force de l'image : dans le cas d'un visuel extrême ou dérangeant (par exemple, une image choc pour la Sécurité Routière), il peut être utile de proposer un texte qui atténue quelque peu l'image (par exemple en expliquant que tout peut se passer autrement, qu'une meilleure issue est possible). L'accroche peut aussi apporter une forme d'explication, pour que le récepteur accepte l'image choc.
De façon générale, la loi qui régit le lien entre l'image et le texte peut être résumée ainsi : à image forte, texte faible ; à image faible, texte fort. Le risque est de vouloir combiner texte fort et image forte, au risque de perdre le récepteur dans un trop-plein de symboles ou d'allusions. Mais inversement, il faut aussi éviter la combinaison texte faible/image faible, qui risque de ne jamais attirer l'attention du récepteur.

L'identité visuelle : logo et charte graphique

Fiche 42

L'identité visuelle, comme son nom l'indique, est une composante et une expression de l'identité de l'annonceur. Elle doit donc d'abord être abordée dans un souci de cohérence avec le nom de la marque, ou de l'institution, et sa signature.

Principes clés

L'identité de l'annonceur se construit à la fois par un processus interne d'expression, lié à ses valeurs, à l'image qu'il veut donner de lui-même, à son positionnement, et par un processus externe de différenciation qui trouve son aboutissement dans le dépôt des différents éléments d'identification (nom, signature, logo, charte) à l'INPI (Institut National de la Propriété Industrielle).

L'identité visuelle a donc pour fonction de favoriser la mémorisation et la reconnaissance de l'annonceur, de créer un lien affectif et d'agréger autour de lui les connotations positives dont il considère qu'elles faciliteront son activité.

Lointain descendant des cachets et des blasons dont on trouve encore les traces chez certaines collectivités locales, le logo concentre en lui toutes les exigences de l'identité visuelle. Souvent seul élément consciemment mémorisé, il a la lourde tâche de constituer le point d'entrée dans l'univers de l'annonceur. Comme en témoigne son étymologie (logos en grec : discours, raison, ordre, parole), le logo n'est pas un élément décoratif mais une synthèse signifiante de la stratégie de communication de l'annonceur.

Tout changement dans l'identité visuelle de l'annonceur doit s'accompagner d'une campagne efficace de communication institutionnelle. Il faut en moyenne près de 3 ans pour que la transposition identitaire et affective se fasse de l'ancienne à la nouvelle image de l'annonceur.

On ne doit pas oublier que la charte graphique aura un impact direct sur l'aménagement des locaux, des surfaces de ventes, des véhicules, du mobilier d'accueil et qu'elle pourra influencer jusqu'aux costumes de la force de vente ou des livreurs, etc. Il faudra donc s'assurer qu'elle est utilisable dans toutes ces dimensions.

Éléments et analyse

❑ *Le logo : un concentré de sens et de valeurs*

- Un bon logo remplit, de fait, quatre fonctions

– Une fonction d'identification. Le logo sert à se singulariser face à la concurrence, à se faire reconnaître : le logo est un accélérateur de notoriété.
– Une fonction de certification. Il sert à signer, juridiquement parlant, les produits issus de l'entreprise. Il certifie aussi l'origine du produit et du producteur.
– Une fonction d'appartenance. Nestlé ou Danone, marques ombrelles, en apposant leur logo respectif sur différents produits, leur confèrent d'abord un signe d'appartenance indispensable dans un univers marchand parfois confus.
– Une fonction symbolique. Le logo résume l'entreprise. C'est une injonction à l'achat, un vendeur silencieux qui marque le territoire dans lequel se déploie la marque.

- De l'intérêt d'une typologie

– **Les logotypes simples.** Ils se composent exclusivement de signes alphanumériques (Coca-Cola, New Man). Une typographie particulière – majuscules ou minuscules, répartition, silhouette du mot, personnalisation typographique, empattement, fonte, graisse, lettres calligraphiques, lettres gestuelles, lettres dessinées en mode contour, etc. constituent leur spécificité. À cela peuvent s'ajouter comme le croisement des lettres, leur superposition, leur encastrement, leur entrelacement, etc.
– **Les logotypes complexes.** Ces logos articulent les deux systèmes de signes que sont le scriptural et l'iconique. Le nom complet de la marque, dans une écriture caractéristique, peut ainsi être contenu dans un symbole visuel simple (rond, carré, ovale) : Lu, Benetton, Ford, Orange. L'encerclement est de ce point de vue caractéristique : la ville et son enceinte, la nation et ses frontières et, temporellement, l'Origine. À chaque forme correspond ainsi un réseau de significations associé à la solidité du carré ou à l'ambition du triangle.
– **Les siglotypes.** Il s'agit d'abréviations (mot raccourci dont on garde les premières lettres ou l'initiale ou la finale), d'acronymes (groupe de mots raccourcis en conservant le début de chaque mot) ou de sigles (groupe de mots raccourcis en ne conservant que la première lettre de chaque mot) : SNCF pour Société Nationale des Chemins de Fer.
– **Les icotypes.** Ce sont des logos purement iconiques. L'identité est alors figurée (en totalité ou en partie) dans une représentation iconique selon 5 grandes catégories :
  - les figures géométriques (Adidas et ses trois bandes),
  - les objets ou instruments (Elf et sa pointe de foreuse),
  - les personnages réels ou imaginaires (Michelin et son bibendum),
  - les animaux (la caisse d'épargne et son écureuil),
  - les végétaux ou minéraux (Air Canada et sa feuille d'érable).

- **Les exigences de conception**

La première qualité d'un bon logo est sa simplicité. Le logo doit être perçu avant d'être vu : unique, il doit s'astreindre au dépouillement absolu. Ensuite, un logo doit pouvoir être décliné sur des supports très variés, tant en taille qu'en qualité de reproduction : en papeterie (en-têtes de lettres, cartes de visite, enveloppes, bons de commande, etc.) ; en emballage (cartons, packaging, etc.) ; sur les vecteurs de communication (catalogues, notices, marchandising, PLV, publicité, médias écrans, etc.) ; en interne (uniformes, accessoires, signalétique) ; dans les locaux et sur les véhicules (décor intérieur, façade, vélo, voiture, avion, etc.).
Pour ce faire, il est très important de l'associer à la charte graphique, dictant précisément sa place, sa taille, ses couleurs, dans toutes les situations : par exemple, en précisant son adaptation sur des supports plus hauts que larges, en vérifiant son impression sur fond blanc, sur fond noir, en monochrome, etc.
Un bon logo doit être déclinable à différentes tailles (de l'enseigne de plusieurs mètres au tampon figurant au verso d'une lettre), imprimables sur différents supports, identifiable aussi bien en couleur qu'en noir et blanc, reconnaissable même tronqué.

❑ *La typographie : aussi discrète qu'efficace*

L'usage de la typographie dans l'identité visuelle doit s'appuyer sur une bonne connaissance des différents composants des caractères ainsi que des effets visuels et psychologiques produits par ceux-ci. L'appropriation de la classification Vox-Atypl est nécessaire à une compréhension correcte de l'utilisation des Scriptes, Manuaires, Fractures et autres Humanes. Au minimum, on connaîtra le vocabulaire nécessaire à la description des caractères :

- Pointe : le pic triangulaire du A majuscule, qui dépasse légèrement au-dessus de la ligne de capitale.
- Fût : Trait principal, vertical ou oblique, comme dans le L ou le V, également appelé haste ou hampe.
- Traverse : fût horizontal au centre de la lettre A.
- Panse : Trait ovale qui renferme le contre-poinçon dans les lettres O, Pou Q.

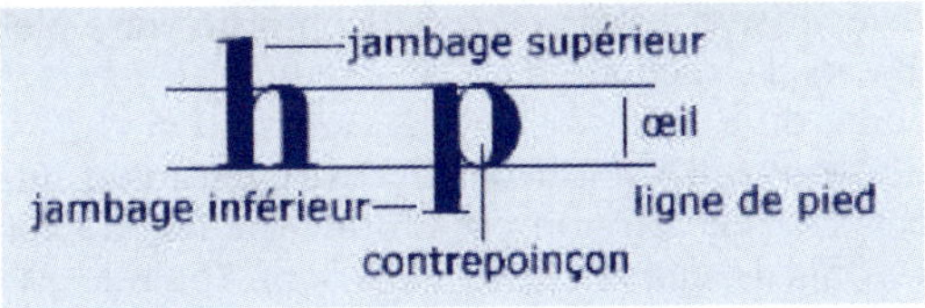

- Ligne de pied : ligne sur laquelle s'alignent les caractères.
- Œil : hauteur des minuscules à l'exclusion des jambages inférieurs et supérieurs, comme dans le e ou le x.
- Corps : taille du caractère exprimé en points typographiques, de l'extrémité du jambage inférieur à l'extrémité du jambage supérieur. Selon la police, la taille du caractère peut, pour un même corps, paraître différente à cause des variations de l'œil du caractère.
- Jambages : partie d'une lettre minuscule qui dépasse l'œil. Les jambages inférieurs descendent sous la ligne de pied, comme dans le g. Les jambages supérieurs s'élèvent au-dessus de l'œil, comme dans le k.
- Contre-poinçon : espace enclos par le dessin d'une lettre.

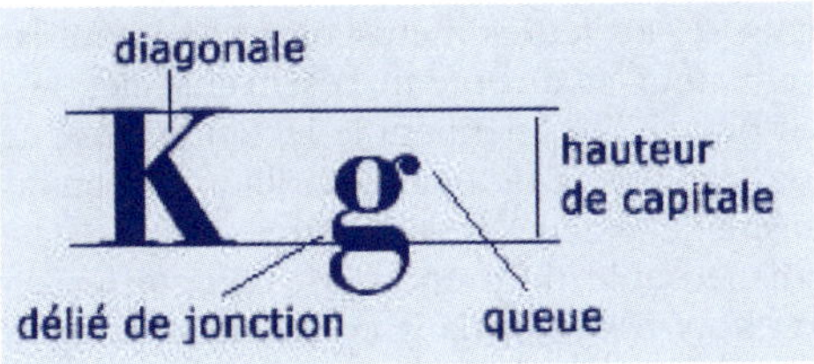

- Hauteur de capitale : Comme son nom l'indique, la hauteur de la capitale d'une police de caractère, comprise entre la ligne de pied et l'extrémité supérieure du caractère. En général, les jambages supérieurs des minuscules dépassent un tantinet cette hauteur.
- Diagonale : fûts obliques. La diagonale inférieure du K est appelée « jambe ».
- Délié de jonction : trait fin qui relie la panse du g à sa boucle.
- Queue : trait court qui termine une lettre. Dans le cas du Q, la queue descend souvent au-delà de la ligne de pied.

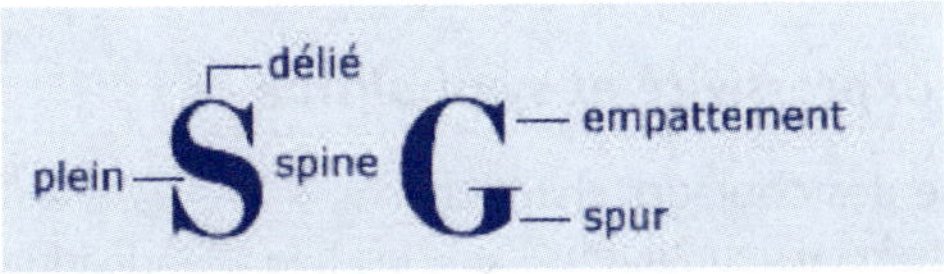

- Délié : Partie plus fine d'un caractère dont l'épaisseur des fûts varie.

– Plein : Partie plus épaisse d'un caractère. Le contraste entre plein et délié joue un rôle fondamental dans l'esthétique d'un caractère.
– Spine : Partie courbe du S.
– Empattement : Embout qui vient achever l'extrémité d'un fût de caractère. Cet empattement peut être relié ou non par un filet qui fait la jointure entre le fût et l'empattement. En anglais, empattement se dit serif. Son rôle est de guider l'œil du lecteur d'une lettre à l'autre, ce qui facilite son travail.
– Spur : Projection que l'on peut parfois observer à la base d'un G majuscule.

Selon la classification Thibaudeau, du nom de son fondateur, chaque famille de lettres a une connotation particulière :

– l'antique (ex. : Arial, Helvetica), avec ses caractères bâton connote la modernité, le contemporain, l'affirmation ;
– l'égyptienne (ex. : Menphis, Rockwell), aux empattements rectangulaires évoque par ses formes géométriques l'ère de la mécanique, la stabilité, la solidité, la sécurité ;
– l'elzévir (ex. : Times, Garamond), avec ses empattements triangulaires connote l'élégance, la tradition, l'élitisme ;
– le didot (ex. : Bodoni, Baskerville), aux empattements fins évoque le classicisme dans toute sa rigueur esthétique.

Les lettres en bas de casse, les lettres minuscules connotent la familiarité, la proximité, l'égalité entre émetteur et récepteur. Les majuscules au contraire connotent l'autorité, l'affirmation de soi. Elles tiennent le lecteur en respect. Les lettres droites, romaines, indiquent la stabilité, la rigueur, la virilité. Au contraire, l'italique indique la féminité, le dynamisme. Elle accélère la lecture.
Il est aujourd'hui indispensable de prendre en compte les conditions de lisibilité propres au web : Le choix essentiel dans ce cadre se ramène souvent à «avec ou sans serif». Une police avec serif a des empattements au bout des caractères, et une police sans serif n'en a pas.

❑ *Les couleurs : expressivité et symbolisme*

• Le symbolisme des couleurs chaudes

Le rouge : Couleur de la chaleur, intense, elle est liée à l'individualisme, à l'agressivité et au bruit. Excitante, énervante, dynamisante, elle stimule les sens avec passion. Le rouge symbolise volontiers l'animalité. Cette couleur doit être maniée avec prudence

et discrétion. Chez les tout jeunes enfants, c'est le rouge, qui est la couleur la mieux vue et la plus attirante, d'où le choix préférentiel qu'ils en font jusqu'à la puberté.
Le rouge bordeaux est tout aussi puissant avec une orientation plus sociable, tout en gardant force et maturité.
Le pourpre domine avec magnificence en symbolisant la justice, il donne une impression de hauteur et de différenciation sociale.
Le rose est associé généralement à une sensation de douceur agréable, évanescente.
L'orange est une couleur chaude, intime, accueillante, vive, qui évoque le feu, la chaleur. Symbolise l'équilibre, l'épanouissement.
Le jaune est une couleur ambiguë. Comme l'or il évoque la richesse matérielle mais aussi la tromperie que l'on rencontre dans l'adultère.
Le brun (marron) est une couleur stabilisante, solide, associée à une certaine rudesse symbolisant souvent la vic domestique : c'est une couleur confortable.

- **Le symbolisme des couleurs froides**

Le bleu symbolise l'idéalisation, le rêve la glace, l'eau et la féminité en procurant une sensation d'introspection. C'est la couleur du froid. Le bleu clair est associé à la mélancolie. Le bleu turquoise, plus personnel éclaircit une composition tout en affirmant une certaine sensualité. Le bleu foncé apporte un équilibre tout en accentuant les formes. Côté psychologique, il a un d'effet constructif et sérieux.
Le violet augmente les contrastes. Couleur de la tempérance, faite d'une égale proportion de rouge et de bleu, il est dans le rituel catholique une couleur de soumission mais aussi d'autorité, portée par les évêques.
Le vert est symbole de renaissance et de continuelle régénération. Combinaison du jaune et du bleu, c'est la plus apaisante des couleurs. C'est ainsi une couleur de calme et de sécurité que l'on a retenue depuis longtemps pour les tables de jeux et les tapis de billards. D'après certaines superstitions toutefois (théâtre), la couleur verte porte malheur. Elle était au Moyen Âge, en France, portée par les fous. Le diable était souvent représenté sur les vitraux des églises avec la peau et les yeux verts mais c'est aussi la couleur des médecins et des apothicaires.

L'affiche

Fiche 43

Construire une affiche, c'est transformer de l'espace en signification avec un objectif majeur : passer de la captation de l'attention grâce à des procédés formels à la compréhension d'un message qui chez l'humain prend nécessairement une forme… textuelle.

Principes clés

L'affiche, sous sa forme moderne, est née de la rencontre de 2 traditions contraires, que des circonstances particulières (la guerre de 14-18) vont faire converger sous la pression des initiatives à la fois patriotiques et commerciales de l'époque : d'un côté le placard, outil traditionnel par lequel le Roi puis la République rendaient publiques leurs décisions (la mobilisation générale par exemple), de l'autre la propagande révolutionnaire investissant les murs parce que les journaux lui étaient interdits. Cette pratique très politique et spécifique de l'affichage va être littéralement démultipliée par les enjeux commerciaux dont s'empare au début du XXe siècle ce que l'on appelle alors la « réclame ».

Sous sa forme moderne, l'affiche marque nettement la prééminence de l'image sur l'écrit : elle n'est plus l'occasion d'un rassemblement de badauds qui en commentent le contenu et s'adresse résolument à un homme en mouvement : le passant.

Faite pour interpeller plus qu'informer, elle ne saurait se suffire à elle-même et sa conception est déterminée par sa fonction : être vue, mémorisée… et inciter à l'action.

Éléments et analyse

❑ *Mieux que l'affiche : l'affichage*

Ce serait une erreur de concevoir une affiche pour ensuite se poser la question des lieux où on la rencontrera. Le dosage entre texte et image, le format, le choix des couleurs doivent être, idéalement, pensés à partir de la situation d'affichage. Le public relativement statique d'une file d'attente peut trouver intérêt à un contenu informatif fourni (pavé rédactionnel) alors que le flux des automobilistes ne percevra de l'affiche que quelques formes et mots.

On concevra donc impérativement un plan d'affichage basé sur une analyse des lieux et des flux. À l'échelle d'une ville, des outils de géolocalisation comme Google

Earth peuvent avoir leur pertinence. En tout état de cause, en cas d'utilisation d'un afficheur prestataire, cette question devra impérativement être abordée.

❑ *Mieux qu'une composition : un parcours de lecture*

Le parcours de lecture guide le regard, de la première impression à la dernière ligne. On distinguera 4 types de parcours ayant amplement fait leurs preuves.
L'utilisation d'une **forme architectonique** : le cerveau humain est tout particulièrement sensible à la reconnaissance des formes. Utiliser celles-ci pour structurer une affiche est donc le biais le plus simple.

Le **balayage hiérarchique** fait que notre attention est naturellement structurée pour se focaliser d'abord sur l'humain (tout particulièrement les yeux puis la bouche) pour ensuite se préoccuper éventuellement du vivant en général, puis de ce qui est en mouvement, puis enfin de ce qui inerte. Faites l'expérience, une représentation humaine, même minuscule, perdue au milieu d'une affiche statique, captera immédiatement votre attention.

Le **parcours narratif** ou parcours-miroir, construit sur la dualité avant/après ou avec/sans, fournit lui aussi un guide efficace à la construction d'une affiche. Son ressort est le plus souvent humoristique.

Le **parcours en « Z »**, souvent présenté comme le meilleur parce que correspondant au sens de lecture occidental (de gauche à droite et de haut en bas) a le mérite de guider le regard sur la totalité de l'affiche. On notera toutefois qu'articulant texte et image, il conduit à des constructions complexes parfois difficilement compatibles avec un affichage urbain ou routier.
Quoi qu'il en soit, on s'astreindra à faire des choix et à privilégier la simplicité tant visuelle que textuelle en ne perdant pas de vue que l'affiche est un élément parmi d'autres dans une stratégie de communication et qu'il ne faut pas vouloir lui faire jouer un rôle qui ne saurait être le sien.

❑ *Les composantes textuelles de l'affiche*

- L'accroche (*head line*, ou encore titre)

L'idée même d'accroche textuelle relève plus de l'habitude que de la réalité : on sait bien qu'aujourd'hui, c'est l'image qui attire l'attention du récepteur, bien plus que le texte. Paradoxalement, l'accroche n'accroche plus vraiment mais elle remplit d'autres fonctions.
Le texte mis en accroche sert parfois à commenter l'image ; parfois, il peut aussi avoir pour fonction d'expliciter une image ambiguë, à la signification peu claire : il permet alors d'éclaircir une image mystérieuse, volontairement étonnante ou paradoxale. Lorsque le visuel est centré sur le produit, le rôle de l'accroche est alors d'exprimer les satisfactions liées à l'usage de ce produit (elle met donc en avant l'avantage produit ou le bénéfice consommateur). Inversement, quand le visuel représente un consommateur et son univers, le rôle de l'accroche est d'expliciter le lien qui existe

entre cet univers de consommation et le produit lui-même. Autrement dit, à visuel produit, accroche consommateur ; à visuel consommateur, accroche produit.

- La *base line*

La *base line* constitue le plus souvent la conclusion du pavé de texte, la phrase finale du message. C'est pour cela qu'elle apparaît en pied de page. Son rôle est de verrouiller le message en rappelant l'identité de l'annonceur de façon vigoureuse, pour qu'elle soit mémorisée par le récepteur. Ainsi, la *base line* comporte généralement une dimension proprement visuelle (logo, charte graphique de la marque…), mais aussi une dimension strictement textuelle (bien souvent, c'est la signature de l'annonceur qui vient en *base line*).
Signer est en effet la fonction minimale du texte : lorsque l'image est claire par elle-même, lorsqu'elle porte tout le message, alors le texte n'a plus qu'à signer l'annonce pour assurer l'attribution du message à l'annonceur. Mais c'est une stratégie dangereuse : seules les marques qui bénéficient déjà d'une très forte notoriété (et dont la signature bénéficie d'un taux de reconnaissance élevé) peuvent se permettre de ne communiquer que par l'image ; pour les autres, l'accroche, voire le pavé de texte sont nécessaires pour présenter la marque ou le produit.

- Le pavé de texte

Le pavé de texte (ou *body copy*) est peu utilisable en affichage, à la différence de l'annonce presse : il nécessite un temps de lecture peu compatible avec le support lui-même.

❑ *Articuler texte et image*

On se contente souvent, à la suite de Roland Barthes, de considérer que l'image est par définition ambiguë et que le texte serait là pour en préciser le sens. C'est ainsi que l'on considère traditionnellement que celui – ci fonctionne comme une légende, voire un commentaire, venant expliciter le sens d'un langage iconographique flottant. On attribue ainsi au texte une fonction d'ancrage du sens de l'image (explicitation) et une fonction de relais (adjonction de sens complémentaires).
Mais il est possible de construire une affiche en inversant le rapport texte/image pour que la seconde vienne expliciter le premier. On s'appuiera donc sur 4 types de messages permettant de clarifier la construction d'une affiche, en fonction du rôle attribué (connotation/dénotation) à ses composant.

Types de message		**Code iconique**	
		Dénotation	Connotation
Code linguistique	Dénotation	Message informatif	Message à légende
	Connotation	Message illustratif	Message symbolique

Le **message informatif** est constitué d'un texte informatif et d'une image rationnelle. Il y a une libre circulation du sens entre texte et image, les deux constituants venant s'enrichir mutuellement et renforcer l'univocité du propos. Peu évocateur, il a le mérite de la précision et de la clarté.

Le **message illustratif** est constitué d'un texte subjectif, connoté, et d'une image rationnelle. L'image ancre le sens du texte, voire le complète. Le caractère évocateur du texte (un proverbe par exemple) l'enracine dans le vécu individuel mais emprisonne le message dans l'univers sémantique propre à une langue donnée.

Le **message à légende** est constitué d'un texte informatif et d'une image symbolique, fortement connotée. Le texte ancre le sens de l'image, ou le complète. Il constitue le plus facile des compromis.

Le **message symbolique** est constitué d'un texte subjectif, connoté, et d'une image symbolique, fortement connotée. Il n'est pertinent que si l'annonceur bénéficie d'une bonne notoriété auprès de la cible, permettant ainsi une identification immédiate.

❑ *Utiliser des images*

Il est essentiel, lorsque l'on veut utiliser des images, photographies, reproductions dans le cadre de l'élaboration d'une affiche, d'avoir une idée claire de qui possèdent des droits sur l'image en question : le photographe qui a pris le cliché, l'artiste (plasticien, sculpteur ou autre) qui a créé éventuellement l'œuvre photographiée (sauf pour l'architecture visible sur les lieux publics), la personne photographiée, le propriétaire du lieu photographié.
On ne se laissera pas abuser par l'expression (inexacte) « libre de droit » à propos d'images numérisées. Il s'agit en fait d'images « droits inclus », entendons par là qu'une fois acquitté les droits à l'achat, on n'a pas à justifier ni à comptabiliser l'usage que l'on fait des clichés.

Montant indicatif dû à un photographe pour un cliché

Contexte d'utilisation	Prix
Cliché reproduit sur un support pédagogique diffusé à 50 000 exemplaires	100 euros HT
Cliché réalisé par un photographe pour une pochette de CD d'artiste connu	À partir de 8 000 euros
Cliché utilisé dans une campagne publicitaire	À partir de 10 000 euros

Une redevance d'exploitation est parfois demandée par des sources d'images en plus des prix de fabrication, vente ou location du cliché et pour toute utilisation de celui-ci. Cette redevance, appelée « droit d'utilisation » ou « droit d'exploitation », est sans fondement juridique.
Un taux de TVA spécial à 5,5 % s'applique aux travaux relevant du droit d'auteur, aux autres prestations (recherche, archivage, fabrication) s'applique une TVA à 19,6 %.

Les imprimés (prospectus, isa, flyers, dépliants...)

Fiche 44

Principes clés

On confond souvent la nature et la fonction des différents supports imprimés distribués gratuitement, sans identification nominative du destinataire. Il importe pourtant d'y voir clair et surtout de distinguer ce qui relève de la technique marketing de ce qui désigne de simples supports de communication.

Éléments et analyse

❑ *L'Imprimé Sans Adresse*

L'utilisation d'ISA (Imprimé Sans Adresse) constitue une technique de marketing direct à part entière. Massivement utilisée, elle consiste à déposer des offres commerciales dans les boîtes aux lettres, sans se préoccuper de l'identité du destinataire. Qu'il s'agisse de prospectus, de journaux gratuits, d'invitations à une ouverture de magasin, d'échantillons, de bons de réduction ou de tout autre support, l'objectif est le même : interpeller le récepteur à son domicile lors du rituel journalier de l'ouverture du courrier.

Si le destinataire est anonyme, la zone géographique ciblée, elle, n'est bien sûr pas indifférente. On aura pris la précaution d'utiliser les ressources du géomarketing pour croiser différents critères, pertinents au regard de la nature de la campagne : CSP, accessibilité des points de vente, pratiques locales, concurrence, etc.

Au-delà de l'objectif premier qui est évidemment de générer du trafic pour l'annonceur, des objectifs secondaires mais importants à long terme : accroître sa notoriété, générer des habitudes d'achat, collecter par retour des éléments d'une base de données.

Si le taux de retour peut paraître faible (1 pour 1000 en moyenne, contre 1 pour cent pour un mailing), le rapport mise en œuvre/coût est par contre intéressant. Vous n'avez pas à louer d'adresses, vous passez par un prestataire qui gérera la mise sous pli et l'affranchissement : le coût total est en moyenne inférieur de 50 % à celui d'un mailing pour un retour équivalent.

❑ *Le prospectus ou flyer*

Il s'agit d'un imprimé diffusé gratuitement dans le cadre commercial mais aussi politique ou associatif. Son format est, par destination, réduit (A5 ou A6) et peut comporter ou non des plis. La créativité graphique de ce type de document est essentielle : il y a bien peu du flyer jeté au prospectus soigneusement conservé et dont les informations seront réutilisées. Il faut donc impérativement attirer l'attention de la cible et soigneusement hiérarchiser les informations afin de l'inciter à conserver le document : message publicitaire, produits et services proposés, identité de l'entreprise, coordonnées de contact.

❑ *Le dépliant*

Un peu plus consistant, un peu plus institutionnel, le dépliant se prête plus à une remise en main propre ou à l'utilisation d'un présentoir. Il va à l'essentiel mais donne suffisamment d'informations pour se suffire à lui-même. Par opposition au prospectus, il va être l'objet d'une lecture approfondie et va devenir pour le prospect un support de référence.

Pli accordéon : 3 plis
4 volets
8 pages

Pli économique : 3 plis
4 volets
8 pages

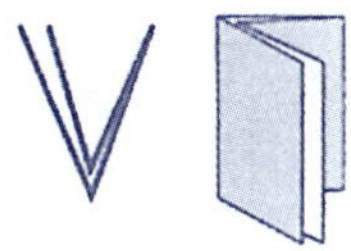

Pli portefeuille : 3 plis
4 volets
8 pages

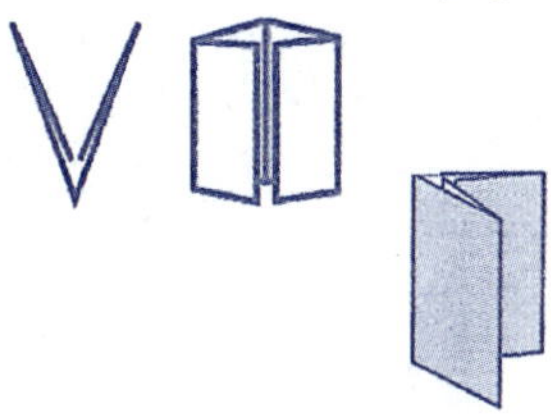

Pli roulé : 2 plis / 3 plis
3 volets / 4 volets
6 pages / 8 pages

Pli simple : 1 pli
2 volets
4 pages

Pli fenêtre : 2 plis
3 volets
6 pages

Par dépliant, on entend un format imprimé recto verso que l'on définit toujours avant pliage. Exemple : un A5 deux plis. Le mode de pliage est loin d'être anecdotique et relève même d'un choix essentiel dans la mesure où il constitue un compromis entre lisibilité, praticité et... originalité. En tout état de cause le choix du format et du pliage doit être opéré en fonction de la structure du contenu présenté.

L'annonce presse

Fiche 45

Principes clés

Si la créativité semble souvent la clé du succès, du moins lorsqu'il s'agit pour les professionnels de la communication de récompenser la campagne la plus réussie, on ne doit pas oublier que l'annonce presse obéit à des règles de construction qui, sans être absolues, garantissent malgré tout un certain niveau d'efficacité.
Une connaissance précise des procédés rhétoriques et des figures de style est indispensable pour produire les effets voulus sur le récepteur.

Éléments et analyse

❑ *La situation d'énonciation*

Les fameux « cinq W » de Lasswell (*Who says what, in which channel, to whom with what effect* ?) constituent des repères indispensables :

– Qui ? (*who* ?) : le locuteur (ou l'émetteur).
– Dit quoi ? (*says what* ?) : le message.
– Par quel canal ? (*in which channel* ?) : le medium.
– À qui ? (*to whom* ?) : le destinataire (ou le récepteur).
– Avec quel effet ? (*whith what effect* ?) : l'action du message sur le destinataire.

L'intérêt d'un tel questionnement est de ne laisser planer aucune ambiguïté sur le contenu du message tel qu'il sera perçu par le récepteur : par exemple, le locuteur qui prend en charge le pavé de texte peut ne pas être l'annonceur proprement dit, mais un personnage qui le représente (un leader d'opinion, une mascotte). L'annonceur et le locuteur étant alors distincts, le message est-il suffisamment cohérent ?

❑ *Les moyens d'impliquer la cible dans le message*

Attirer l'attention du récepteur est l'un des enjeux majeurs de tout message, en particulier du message publicitaire ; par exemple, une annonce presse peut mettre en scène un personnage dont le regard frontal capte l'attention du lecteur. Mais il existe aussi un certain nombre de procédés textuels qui peuvent impliquer le destinataire dans l'annonce.
La **première personne du pluriel** : Dans un message, le nous peut insister sur le travail collectif d'une entreprise (« nous, chez X, nous travaillons tous les jours pour

votre avenir »), mais il peut aussi impliquer le destinataire et le relier grammaticalement au locuteur (par exemple dans un tract syndical, dont le titre serait quelque chose comme « Tous ensemble, nous pouvons pousser le gouvernement à changer de politique »).
La **deuxième personne du singulier** instaure une évidente proximité entre le locuteur et le destinataire, elle suppose la familiarité (du coup, elle est souvent utilisée pour s'adresser à une cible jeune ; mais attention à l'excès de jeunisme, et au caractère potentiellement méprisant du tutoiement).
La **deuxième personne du pluriel** est plus polie, mais elle instaure une forme de distance relative entre l'annonceur et sa cible. Pour autant, distance et respect ne sont pas en soi des défauts au regard de toutes les situations d'énonciation.
Les **impératifs à la deuxième personne** sont d'autant plus impliquant qu'ils jouent sur la fonction conative, en poussant le destinataire à l'action. Cependant, le risque est de paraître trop directif : le récepteur peut se braquer.
Les apostrophes : elles interpellent le destinataire et jouent évidemment sur la fonction phatique (l'enjeu étant d'attirer son attention) : « Monsieur, pensez-vous que votre maison est en sécurité quand vous n'y êtes pas ? ».
Les questions rhétoriques : ce sont des questions qui n'attendent pas de réponse, ou dont la réponse est évidente ; néanmoins, elles impliquent le destinataire en attendant de lui une réponse, même implicite. La question rhétorique est un bon moyen d'introduire la fonction référentielle en dramatisant un peu le propos, autrement dit en jouant sur un (léger) effet de *teasing* : « qui veille sur votre maison lorsque vous n'êtes pas là ? Ce sont les alarmes X ».

❑ *Les figures de style*

Il ne faut pas comprendre les figures de style comme des procédés formels réservés aux spécialistes de la linguistique, mais comme des composantes techniques de l'écriture professionnelle.

Figures de style	Définitions	Exemples
Allégorie	Représentation figurée d'idées abstraites sous la forme d'un tableau ou d'une histoire.	L'allégorie de la Justice sous la forme d'une femme aux yeux bandés (impartialité de la Justice), tenant de la main gauche une balance (elle pèse le pour et le contre), et de la droite un glaive (elle châtie).
Anaphore	Répétition insistante du ou des mêmes termes en début de vers.	« Je n'écris point d'amour, n'étant point amoureux/Je n'écris de beauté, n'ayant belle maîtresse/Je n'écris de douceur, n'éprouvant que rudesse », Joachim du Bellay, *Les Regrets*.
Asyndète	Suppression de tout lien logique et de toute coordination débouchant sur une pure juxtaposition	« Le roi est mort, vive le roi. »

Figures de style	Définitions	Exemples
Chiasme	Place dans l'ordre inverse les termes de deux groupes syntaxiques identiques.	« La neige fait au Nord ce qu'au Sud fait le sable. », Victor Hugo, *La Légende des Siècles*.
Ellipse	Figure de construction qui consiste à supprimer un ou plusieurs mots sans lesquels le sens global reste compréhensible (style télégraphique).	« Mère décédée. Enterrement demain. Sentiments distingués. », Albert Camus, *L'Étranger*.
Euphémisme	Figure d'atténuation qui nomme des réalités désagréables de manière neutre ou agréable.	« Michael Jackson nous a quittés. » [neutre], pour dire que Michael Jackson est mort [supposé attristant]
Gradation	Énumération qui fait passer du plus faible au plus fort (gradation ascendante), ou du plus fort au plus faible (gradation descendante).	« C'en est fait, je n'en puis plus, je me meurs, je suis mort, je suis enterré. », Molière, *L'Avare* [gradation ascendante]
Homéotéleute	Utilisation de mots de même sonorité finale.	« Tiens, capon, cochon, félon, histrion, fripon, souillon, polochon ! », Alfred Jarry, *Ubu roi*
Hyperbole	Exagération par laquelle on grossit un trait.	« Bête à manger du foin », « c'est un géant de la pensée », « il est beau comme un dieu ».
Hypotypose	Type de description particulièrement vive, animée, réaliste.	« Des gens arrivaient hors d'haleine ; des barriques, des câbles, des corbeilles de linge gênaient la circulation ; les matelots ne répondaient à personne ; on se heurtait ; les colis montaient entre les deux tambours, et le tapage s'absorbait dans le bruissement de la vapeur, qui, s'échappant par des plaques de tôle, enveloppait tout d'une nuée blanchâtre, tandis que la cloche, à l'avant, tintait sans discontinuer. », Gustave Flaubert, *L'Éducation sentimentale*
Litote	Expression par laquelle on dit le moins pour faire comprendre le plus.	« Ça ne sent pas la rose », pour dire que l'odeur est très désagréable.
Métaphore	Sorte de comparaison abrégée reposant sur une relation de ressemblance.	« Sauter sur l'occasion », « prendre le taureau par les cornes », « pratiquer la langue de bois ».

Figures de style	Définitions	Exemples
Métonymie	Analogie qui permettant de remplacer un élément par un autre ayant un rapport logique avec lui.	« Boire un verre ».
Oxymore	Antithèse, liant des termes opposés dans un même groupe de mots.	« Cette obscure clarté qui tombe des étoiles. », Pierre Corneille, *Le Cid*.
Paradoxe	Affirmation qui va à l'encontre de l'opinion commune.	« Les crimes engendrent d'immenses bienfaits et les plus grandes vertus développent des conséquences funestes. », Paul Valéry, *Dialogues*.
Périphrase	Circonlocution par laquelle on remplace un mot simple par une expression plus complexe.	« Le pays du soleil levant » [pour « le Japon »].
Pléonasme	Redondance, emploi de mots inutiles.	« Monter en haut. »
Prétérition	Procédé par lequel on feint de ne pas dire ce que l'on va dire.	« Il va sans dire que, pour avoir son BTS, il faut travailler régulièrement » [cela va sans dire… mais on le dit quand même !].
Prosopopée	Faire parler des êtres comme les morts ou les absents, ou des choses qui ne le peuvent pas.	« Je suis belle, ô mortels ! Comme un rêve de pierre », Charles Baudelaire, *Les Fleurs du Mal* [la Beauté parle]
Syllepse	Figure par laquelle un même mot est pris en deux sens différents, l'un propre et l'autre figuré, dans la même phrase.	« Ce n'est pas que je prenne mon chien pour plus bête qu'il n'est. », Raymond Devos [les deux sens du mot « bête » : l'animal et l'idiot]
Synecdoque	Forme particulière de la métonymie, qui consiste à désigner le tout par la partie.	« Une voile voguait vers l'horizon. »
Tautologie	Fausse démonstration, affirmation redondante par laquelle on redit toujours la même chose.	« Une promesse est une promesse. »

❑ *Un bon slogan, sinon rien !*

• Le langage est musique et la musique rythme

C'est d'abord par leur aspect rythmique que se signalent les slogans : généralement brefs, très condensés, ils présentent une structure aisément reconnaissable, qui favorise la mémorisation.

Les rythmes binaires sont peut-être les plus courants : ils divisent le slogan en deux parties de longueur égale, comme un vers séparé en deux hémistiches par une césure. Ainsi d'un célèbre slogan pour une voiture fabriquée par la marque allemande Opel : « Ma Corsa c'est tout moi ». Il s'agit bien d'un hexamètre (un vers de six syllabes) coupé en deux parties (3 syllabes/3 syllabes) : « Ma Corsa/c'est tout moi ». De nombreux autres slogans fonctionnent sur le même modèle, soit par effet de rime interne (« On est fou d'Afflelou »), soit par parallélisme de construction (« Plus t'en mets, plus t'en as », slogan pour Axe).

Les rythmes ternaires sont eux aussi très fréquents : bien qu'ils produisent des slogans généralement plus longs, ils ont l'avantage d'être très équilibrés. Bien souvent, une répétition souligne le rythme ternaire, comme dans le célèbre « Du pain, du vin, du Boursin ».

Certains slogans ternaires sont structurés par une sorte de fuite en avant avec deux temps réguliers et un troisième beaucoup plus long. Ainsi pour le Loto (« C'est facile, c'est pas cher, et ça peut rapporter gros »), ou pour une lessive (« Minimir, miniprix, mais il fait le maximum »).

On trouve aussi des structures reposant sur une gradation rythmique régulière comme dans cet ancien slogan pour Philips : « Le téléphone, c'est bien quand il sonne, c'est mieux quand il répond ».

• Il faut que ça sonne !

Les slogans usent souvent de l'allitération (la répétition d'une même consonne). Ainsi Vittel, dont les différentes signatures déclinent presque toujours les sonorités du nom de la marque, en particulier les consonnes : « Retrouvez toute la vitalité qui est en vous », « Vittel, la vie pleine de vie » « Vittel, la vitalité est en elle ».

On peut aussi jouer sur la répétition d'une même voyelle, c'est-à-dire sur l'assonance : c'est le cas du célèbre « L'ami du petit-déjeuner, l'ami Ricoré », où la première syllabe du nom de marque est annoncée de façon insistante par l'assonance de la voyelle [i]. L'assonance est aussi omniprésente dans la saga Kodak : « Clic-clac, merci Kodak » « Kodak, un déclic d'avance »

Les jeux sonores exploitent parfois la paronomase en rapprochant deux mots ou deux expressions à la sonorité quasiment identique ; ainsi « Dior j'adore », « Legal le goût », « Choisissez bien, choisissez But », « Vas-y Wasa », etc. Plus largement, le slogan publicitaire cherche, pour des questions de mémorisation, à multiplier les effets d'écho sonore, à jouer sur les homophonies, jusqu'au presque parfait « Il n'y a que Maille qui m'aille », à la limite du calembour.

Le mailing

Fiche 46

Par-delà les différences de coûts et de techniques, mailing et e-mailing ont en commun une logique d'interpellation des cibles dont l'intérêt est de reposer sur une sélection anticipée de celles-ci (d'où l'importance de la qualité des fichiers utilisés) mais dont le risque est double. D'une part, la griserie du nombre risque de l'emporter sur la pertinence des choix, d'autre part le caractère intrusif de l'adressage personnel est un facteur de prévention de la cible contre l'annonceur. Il faudra donc s'attacher à ne jamais perdre de vue l'exigence essentielle : une évaluation rationnelle de l'accueil du message par la cible visée.

Définir précisément ses objectifs opérationnels

- Générer un retour : coupon-réponse, appel téléphonique, e-mail, fax, etc.
- Inciter à la visite d'un site web.
- Déclencher une prise de rendez-vous.
- Engendrer une visite spontanée sur un point de vente ; vendre.

Respecter les critères de lisibilité

Une rédaction simple et directe : pas de phrase de plus de 25 mots, des mots courts, éviter les pronoms relatifs et les conjonctions de subordination, un empan de lecture court (pas plus de 50 à 80 caractères par ligne), une structure apparente avec création de paragraphes, dégagement des titres et des sous-titres, mise en forme des énumérations, mise en valeur des informations importantes.

Adopter une présentation attrayante

La force du mailing postal réside dans la créativité qu'il autorise : papier luxueux, enveloppe au format original, couleurs, mises en page. Toutes choses que l'e-mailing ne peut réaliser qu'à l'aide de pièces jointes. Il ne faut donc pas hésiter à ajouter des bonus à votre courrier comme un coupon-réponse, un catalogue, des bons de réduction, des chèques-cadeaux, une invitation.

La plaquette d'entreprise et les rapports annuels

Fiche 47

La communication institutionnelle n'est pas nécessairement celle qui fait rêver et pour laquelle l'effort de créativité ou de technicité est le plus important. Pourtant l'exigence de crédibilité à laquelle elle satisfait lui confère le redoutable privilège de servir de repère, d'année en année, à des publics qui ne souhaitent pas être séduits mais rassurés. L'exercice est donc délicat, qui consiste à doser sérieux et attrait, rigueur et clarté.

Principes clés

La plaquette conforte, appuie, rassure. Sa tâche est avant tout de mettre en valeur la crédibilité de l'entreprise, de l'institution ou de l'association. Son rôle n'est pas de s'insérer dans une stratégie de communication plus ou moins audacieuse mais d'affirmer les fondamentaux que sont le fonctionnement, la structure, l'histoire.
Pierre angulaire de la communication institutionnelle de l'entreprise, le rapport annuel est d'abord un outil d'évaluation à usage tant interne qu'externe. Il vise à fournir les moyens d'un examen des stratégies de la structure et de la mesure dans laquelle elle a atteint les objectifs qu'elle s'était fixée. Il correspond aussi à des obligations réglementaires de la sphère entrepreneuriale ou associative.

Éléments et analyse

❑ *La plaquette d'entreprise*

Faite pour s'inscrire sur une durée longue, elle doit être soigneusement équilibrée dans sa conception car elle touche tous les publics et particulièrement soignée dans sa réalisation. Une campagne ratée abîme une image, une plaquette ratée met à mal une identité.
Essentiellement informative, elle doit reposer sur un rédactionnel clair et sobre. Les textes doivent être courts, comportant des données pérennes et hiérarchisant nettement l'information.
On peut songer à un processus de réactualisation au moyen de feuillets mobiles mais ceux-ci nuisent à la force du document.
On évitera toutefois, sous prétexte de crédibilité, une surenchère dans le luxe ou la solennité qui pourrait être décalée avec l'image globale de l'entreprise ou de l'institution.

❑ *Le rapport annuel*

L'homogénéité et la continuité de la présentation d'une année sur l'autre sont essentielles pour un document destiné à devenir un outil de référence pour le pilotage de la structure. Même à un niveau modeste, il est indispensable de penser et mettre en œuvre un document permettant des comparaisons aisées d'une année sur l'autre. Eu égard au caractère très sensible des informations mises à disposition du public, le rétroplanning tiendra compte de phases de validation et d'éventuelles corrections relativement longues. La charge institutionnelle justifiant ici une forte prééminence hiérarchique.

On s'appliquera à respecter une structure tripartite comportant :

- une première partie synthétique rassemblant les principaux indicateurs permettant de saisir la stratégie, les réalisations et les objectifs de la structure ;
- une seconde partie analytique détaillant les différentes activités de l'entreprise ou de l'association, son organigramme, l'actualité de ses divers pôles ou secteurs ;
- une troisième partie, enfin, exclusivement juridique et comptable, visant un public averti à la recherche de précisions et soucieux de vérification.

Les différents journaux

Fiche 48

Il est légitime de considérer que chaque public mérite son journal ou sa publication. Parce qu'il vaut mieux de ne pas communiquer que de mal communiquer, on évitera la publication « attrape-tout » visant des publics hétérogènes qui ne se retrouveront pas dans ce qui leur est donné à voir ou à lire. On distinguera donc :

- Les journaux d'entreprise à usage interne, dédié à un ou plusieurs sites de production, constituant, en tant que tels, des outils de management.
- Les journaux externes à destination des fournisseurs, clients et autres partenaires, dont la dimension commerciale et institutionnelle impose une tonalité différente
- Les magazines de marque dont la préoccupation essentielle est celle de la notoriété et qui constituent un outil important de fidélisation, un élément de la relation client.
- Les publications des collectivités territoriales (mairie, conseil général, conseil régional, syndicat intercommunal) qui visent un public à la fois usager et électeur.

On s'attachera dans ce qui suit à préciser les particularités des journaux au regard de leurs annonceurs (privés ou publics) et on abordera ce qui leur est commun : les procédés de fabrication.

Les journaux d'entreprise

La communication interne n'est pas qu'un outil de management, même si cette dimension lui est essentielle. C'est aussi un préalable nécessaire et trop souvent sous-estimé dans toute démarche de communication externe, dans la mesure où les employés de l'entreprise seront directement les messagers de la culture de celle-ci (société de services par exemple).

La difficulté est de doser le discours managérial et celui des collaborateurs. À la fois reflet d'une stratégie d'entreprise et reflet du quotidien des employés, le journal doit trouver un équilibre de ses rubriques qui ne le fasse pas rejeter comme relevant uniquement du discours directorial. De ce point de vue, l'utilisation d'un « chemin de fer » (la représentation de l'intégralité du journal, page par page) comme schéma préparatoire global est indispensable.

La pénétration du journal, c'est-à-dire sa capacité à toucher et fidéliser son lectorat, n'est pas seulement liée aux sujets traités mais aussi à son mode d'élaboration. La constitution d'un comité de rédaction qualitativement diversifié ainsi que la mise en place de correspondants et de relais assurant un maillage de l'entreprise, de l'institution ou de l'association permettent qu'il bénéficie d'un bon coefficient de sympathie. Au-delà des incontournables que constituent les départs à la retraite, les changements d'affectation et les arrivées dans l'entreprise, il est essentiel que la tonalité des articles induise un rapport de proximité avec les lecteurs.

Une vraie réflexion doit être menée sur le mode de distribution du journal. En libre-service, il bénéficiera de l'a priori positif d'être choisi et non imposé par la direction, mais il risque de manquer une partie de sa cible. À l'inverse, un acheminement nominatif, voire une association avec la distribution des fiches de paie, garantit l'accès au public visé... mais prend le risque d'un rejet d'une publication ressentie comme exclusivement managériale.

Il est souhaitable de conjuguer les avantages du journal imprimé (proximité, convivialité, tradition) et de sa déclinaison numérique (e-newsletter). Deux stratégies dès lors apparaissent, la plus économique en temps consistant à mettre en ligne sur l'Intranet de l'entreprise (➤ fiche 55) une version PDF de l'imprimé, la plus valorisante consistant à donner à la newsletter une périodicité plus rapprochée qui en fera un outil complémentaire du journal d'entreprise proprement dit.

Pensée comme outil spécifique, la newsletter devra avoir un objet et/ou une cible plus précise que le journal d'entreprise ; soit qu'elle traite d'un sujet propre (un site, un projet, une crise, la sécurité), soit qu'elle s'adresse à un lectorat ciblé (la maintenance, l'encadrement, tel service).

Les publications des collectivités territoriales

On peut être tenté de considérer les citoyens comme des consommateurs d'action publique en calquant la communication des collectivités territoriales sur celle des entreprises. Pourtant la communication citoyenne dépasse la finalité économique pour mettre en perspective les valeurs, l'idéal et la mission de l'émetteur dans son environnement économique, social ou politique. Si les techniques de communication grand public utilisées par les collectivités territoriales sont fondamentalement les mêmes que celles des entreprises, elles doivent se débarrasser de toute tonalité mercantile pour privilégier des logiques de responsabilité, de proximité et d'authenticité. Ces principes n'excluent pas l'insertion de publicités pour des annonceurs collaborant avec les collectivités, qu'ils soient privés (Veolia, Vinci) ou publics (SNCF). La présence de ces annonceurs ne doit pourtant pas nuire à la spécificité d'une communication fondamentalement non commerciale.

La question de la périodicité s'articule à celle des moyens mais aussi à celle de l'image visée. Le trimestriel régional sur papier glacé joue le prestige et l'attention distanciée quand l'hebdomadaire municipal sur papier journal revendique la proximité et l'efficacité pratique.

La mise en page

Rappelons que la page correspond à une face de feuillet, son recto ou son verso ; un feuillet compte donc deux pages. La page impaire (celle de droite dans un magazine ouvert) est appelée « belle » ou « bonne » page, car c'est sur elle que le regard se pose en premier ; à l'inverse, la page paire (celle de gauche) est qualifiée de « mauvaise page ».

La mise en page détermine le format dans lequel la page sera imprimée ; il peut s'agir d'un format carré, lorsque les quatre côtés de la feuille sont de longueur égale ; à la française (ou portrait), lorsque le format est utilisé dans sa hauteur (verticalité) ; à l'italienne (ou paysage), lorsque le format est utilisé dans sa longueur (horizontalité).

Il arrive que les images ou les zones colorées aillent jusqu'aux limites du papier : on appelle cela la mise en page « à fond perdu ». Dans ce cas, il est nécessaire que les images ou les zones colorées débordent légèrement du cadre, pour simplifier les opérations de massicotage et éviter des coupes approximatives à l'œil. Ces zones imprimées qui vont tomber au coupage sont nommées des « bords perdus » (ils sont « perdus » car vont partir à la poubelle...). Une autre possibilité consiste à entourer la zone colorée ou l'image d'un « blanc tournant », une sorte de marge non imprimée qui encadre l'image. On parle ici d'impression « au format utile ».

Lorsque deux éléments graphiques doivent être superposés lors de la mise en page (par exemple du texte sur une zone colorée), vous pouvez choisir d'imprimer l'élément directement sur la zone : c'est le recouvrement. Mais vous pouvez aussi choisir de défoncer la zone : du blanc apparaît sur celle-ci, de même forme que l'élément à sur-imprimer : c'est l'impression en défonce.

La fabrication

❑ *Le papier*

Le choix du papier est une étape cruciale dans le processus de fabrication : une erreur pourrait ruiner tous vos efforts de conception, et le rendu de votre outil serait très décevant.

- Aspect

On distingue deux grands types, les papiers couchés d'une part, les papiers non couchés d'autre part.

Les papiers couchés sont enduits de pigments minéraux qui rendent la surface plus homogène, ce qui facilite l'impression ; on peut les calandrer lorsqu'on veut les rendre plus lisses et plus brillants. Ils permettent une bonne impression sur un faible grammage ; cependant, ils sont plus coûteux que d'autres types de papiers. On utilise les papiers couchés pour réaliser des dépliants, des brochures, des magazines...

On distingue :

Papier couché classique	Composé à 100 % de pâte chimique et comportant une couche minérale importante, il se caractérise par sa blancheur et permet une haute qualité d'impression ; c'est néanmoins le plus coûteux, au point d'être aujourd'hui réservé à l'édition de luxe.
Papier couché moderne	Composé majoritairement de pâte chimique (mais pouvant contenir de la pâte de bois) et comportant une couche minérale plus faible, il reçoit d'abord un traitement de surface, complété parfois par un traitement mécanique (lissage, calandrage…) pour obtenir un rendu différent (mat, demi-mat, brillant, surglacé…) ; il est néanmoins plus difficile d'utilisation (fragilité, encres longues à sécher…).
Papier couché sur chrome (ou *cast-coated*)	Couché par moulage (la couche est appliquée sur un cylindre de chrome poli et chauffé), il est très brillant et très blanc, mais aussi très fragile et très cher.
Papier couché léger	Composé à 50 % de pâte mécanique et ne comportant qu'une légère couche minérale, il est apprécié pour ses faibles grammages.

Les papiers non couchés n'ont reçu aucune couche de pigments minéraux. On distingue :

Papier journal	Constitué d'un mélange de pâte mécanique et de pâte chimique ; il est très opaque et solide mais sa blancheur est médiocre, et il vieillit mal.
Papier affiche	Se caractérise par un côté lisse, brillant et très réceptif aux encres, et par un côté rugueux (indispensable pour coller une affiche ou une affichette sans difficulté).
Papier offset	Adapté à tous les usages et à tous les procédés d'impression ; c'est un papier non couché mais collé ; il peut être de qualité variable, mais est le plus souvent utilisé en xérographie (c'est-à-dire en photocopie).
Papier bouffant	Avec ou sans bois, il se caractérise par une épaisseur supérieure à la moyenne à grammage équivalent ; le papier bouffant a donc une main très élevée ; très absorbant, il sèche vite mais consomme beaucoup d'encre ; il est le plus souvent utilisé dans la fabrication des livres de littérature générale.
Papier bristol	Composé d'une pâte chimique blanchie pure et satinée, d'habitude très fortement collée ; il est d'un grammage élevé, ce qui le destine à des usages particuliers (cartes de visite, invitations, cartes de vœux, faire-part…).

- Grammage

Le grammage permet de définir le poids du papier ; il caractérise le poids (exprimé en grammes) d'un mètre carré de papier. Ainsi, le grammage du papier se caractérise en g/m^2 (c'est-à-dire en « grammes par mètre carré »).

À strictement parler, le grammage et l'épaisseur du papier n'ont pas de rapport : le poids du papier varie surtout en fonction de sa densité. De la même manière, un grammage élevé ne garantit pas une opacité parfaite.
Le rapport du grammage, de la surface et de l'épaisseur définit ce que l'on appelle la main du papier : plus l'épaisseur est élevée au regard du grammage, et meilleure est la « main » du papier. Si le papier manque de main, il est un peu mou, relativement fragile, et se froisse plus rapidement.

Type de papier	Grammage
Couché classique (Édition de luxe)	De 70 à 170 g/m²
Couché moderne (dépliants, brochures, magazines…) Carte couchée : couvertures, encartés, plaquettes	De 60 à 220 g/m² De 220 à 450 g/m², on parle de « carte couchée »
Couché sur chrome (Cartes postales, affiches ou étiquettes de luxe…)	De 80 à 350 g/m²
Couché léger (Magazines, catalogues illustrés…)	De 40 à 70 g/m²
Journal (Journaux, magazines, travaux bon marché…)	De 40 à 70 g/m²
Affiche	De 60 à 120 g/m²
Offset (Utilisations très variées ; papier photocopie en 80 g/m²)	De 60 g/m² à 420 g/m²
Bouffant (Livres de littérature générale)	De 70 à 140 g/m²
Bristol (Cartes de visite, invitations, cartes de fidélité…)	De 150 à 225 g/m²
Carton (Emballages, PLV…)	Supérieur à 225 g/m²

- Format

Pour faciliter les échanges et la découpe industrielle, les différents formats de papier ont été normalisés dans les séries ISO/DIN, qui donnent les dimensions des formats standardisés. Les 2 séries principales sont la série A (qui est la plus répandue), et la série B.
Dans la série A, le format de référence est A0, dont la surface est d'un mètre carré (841 x 1189 mm). Ensuite, le principe est simple : dès qu'on monte d'une unité dans la série, la surface est divisée par deux. Ainsi, le format A1 correspond à la moitié du

format A0. Plus précisément, une feuille de format A1 est l'équivalent d'une feuille de format A0 pliée en deux : le côté le plus court d'A0 devient le côté le plus long d'A1.

❑ *Le prépresse*

Elle est constituée par les différentes étapes qui transforment le document à imprimer en copie d'impression.

• La gestion des couleurs

Pour définir les couleurs utilisées, il existe trois codes différents.
Le premier code est le système RVB (Rouge Vert Bleu) : il définit chaque couleur par la combinaison de ces 3 couleurs primaires ; en mélangeant ces 3 sources lumineuses et en jouant sur leur intensité, on peut recréer la majorité des couleurs perçues ; cependant, ce système n'est pas employé en imprimerie : son usage est réservé aux écrans (moniteurs, téléviseurs, projecteurs vidéo...).
Le deuxième code est le système CMJN (Cyan Magenta Jaune Noir) : il définit chaque couleur par le mélange des trois couleurs primaires (cyan ou bleu azur, magenta ou fuchsia, jaune ou citron) auxquelles le noir est ajouté, car en pratique, il ne peut être obtenu par le simple mélange des encres. Chaque couleur est donc définie par un pourcentage de cyan, de magenta, de jaune et de noir : ainsi, le vert (qui est un mélange de bleu et de jaune) est noté C 100 % ; M. 0 % ; J 100 % ; N 0 %. Le système CMJN est au fondement de la quadrichromie et de l'impression couleur.
Le troisième code est le système Pantone : il définit chaque couleur par un numéro qui trouve sa place dans un nuancier complexe. Il est utilisé pour l'impression des tons directs (sans passer par le spectre CMJN) et présente un espace colorimétrique bien plus étendu que la quadrichromie. Un nuancier Pantone indique généralement la correspondance CMJN de ses tons directs, pour faciliter le passage d'un système à l'autre mais toutes les nuances ne peuvent pas être transcrites.
Il faut être attentif à la trame de l'image : ce terme définit la succession de points qui compose l'image imprimée. La linéature, qui mesure la distance entre chaque point de la trame, permet de définir la qualité de l'image imprimée, c'est-à-dire sa résolution. Plus la linéature est basse, plus le point de trame est gros et visible, et plus l'image est grossière.

• La production des films

Il faut produire la forme qui servira à l'impression ; celle-ci peut être réalisée par flashage, ou directement depuis l'ordinateur. Le flashage, réalisé par un photograveur, consiste à produire les films nécessaires à la fabrication de la forme imprimante (telle que des plaques en zinc). La flasheuse transforme les informations du document numérique finalisé en éléments concrets et exploitables par l'imprimeur.

• L'imposition

Les documents qui comportent un grand nombre de pages ne sont pas imprimés page par page : une seule feuille sert à l'impression de plusieurs pages à la fois. C'est

lors du façonnage, par la coupe et le pliage, que le document prendra sa forme définitive, et que les pages trouveront leur ordre prévu.
L'imposition désigne la phase de prépresse au cours de laquelle on positionne l'élément à imprimer sur la forme d'impression en disposant les pages par cahiers : les arrangements de l'imposition ont donc pour fonction de déterminer l'emplacement correct des pages et leur ajustement en vue du façonnage.
Il arrive que l'imprimeur réalise une épreuve de contrôle afin de s'assurer du bon enchaînement des pages et de la correction du pliage. Cette épreuve de contrôle subit les différentes étapes du façonnage (pliage, massicotage…), ce qui permet de vérifier la conformité de l'imposition.
L'épreuve de contrôle sert aussi généralement d'épreuve contractuelle. Elle peut être produite à partir des films (on parle alors d'épreuve analogique) ou à partir du fichier numérique finalisé (on parle alors d'épreuve numérique). Lorsque l'annonceur donne son accord sur la base de cette épreuve, elle devient le « Bon à Tirer », le BAT : c'est ce dernier qui sert de référence à l'imprimeur, qui est dans l'obligation d'en respecter l'aspect. Si cette épreuve est dite « contractuelle », c'est parce que c'est elle qui sert de référence en cas de litige entre l'annonceur et l'imprimeur.

- **La production des formes**

Une fois que l'imprimeur a obtenu le « Bon à Tirer », il passe à la production des formes (par exemple les plaques *offset*) : les films sont copiés par « insolation » sur la plaque métallique qui est ensuite développée par un processus chimique. Un processus du fichier numérique au film, puis du film à la forme appelé « CtF » (*Computer to Film* en « de l'ordinateur au film »).
Aujourd'hui se développe un autre système, nommé « CtP » (*Computer to Plaque* « de l'ordinateur aux plaques »). Il permet d'éviter l'intermédiaire du flashage et du film, pour transférer directement le document numérique vers la forme imprimante.
Une fois la forme d'impression réalisée, que ce soit par CtF ou par CtP, l'impression peut enfin commencer.

Fiche 49

Les communiqués et les dossiers de presse

Principes clés

Les communiqués et dossiers de presse constituent toujours les outils privilégiés des relations presse. Toutefois leur efficacité a diminué du fait de l'abondance de l'information émanant des organisations et de la très grande sollicitation des journalistes.

Éléments et analyse

❏ *Le communiqué de presse*

C'est un moyen simple et peu coûteux d'établir et d'entretenir le contact avec les journalistes. L'information qu'il contient doit être réelle, et actuelle. Les faits doivent être précis.

• Les règles de forme et de présentation

Le communiqué de presse fera une page dactylographiée uniquement au recto (exceptionnellement deux), et le texte aura environ 1 500 signes. On entend par signe, une lettre mais aussi un espace, une apostrophe, une ponctuation.

Il portera la mention « communiqué de presse », sera daté, comportera le logo et le nom de l'organisme émetteur.

Il contiendra les coordonnées précises du contact presse auprès duquel les journalistes obtiendront des informations complémentaires et des illustrations photographiques.

• Les règles d'écriture

Le communiqué de presse doit être titré (titre informatif ou incitatif).

Il doit contenir le message essentiel et répondre aux questions suivantes : qui fait quoi, quand, où, comment et pourquoi ?

Le communiqué doit adopter un style journalistique et être structuré comme un article de presse.

Le message essentiel doit se trouver dans le chapeau. Les trois ou quatre lignes du chapeau résument l'information nouvelle, utile et intéressante. Visuellement, elle se distingue du corps du communiqué.

Il doit comporter un plan : par exemple, le plan en pyramide inversée donne l'essentiel de l'information dès les premières lignes. Puis les informations s'enchaînent à

partir du message essentiel par ordre décroissant d'importance. Ainsi, le communiqué de presse peut être facilement coupé.
Pour être efficace, intéresser le journaliste et par voie de conséquence son lecteur, le communiqué de presse doit respecter les quatre lois de proximité.

- Proximité géographique : plus un événement se produit près du lecteur, plus celui-ci sera intéressé (loi du mort au kilomètre : un mort à 1 km de chez moi me concerne plus que 1 000 morts à 10 000 km).
- Proximité temporelle : le lecteur s'intéresse plus au futur proche qu'à ce qui se passe aujourd'hui (« aujourd'hui plus qu'hier et bien moins que demain »).
- Proximité sociale : le support dans lequel le journaliste écrit a un lectorat qui présente des caractéristiques spécifiques (en termes d'âge, de sexe, de PCS) et qui a des centres d'intérêt particuliers. Le journaliste tient compte des centres d'intérêt de ses lecteurs pour choisir les sujets qu'il va traiter.
- Proximité psycho-affective : le sujet doit faire appel aux émotions du lecteur.

Pour favoriser la lecture du communiqué de presse, il faut faire :

- des phrases courtes et simples (une phrase de 12 mots est mémorisée à 100 % ; une phrase de 24 mots ne l'est plus qu'à 50 %),
- utiliser un vocabulaire compréhensible (pas de jargon technique),
- adopter un style direct.

• La diffusion du communiqué de presse

Il est aujourd'hui envoyé par e-mail ou fax. L'envoi doit être personnalisé, il est important de connaître le nom du journaliste qui sera intéressé par l'information donnée.
Le délai pour l'envoi du communiqué dépend de la périodicité de parution du support :

- pour un quotidien, trois à sept jours avant l'événement,
- pour un hebdomadaire, un mois à quinze jours avant. Pour les hebdomadaires de la presse féminine par exemple, le communiqué doit être envoyé trois mois avant pour tenir compte des délais de bouclage,
- pour un mensuel, six semaines à deux ou trois mois avant la parution.

L'envoi du communiqué de presse sera suivi d'une relance téléphonique ; d'une part pour s'assurer de la bonne réception du communiqué, et d'autre part pour inciter le journaliste à traiter le sujet.

❑ *Le dossier de presse*

Le dossier de presse fournit la matière aux journalistes pour écrire des articles étoffés et diversifiés avec des angles d'attaque différents.
Le dossier de presse est utilisé lors de conférences de presse, d'inaugurations, de salons. Il doit être clair, attrayant et facile à utiliser.

• Les règles de forme et de présentation

Le dossier de presse comprend différents éléments :

- un sommaire avec des titres informatifs et précis, qui comporte les numéros de page du dossier,
- un communiqué de presse,
- des textes traitant le sujet sous plusieurs angles (articles, portraits...), chaque texte ne dépasse pas une page dactylographiée,
- des annexes (fiche d'identité de l'entreprise, fiche technique du produit, biographie, graphiques, plans, lexique de termes techniques, informations pratiques...),
- des éléments iconographiques (une ou plusieurs photos qui seront légendées). L'idéal est d'illustrer chacun des angles du dossier. Ces éléments sont fournis soit sur CD-Rom, soit par e-mail. Il faut être vigilant à la qualité de définition de l'image fournie pour qu'elle soit exploitable. Si le budget est limité, on indique que des photos sont disponibles sur simple demande.

- **Le contenu rédactionnel**

La qualité rédactionnelle des textes est importante. Pour les rédiger, il faut respecter les règles appliquées au communiqué de presse : pour chaque texte, le titre et le chapeau donnent l'information essentielle. Le chapeau annonce aussi l'angle de l'article.
Pour un portrait, penser à insérer dans le texte des citations. Les journalistes apprécient car ils peuvent les réutiliser dans un article.
Selon le média auquel on s'adresse, l'ordre des chapitres peut varier. Il faut aussi trouver les angles (économique, humain...) susceptibles d'intéresser le média.

- **La diffusion du dossier de presse**

Lors d'une conférence de presse, le dossier de presse peut être remis en main propre aux journalistes. Il est conseillé de le remettre à la fin pour qu'ils soient attentifs aux interventions. Le dossier de presse sera envoyé aux journalistes qui avaient été invités à la conférence de presse et qui n'ont pu s'y rendre.
Le dossier de presse peut être mis en ligne sur le site internet de l'entreprise ou de l'organisation.
Si le dossier concerne un événement daté ou un lancement et que l'information ne doit pas être diffusée avant, la pratique veut que l'on mentionne « dossier sous embargo jusqu'au (date) ».

Fiche 50

Les fiches produits, les catalogues

Principes clés

Les documents de présentation du produit sont utilisés par le vendeur pour valoriser son offre. Ils sont aussi vecteurs de communication, et porteurs de l'image de l'entreprise. Parfois, ce sont ces documents qui génèrent le contact commercial. La remise ou l'envoi d'un catalogue ou d'une brochure permet la prise de contact. La lecture de ces documents peut déclencher une demande de renseignements, et donc offrir la possibilité au vendeur de présenter son offre.
La conception de ces documents demande un grand soin.

Éléments et analyse

❑ *La fiche produit*

Une fiche produit sert à décrire un objet, expliquer un processus, détailler un service ou au contraire le présenter succinctement pour inciter le lecteur à contacter l'entreprise. Chaque entreprise crée le modèle de fiche produit qui correspond à ses besoins.

• Le contenu de la fiche produit

En général, la fiche produit présente :

- les principales caractéristiques techniques du produit (poids, forme, dimension...),
- les avantages du produit (son intérêt, ses points forts par rapport à la concurrence),
- les conditions d'utilisation ou les contraintes d'utilisation (exemple : la configuration minimale informatique pour faire fonctionner une application),
- les coordonnées de l'entreprise et les informations pratiques pour passer une commande.

Dans certaines fiches produit, on pourra aussi trouver des informations sur le succès remporté par le produit, des références et recommandations d'utilisateurs, la mention « nouveau » lorsque c'est le cas.

• La conception de la fiche produit

La fonction première de la fiche produit est de le montrer. Il faut donc veiller à un équilibre entre visuel et texte. Les photos et schémas doivent permettre de

comprendre le fonctionnement du produit, de visualiser le produit en situation d'utilisation. Ils doivent aussi inciter à lire les informations techniques. Le texte vient expliciter les visuels.
Pour concevoir une fiche produit attractive, il faut s'intéresser à la conception de l'image. Une image se situe dans le domaine de la sensation. Sa lecture se fait en deux temps : d'abord l'œil regarde l'image dans son ensemble, puis il en analyse le contenu. Une image trop petite ne sera pas analysée, l'œil restera à une lecture globale.
Le choix du format, du grammage et de la qualité du papier, concourt à mettre en valeur une fiche produit.

❑ *Le catalogue*

Les catalogues peuvent être des vecteurs de communication fondamentaux dans certains types d'entreprises : les entreprises de VPC, les entreprises du secteur du tourisme, ou les entreprises industrielles (communication *B to B*). Elles diffusent ces supports en très grande quantité.
Un catalogue présente l'ensemble de l'offre avec des illustrations, et est conçu pour permettre au client de s'informer afin d'effectuer un choix pertinent. Un catalogue peut être général ou spécialisé.

• Le contenu du catalogue

En général, un catalogue comprend :

- un sommaire,
- un édito,
- des fiches produit,
- une grille tarifaire,
- un bon de commande.

• La conception du catalogue

Elle doit respecter des exigences de clarté et de lisibilité et être guidée par une recherche d'esthétisme et d'ergonomie.
La réalisation d'un catalogue passe par :

- la définition du nombre de pages,
- la création d'une charte graphique (il faudra veiller à différencier la présentation des pages par thèmes majeurs),
- le choix du support,
- le choix de la reliure et de l'assemblage,
- le type d'impression.

Si l'on considère le catalogue comme un ensemble de fiches produit, on lui appliquera les mêmes règles de conception.
Les catalogues se présentent encore souvent sur support papier, mais on assiste au développement de catalogues interactifs sur supports numériques (CD Rom ou DVD), et sur internet. Les supports numériques et interactifs permettent de dynamiser

la présentation de l'offre à travers des vidéos et des animations, d'accroître l'impact visuel grâce aux démonstrations en 3D par exemple, de mettre à jour facilement le catalogue.

Compléments

❑ *La qualité de l'image*

La mise en valeur des produits passe par une qualité d'image irréprochable. Une photo présentant un produit obéit à des règles particulières en termes de cadrage, d'éclairage et de détourage.

❑ *Les principes d'organisation de l'image*

• L'orientation de l'image

L'image verticale (« à la française », « en portrait ») dynamise un document, donne une impression de mouvement.
L'image horizontale (« à l'italienne », « en paysage ») véhicule une impression de calme, de stabilité.
Le visuel carré est neutre, il est utilisé pour les images dans lesquelles on privilégie le sujet à la relation avec le lecteur.

• La hauteur de point de vue

Elle désigne la position du regard par rapport à l'image, à la scène ou au produit représenté par la photo ou l'illustration :

- Dans une image à hauteur d'œil (angle de vision normal), le sujet est traversé par la ligne d'horizon. Ce type d'image véhicule uniquement l'information, elle ne cherche pas à influencer.
- Dans l'image en plongée, le lecteur se situe au-dessus du sujet ; il le domine. On l'utilise pour avoir une vue d'ensemble et mettre en valeur les idées contenues dans l'image (exemple : dans une fiche de présentation de modèles de maison, la photographie d'une maison vu en plongée souligne la dimension conviviale, et fonctionnelle du modèle).
- L'image en contre-plongée domine le lecteur, elle donne une impression de puissance au sujet. Elle est utilisée pour mettre en valeur l'objet représenté.

• La composition de l'image

On utilise généralement trois types de division géométriques de l'image :

- la division horizontale qui traduit la spiritualité (partie supérieure) et la matérialité (partie inférieure),
- la division verticale qui fait référence au passé (éléments orientés vers la gauche) et à l'avenir (éléments orientés vers la droite),
- la division diagonale qui évoque le négatif et le positif.

Les critères de lisibilité et l'enrichissement des textes

La lisibilité des textes dépend de plusieurs paramètres :

– le type de police utilisé et le nombre de polices (se limiter à trois polices),
– la taille des caractères,
– la longueur des lignes,
– l'interlignage.

L'enrichissement du texte permet de mettre en place une hiérarchie visuelle des informations :

– pour mettre en avant un ou des termes importants, les mettre en gras,
– pour attirer l'œil sur un paragraphe, utiliser un encadrement fin,
– pour faire ressortir un titre ou un sous-titre, placer un filet dans son prolongement,
– pour mettre en évidence une citation, la mettre en italique.

Attention, il ne faut pas chercher à faire ressortir trop d'informations, cela crée de la confusion.

Les spots radios

Fiche 51

Principes clés

Le coût relativement faible des spots radio, comparativement à la télévision, ainsi que la multiplication des radios locales, en fait un support facilement accessible mais dont la qualité laisse souvent à désirer. Le fait que la radio soit un média d'accompagnement avec un très fort taux d'équipement (99 %) mais une attention très faible portée au contenu des messages impose de prendre au sérieux l'idée même de spot : une tache lumineuse mettant en valeur un contenu le plus marquant possible.

Éléments et analyse

❑ *Les quatre principes*

- Un spot : une idée

Il ne s'agit pas simplement de transposer sous une forme plus ou moins orale la promesse publicitaire mais bien de concevoir un évènement de communication (le spot) qui forme un tout et a sa cohérence propre. Faire la différence, c'est mettre en œuvre une idée différente.

- Assumer ses choix

Dialogue ou monologue ? Fond sonore, bruitage, silence ? Ton soutenu, familier, enjoué, décalé ? Il n'y a pas a priori de bonnes réponses, par contre il y a des choix réfléchis et des impulsions (ou imitations) malheureuses.

Le monologue crée une intimité entre l'auditeur et l'annonceur, une plus grande proximité. La voix off s'adresse directement à la cible, ce qui constitue une approche pertinente lorsque, par exemple, des produits ou services suggèrent la confidentialité (les placements financiers, la santé, l'hygiène).

Le dialogue met, quant à lui, en scène plusieurs protagonistes et fait de l'auditeur le spectateur de leurs aventures. Cette possibilité offre plus de distance critique, agresse moins l'auditeur mais l'implique peu. On la privilégiera dans le cadre de choix rationnels.

Quoi qu'il en soit, on ne peut impunément passer d'un registre à l'autre au risque de brouiller le message.

- Un scénario sinon rien

Écrire pour être entendu, et seulement entendu, nécessite que chaque mot soit pesé, direct, efficace.

On évitera les phrases de plus de 10 mots, difficilement mémorisables par les auditeurs inattentifs. Les formules stéréotypées sont à proscrire, qui par définition s'adaptent à toutes les situations et font que tout se mélange. On utilisera des tournures actives, incitatives. Les pauses donnent du rythme, elles ne visent pas à se reposer mais à rebondir.

Le désir d'interpeller l'auditeur ne doit pas faire perdre le sens de la mesure. Attention aux excès et à la tentation de choquer pour se faire entendre. L'humour demande une certaine connivence avec la cible et peut s'avérer contre productif.

La promesse commerciale doit intervenir dans la deuxième moitié, voire tout à la fin du spot, pour des raisons de mémorisation. Il faut pousser à l'action : appeler, se rendre sur un point de vente, consulter un site…

- Tout est dans le chrono

30 secondes de spot, un mot pour 2 à 3 secondes, pauses comprises. Cela mérite de tester et de réécrire en élaguant tout ce qui peut l'être. Il est toujours plus difficile de faire court. Paradoxalement, le temps d'écriture est d'autant plus long qu'il y a plus d'informations à faire passer en moins de temps.

❑ *La bonne nouvelle*

Tant d'efforts pour des résultats aléatoires pourraient décourager : le score de mémorisation βéta de Morgensztern, qui correspond au pourcentage d'individus mémorisant au moins le nom de la marque après une exposition, est actuellement de l'ordre de 7 % pour la radio, (ce qui n'est pourtant pas si mal comparé aux 0,5 %, de l'affichage).

Pourtant la bonne nouvelle vient de ce que les explorations neurologiques récentes tendent à montrer l'existence d'une mémoire implicite, non déclarative et non accessible à la conscience. Cette mémoire implicite nous permettrait de mémoriser des informations sans conscience d'y avoir été exposés. Rien n'est donc perdu pour votre spot !

Les films de communication

Fiche 52

S'il est un secteur très marqué par la technicité et dans lequel l'amateurisme est peu de mise, c'est bien celui de la communication audiovisuelle…

Principes clés

Les films de communication sont destinés aux clients, aux partenaires, au public, ou aux collaborateurs de l'entreprise. Ce sont des courts métrages de 5 à 15 minutes, à l'exception des films de formation qui peuvent être plus longs.
Les clips vidéo sont réalisés sur des durées courtes, de 1 à 3 minutes, avec un montage rythmé, synchronisé sur un doublage musical. Pour la publicité TV, les durées vont de 10 à 60 secondes.
Les films de communication peuvent être utilisés sur des salons, en accueil de l'établissement, sur le site Internet ou sur le réseau de l'entreprise, et sur des supports multimédias variés : DVD, ordinateurs portables, assistants personnels, téléphones mobiles…
Les publi-reportages sont des films vidéo à caractère journalistique, d'une durée moyenne de 1 à 3 minutes, qui permettent de présenter l'actualité de l'entreprise, de faire le portrait d'une personne, de mettre en avant une action ou une réalisation.
Le reportage est construit autour d'une interview principale, accompagnée d'illustrations vidéo et soutenue par les commentaires du journaliste. Les captations vidéo sont réalisées avec une ou plusieurs caméras (plateau TV), selon les besoins de la manifestation. Les contenus sont enregistrés pour une utilisation future ou sont diffusés simultanément.
Le *rich media* une production audiovisuelle dont l'armature est constituée généralement d'une vidéo à laquelle sont ajoutés des éléments d'interactivité, des documents complémentaires, des illustrations, etc. On intègre ainsi en un seul support des présentations statiques et dynamiques, en synchronisant les différents médias.

Éléments et analyse

❑ *Pré-production, production, post-production*

Quelle que soit l'amplitude d'un projet audiovisuel, celui-ci obéit à la même logique de construction.

Pré-production	Production	Post-production
Recherche Écriture Légalité Éthique Budget Planification	Visualisation Intégration son/image Graphisme Lumières Casting Répétitions Enregistrements	Titrage Effets visuels Effets sonores Narration Distribution

Une des étapes essentielles de la pré-production est celle de l'écriture. S'agissant de films de communication, celle-ci prend le plus souvent la forme d'un script comportant une colonne pour les indications visuelles et une autre pour les informations sonores. Les dialogues et la narration sont rédigés intégralement dans la colonne audio de la page.

À cela vient s'ajouter un story-board, suite de dessins similaires à une BD et déterminant les différents plans du film à partir de la position de la ou des caméras.

Exemple de calage des prises de vue lors d'une scène filmée par plusieurs caméras en continu

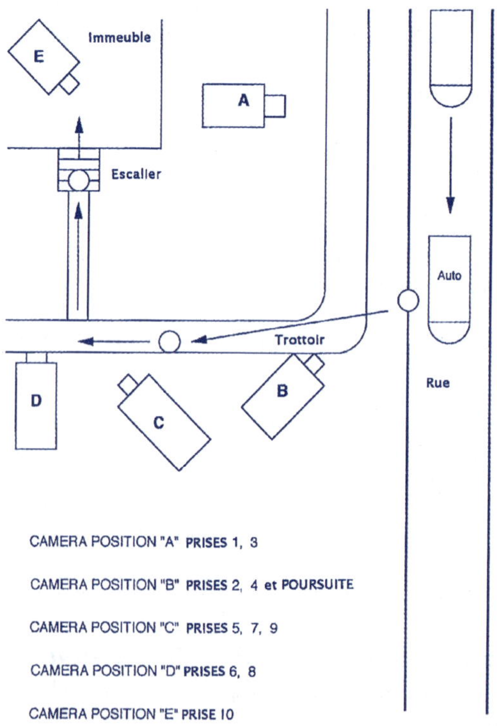

Une fois le script finalisé en incluant les effets de transition, il s'agit de traduire celui-ci en listes de prise de vue pour les opérateurs des caméras. Bien que plus complexe à mettre en œuvre, l'utilisation de plusieurs caméras pour une seule scène constitue au final un gain de temps appréciable.
La production, au-delà de ses aspects techniques qui ne sont pas ici notre propos, passe par une bonne maîtrise des effets signifiants de la construction de l'image.

- Cadrages et angles de vue

Lorsque l'image est prise à hauteur d'homme, de face, on a la perception normale ou habituelle. Aucune déformation n'intervient. L'image est réaliste. Le sentiment du récepteur sera celui d'une présentation objective. Il retrouve dans l'image la vision naturelle.
La plongée suppose une prise de vue d'en haut, celui qui voit étant supposé au-dessus de l'objet qu'il voit. L'objet est infériorisé, il est en quelque sorte à sa merci, il peut en disposer à sa guise. Dans la vie courante, nous voyons beaucoup d'objets de la sorte, ceux qui tombent sous notre regard, ceux qui sont disposés plus bas que nos yeux, à portée de main. Il nous est familier de considérer que ces objets sont faciles à saisir, à prendre. En conséquence, la vision en plongée met les objets à notre portée. Celui qui voit l'image est valorisé, il se retrouve en situation normale de possession. Cette présentation lui est agréable.
En contre-plongée, ce qui est présenté l'est de telle manière que l'observateur a l'impression être en dessous de l'image, qu'il la voit d'en bas, autrement dit qu'il est dominé. Cela le dévalorise mais valorise l'objet. L'image est une sorte de défi ; il y a ainsi une idéalisation de ce qui est présenté, qui est nimbé de prestige, de mysticisme, de pouvoir et qui du coup paraît inaccessible et par conséquent désirable.

- Les plans

Le gros plan donne une très grande proximité, l'objet semble à disposition, présent palpable. Cela nous oblige à recourir à l'imagination pour reconstituer le reste de l'image.
Le plan américain ne montre qu'une partie du personnage. Il attire l'attention sur l'action. Le plan moyen ou premier plan correspond à une vision assez familière en nous mettant de plain-pied avec la scène représentée. Le plan d'ensemble montre les personnages ainsi que le plan ou la scène de l'action. Il lui donne de l'intelligibilité ; il joue le rôle d'un synopsis nous permettant de comprendre ce qui se passe.

❑ *Les acteurs de la pub TV*

- Les annonceurs

On appelle ainsi toute entreprise, collectivité ou organisme qui utilise les différents moyens de communication pour promouvoir sa notoriété, son image, ses produits ou ses services. La télévision représente à elle seule plus du tiers de leurs investissements médias.

C'est la plupart du temps l'agence conseils en communication que l'annonceur chargera de la création et de la réalisation du film publicitaire. C'est elle qui va prendre en charge l'élaboration du plan médias et l'achat d'espace auprès des régies (soit près de 90 % du coût d'une campagne).
En France, l'achat d'espace est, depuis 1993, réalisé dans le cadre de la « loi Sapin » et de l'ordonnance de 1986 qui l'a précédée. Les agences médias n'agissent qu'en tant que « mandataires » de l'annonceur, c'est-à-dire en son nom et pour son compte.

- Les agences

Elles produisent à la fois de l'immatériel sous forme de conseils et du matériel sous forme de création et production publicitaire. Leur travail consiste à analyser la commande du client et à lancer les différents appels d'offres tout en sélectionnant les réalisateurs et en respectant les souhaits des créatifs et des annonceurs.
À partir de cela il leur faudra établir le planning de travail et suivre les différentes phases de la réalisation du film en s'assurant du respect du cahier des charges, des délais et des intentions de réalisation.
En moyenne les fonctions commerciales et créatives représentent 65 % des effectifs, les 35 % restants se répartissent sur les fonctions média, études, production, financières, administratives et services généraux. La moyenne d'âge dans les agences est jeune, environ 30 ans, le niveau cadre est majoritaire et les femmes représentent plus de 60 % des effectifs.

- Les régies TV

Elles commercialisent l'espace publicitaire des chaînes dont elles ont la charge.
En France, 7 régies publicitaires TV se sont regroupées au sein du Syndicat National de la Publicité Télévisée : TF1 Publicité, France Télévisions Publicité, M6 Publicité, Canal+ Régie, Lagardère Active Publicité, MTV Publicité et TMC.
Régie. Au total, elles rassemblent plus de 100 chaînes de télévision (nationales hertziennes, numériques et locales), des sites Internet et des services interactifs.
Ces régies TV interviennent dans la dernière ligne droite qui mène à la diffusion du spot. Elles se chargent de trouver un accord commercial avec les agences médias (ou les annonceurs en direct) et ensuite de programmer et transmettre les écrans publicitaires montés à leurs différentes chaînes. Elles sont aussi en charge de trouver des parrains pour qu'ils aident au financement des programmes d'une chaîne ou de les associer à des modules de jeux.

❑ *La diffusion*

S'agissant d'une conférence ou d'un évènement, elle peut être simultanée sur écrans LCD ou Plasma, en vidéo-projection, mais aussi en «Live» sur Internet, ou sur un réseau télévisé.
La gravure sur DVD présente l'avantage de la durabilité de l'objet, à condition que celui-ci soit mis en valeur par un packaging valorisant. Il s'agit toutefois d'un support relativement encombrant, en voie de disparition et qui se justifie essentiellement par la lourdeur des fichiers vidéo (longueur et/ou qualité du film).

Le téléchargement : c'est le mode le plus accessible de diffusion de vidéos sur le web dans la mesure où il ne réclame pas de fonctionnalité spécifique de l'hébergeur (le protocole FTP, qui a servi à la mise en ligne du site, suffit). L'inconvénient réside dans le temps de téléchargement qui peut rebuter l'internaute.

Contrairement au téléchargement où un fichier doit être rapatrié dans sa totalité avant d'être lu, le streaming permet la lecture d'une vidéo ou d'un son au fur et à mesure de son arrivée sur l'ordinateur de l'internaute. Il permet ainsi de profiter immédiatement des fichiers mais nécessite un service spécifique de l'hébergeur et donc impose un surcoût. Les technologies de streaming les plus utilisées sont RealOne, Windows Media et QuickTime.

L'e-mailing marketing et la e-newsletter

Fiche 53

Avec près de 40 milliards d'e-mails par jour dans le monde, l'e-mailing commercial (opérations de marketing direct) représente en France, selon une étude de 2008 de Capgemini Consulting, un chiffre d'affaires de plus 130 millions d'euros.
Même si les indicateurs de performance sont en baisse depuis 4 ans du fait de la généralisation du blocage des images, le taux d'ouverture en France se situe autour de 20 % pour un taux de clics de 3 % (Experian CheetahMail 2008).

Principes clés

Il existe deux grandes formes de e-mailing marketing. Le premier peut paraître ressembler au mailing postal. Ses capacités d'interactivité liées à Internet et la richesse de ses possibilités créatives (vidéo, son, etc.) en font un support de communication riche et en fort développement. Sa fréquence est variable et correspond à des actions de marketing direct. Le deuxième prend la forme d'un « journal », d'une info-lettre, la newsletter, périodique comme un rendez-vous régulier avec l'internaute.
Les principaux objectifs de ce support de communication sont la prospection de nouveaux clients et la fidélisation des clients actuels. L'augmentation du nombre de mails non désirés (spam) pousse sûrement l'e-mail à être, de plus en plus, un outil de Gestion de la Relation Client (GRC).
Pour mener une opération, il faut définir :

- la stratégie marketing client multicanal ; réfléchir à la meilleure complémentarité entre les différents supports (annonce presse, mailing, pub radio, etc.) en s'appuyant sur les avantages et les limites de chacun ;
- la démarche de l'e-mail marketing proprement dite ; décrire les objectifs de l'opération et l'organisation du suivi (en interne ou appel à un prestataire) ;
- la gestion d'une opération d'e-mail d'un point de vue pratique, en n'oubliant pas de la pré-tester pour renforcer son optimisation.

Pour les professionnels, le succès d'une campagne dépend de la qualité de la liste (40 %) mais aussi de l'offre (40 %) et de la rédaction du message (20 %).

Éléments et analyse : la méthode

Les 10 étapes pour mener une campagne d'e-mailing :

– Recensez vos adresses e-mails.
– Formulez l'objectif de la campagne.
– Définissez l'offre de la campagne.
– Segmentez vos listes de diffusion.
– Rédigez votre message.
– Pré-testez votre e-mail et éventuellement ajustez.
– Envoyez votre e-mail définitif.
– Analysez les demandes de désabonnements.
– Traitez les retours.
– Assurez le suivi de la campagne.

❑ *Les bases de données (BDD)*

• La collecte

Les principaux moyens de collecte sont :

– la BDD clients provenant du fichier de l'entreprise, d'une campagne de recrutement sur son site (affiliation, opérations virales, etc.) ;
– l'échange de BDD avec des partenaires ; possibilité de cobranding (association de deux ou plusieurs marques) de la newsletter ;
– la location de fichiers auprès de mégabases, de sites de jeux, de sites de commerce, de sites communautaires ou autres.

• La segmentation

Elle va permettre d'analyser les attentes d'internautes pour leur adresser un message adapté. On doit les différencier en groupes homogènes et stables, grâce à des variables pertinentes. Les plus courantes sont des données descriptives de type sexe, âge, csp, ou comportementales par exemple : pages vues par le prospect, nombre de pages visitées, achats. Internet permet de segmenter pas uniquement en comportement d'achat mais aussi en comportement de navigation. Ce travail est réalisé aujourd'hui par des logiciels spécialisés de datamining (extraction et traitement des données).

❑ *La conception de messages*

• Les différentes formes d'e-mailing marketing

L'e-mailing commercial vise à recruter de nouveaux clients. Les offres les plus fréquentes sont : la demande de documentation, les différentes techniques de vente (exemples possibles : prix spécial, prix barré, vente flash), l'invitation (nocturnes, soirées « spéciales », etc.).

L'e-mailing relationnel prend la forme d'une newsletter. Elle peut être, soit un support de communication commerciale, un outil de fidélisation car on dépasse la simple information sur des offres commerciales pour apporter un vrai conseil aux clients, mais aussi un outil de communication corporate, avec une dimension

institutionnelle en direction de consommateurs citoyens (information sur le rôle de l'entreprise par exemple). C'est aussi un bon outil pour l'interne, car elle complète le journal interne (papier) et offre une capacité de réaction rapide pour informer les salariés. Certaines villes l'utilisent pour donner des informations pratiques (cantine scolaire, sujets conseil municipal, etc.).
L'e-mailing multi-canal, c'est la combinaison avec d'autres supports (courrier, appel téléphonique par exemple) pour une optimisation de l'opération.

- La création de messages

Trois éléments sont importants : l'objet, l'expéditeur et la prévisualisation car ils vont donner envie au destinataire d'aller plus loin ou pas. L'objet ou titre est obligatoirement court (30 caractères maxi) et percutant comme « dernières places », « affaires à saisir ». Il faut que l'intitulé de l'expéditeur soit facilement identifiable pour éviter de passer pour un spam. La prévisualisation, c'est la vision d'une partie du message sans l'ouvrir. Le visuel doit être simple pour en faciliter la compréhension rapide (pas trop de couleurs ni de typos différentes). Il est nécessaire d'avoir un certain équilibre entre texte et visuel.
Le format le plus courant est le HTML (*Hyper Text Mark up Language*), mais le format multipart permet de lire aussi bien du TXT que du HTML. Il est donc à privilégier.

❑ *Le suivi de la campagne*

- Le routage des messages

C'est l'envoi des e-mailing aux destinataires. Il existe de nombreux logiciels de routage qui prennent en charge la campagne du début à la fin : Sarbacane, Power E-mail, etc. Vous pouvez aussi déléguer en mode ASP (*Application Service Providing*, utilisation du logiciel pour une durée précise) ou externaliser à un prestataire. Le coût moyen de routage est de 2 à 5 € du mille contre 0,50 € pour un mailing.

- La gestion des retours

On sait très rapidement si la campagne va être une réussite ou pas. Les retours s'échelonnent de quelques heures après l'envoi jusqu'à peu près dix jours. Il y a plusieurs possibilités de retours possibles. Le formulaire permet, sous couvert d'une demande d'informations, de collecter ou d'affiner votre BDD. Il doit rester simple et pas trop intrusif. Le coupon électronique permet de favoriser l'acte d'achat et générer du trafic sur le site (même objectif pour sa version imprimée mais vers les magasins).

- Mesurer les résultats

Internet facilite la collecte d'outils statistiques. On va prendre en compte différents indicateurs tels que le nombre de mails parvenus, ouverts, le taux de clics, de transformation et le chiffre d'affaires généré dans le cadre d'un e-mailing commercial.

Compléments

❑ *État du droit*

La LCEN (Loi sur la Confiance dans l'Économie Numérique) du 21 juin 2004 pose le principe de la protection des adresses électroniques.
L'*opt-in*, c'est le consentement préalable par l'internaute de la réception d'e-mailings marketing. Cela se concrétise très souvent par une case à cocher. Dans le cadre d'un e-mail *B to B*, l'*opt-in* n'est pas nécessaire si l'adresse est professionnelle et envoyée au titre de la fonction. Certaines entreprises pratiquent le double *opt-in*. On demande à l'internaute de confirmer par deux fois l'acceptation.
L'*opt-out* (l'internaute reçoit un e-mail sans demande préalable) est interdit. Il faut déclarer obligatoirement son fichier d'adresses e-mail à la CNIL (formulaire Cerfa 99001). Cette démarche est gratuite.

❑ *Que va-t-il se passer demain ?*

On peut penser que la montée des spams et des dispositifs de protection, ainsi que l'interactivité du web 2.0 vont modifier le rapport des internautes avec l'e-mailing marketing. Ils auront envie de moins de communication « intrusive ». Aux entreprises de profiter des évolutions techniques grâce à la généralisation de l'ADSL et de l'UNTS, pour que les messages soient de plus en plus animés et les créations plus affinées.

❑ *Qualités et limites du e-mailing*

Qualités	Limites
Un coût très faible Une vraie interactivité Une rapidité d'envoi et de réalisation Un outil dynamique de MD Un support écologique	Un nombre de connectés moins important que le courrier postal (tout le monde n'a pas Internet) Une certaine volatilité de l'adresse e-mail (NP@I important) Un risque de saturation

Les sites internet

Fiche 54

La réalisation d'un site Internet n'est pas en soi un acte de communication. Chacun trouverait absurde de rédiger une lettre et de ne pas l'envoyer, ou de l'envoyer sans lui mettre d'adresse. C'est pourtant à peu près ce qui se passe lorsque l'on publie un site sur le web sans stratégie de référencement ni plan de communication global. Internet est un gigantesque hall d'exposition dans lequel 200 millions de sites attendent le visiteur… ou vont le chercher là où il est !

Principes clés

On ne traitera ici que du web 1.0 constitué pour l'essentiel de sites vitrines comportant peu d'interactivité avec l'internaute et relevant d'un schéma de communication hérité des médias classiques : l'émetteur a la totale maîtrise de son message face à un récepteur volage mais passif (➤ fiche 56 pour ce qui concerne le web 2.0).
Le plus difficile n'est pas de construire un site mais de le faire vivre, le réactualiser, le faire évoluer au gré des besoins, d'où la nécessité de mettre en place une structure modulaire incluant des procédures automatiques de modification des pages.
On peut bien sûr être tenté par la facilité qu'offrent les plateformes proposant des sites en kit, dont il n'y aurait plus qu'à remplir les pages, mais ce serait oublier qu'une grande partie de l'intérêt d'un site réside dans sa facilité de navigation et donc dans une construction harmonisée à son contenu.
De nombreux logiciels, libres ou payants, permettent d'éditer des sites et de les mettre en ligne ; chacun a ses avantages et ses inconvénients. Inutile d'investir dans un logiciel onéreux pour quelques pages d'un site associatif rarement remis à jour, mais difficile de travailler en équipe sur un site réactif à l'actualité sans investir dans un outil performant.

Éléments et analyse

❑ *La préparation*

Avant d'être un ensemble de pages, un site est une structure de présentation permettant des parcours (une navigation) pour accéder à une information ou éventuellement agir (s'inscrire, acheter). Il faut donc visualiser ces parcours afin de les optimiser (pas plus de 3 clics pour arriver à une information essentielle) et anticiper sur des évolutions futures.

Le HTML (*Hypertext Markup Language*, on peut le traduire par, le langage universel d'écriture des pages sur le web) n'étant qu'un langage de présentation, il faut soigneusement préparer en amont tous les éléments que le site inclura en ayant soin d'uniformiser les formats et le nommage des fichiers (textes, images, vidéos, icônes). On combinera un classement par page avec un tri par types de fichier (ex. : accueil/images).

✎ ***Remarque :*** *Ne pas mettre de majuscule dans les noms des fichiers et pages qui composent votre site. Ne pas utiliser non plus d'accents et de caractères spéciaux, ni d'espaces (à remplacer par «_»).*

❑ *La définition des règles de construction*

Il existe un nombre de règles à respecter :

- définir une structure et donc une navigation qui nécessitent un minimum de clics (idéalement 3) pour atteindre une information donnée. Les menus déroulants, même chargés, sont un bon moyen d'éviter le parcours d'un trop grand nombre de pages à cause d'une arborescence mal pensée ;
- privilégier la simplicité et l'ergonomie aux effets graphiques (animations notamment) ;
- éviter les pages nécessitant l'utilisation de cadres, alourdissant la lecture ;
- toujours préférer un lien à un *scroll* (défilement de la page) ;
- utiliser systématiquement des pages modèles, pour chaque partie du site, à partir desquelles seront construites et modifiées ultérieurement les pages dépendantes. Vos mises à jour en seront facilitées ;
- utiliser systématiquement des feuilles de style CSS (*language Cascading Style Sheets* pour définir la couleur, le type de police) associées à vos modèles, pour automatiser les modifications d'apparence et garantir le respect de votre charte graphique.

❑ *Les bons réflexes*

Il faut, pour bien faire :

- enregistrer les pages avec des noms parlant pour les URL en ligne ;
- choisir les tableaux ou les frames (division de la page en zones) pour la présentation ;
- nommer par des titres parlant chaque page dans la balise <TITLE> ;
- remplir les balises <META> pour les descriptions et les mots clés de chaque page ;
- préciser la date de création et celle des dernières modifications sur la page d'accueil ;
- pouvoir revenir sur l'accueil en cliquant sur le logo de n'importe quelle page du site ;
- tester le site sur plusieurs navigateurs, avec différentes résolutions ;
- optimiser le temps de chargement des pages et notamment des images.

❑ *Les catastrophes ergonomiques*

Il faut éviter :

- les menus qui apparaissent… puis disparaissent avant d'avoir pu cliquer ;
- les menus qui changent de place d'une page à l'autre ;
- les menus dont les intitulés changent en cours de navigation ;
- les pages qui n'indiquent pas la rubrique ou la sous-rubrique à laquelle elles appartiennent ;
- les animations Flash (nom du logiciel) trop longues à charger ;
- les formulaires qui s'effacent complètement si l'un des items n'a pas été renseigné.

❑ *Les règles d'une bonne ergonomie*

Pour que le site soit facile de navigation, il faut :

- limiter la surcharge visuelle. Placer les animations et illustrations hors du texte principal. Vérifier en « floutant » la page que les blocs de texte sont nettement identifiables ;
- garder des repères tout au long de la navigation sur le site. Les barres de navigation ne doivent pas être déplacées ou modifiées au cours de la visite ;
- ne jamais remplacer les mots par des icônes et expliquer les termes utilisés par des commentaires contextuels ;
- partir du principe que le visiteur va se tromper et lui donner les moyens de comprendre son erreur et de la rectifier ;
- ne pas demander à l'utilisateur de faire les choses plusieurs fois (champs de formulaire qui se vident lors d'erreurs) ;
- penser à mettre des raccourcis pour aller plus vite lorsque l'utilisateur est un habitué.

❑ *L'hébergement*

Le choix d'un hébergeur doit être guidé par la nature du site et par son évolution prévisible. On s'assurera qu'il offre toutes les possibilités techniques nécessaires aux fonctionnalités éventuellement souhaitées (catalogue en ligne, streaming, paiement sécurisé, etc.). Transférer un site est toujours périlleux alors autant réfléchir mûrement à ses choix pour éviter les mauvaises surprises.

❑ *Le référencement*

Le référencement naturel consiste à utiliser toutes les possibilités du langage HTML (le code de la page) pour être bien classé par les moteurs de recherche. L'utilisation d'un logiciel WYSIWYG (*What You See Is What You Get* – ce que vois est ce que tu as) ne dispense donc pas de renseigner directement certaines parties du code.

La plupart des moteurs de recherche reprennent les balises titre (meta <title>) et description (meta <name>) du code source pour indexer les URL (*Uniform Resource Locator*). Le titre et la description de vos pages apparaissent ainsi directement dans les résultats de recherche.

Il est donc primordial de faire figurer dans ces balises les mots clés correspondant au positionnement de l'entreprise ou de l'association et fréquemment utilisés par les internautes : Google fournit en libre accès, sous réserve d'avoir un compte chez lui, ses statistiques sur le volume de recherche de tous les mots clés tapés sur son moteur de recherche.

L'échange de liens avec des sites du même secteur d'activité peut être un moyen efficace et cumulatif d'augmenter le trafic et donc le fameux Page Rank (place dans la réponse à une requête Google).

L'inscription sur des annuaires apporte un référencement plus qualitatif parce que reposant sur un classement thématique. Cette démarche ne peut venir qu'après un travail sur le référencement naturel puisque les annuaires se réservent le droit de vous référencer en fonction de la popularité déjà constatée de votre site, notamment par le nombre de liens entrants. Les annuaires peuvent être des accélérateurs de trafic mais ne fournissent pas l'impulsion initiale.

Le référencement payant, qui consiste à acheter des mots clés pour apparaître sous la forme de lien commercial, n'a qu'une efficacité limitée dans la mesure où les internautes privilégient systématiquement les liens non-commerciaux (de 2 à 4 fois plus efficaces en fonction de la place du lien commercial dans le classement).

Le meilleur référencement passe par la satisfaction de vos visiteurs qui recommanderont ou non votre site.

✎ ***Remarque :*** *Les éléments multimédias (animations, vidéos, musiques) ne sont pas répertoriés par les moteurs de recherche. Seuls sont pris en compte les éléments en HTML, d'où un handicap certain pour les sites en Flash par exemple.*

Les sites intranet

Fiche 55

Principes clés

Un site Internet est par définition ouvert sur le réseau mondial même si certaines parties peuvent en être réservées à des utilisateurs abonnés.
Un site Intranet, à l'inverse, part d'une logique privative et se définit comme un instrument de communication interne réservé aux membres d'une entreprise, institution ou association.
Un site Extranet est une partie d'un site Intranet qu'une structure met à disposition de certains de ses clients ou fournisseurs. Il s'agit donc d'une ouverture limitée d'un Intranet sur Internet.

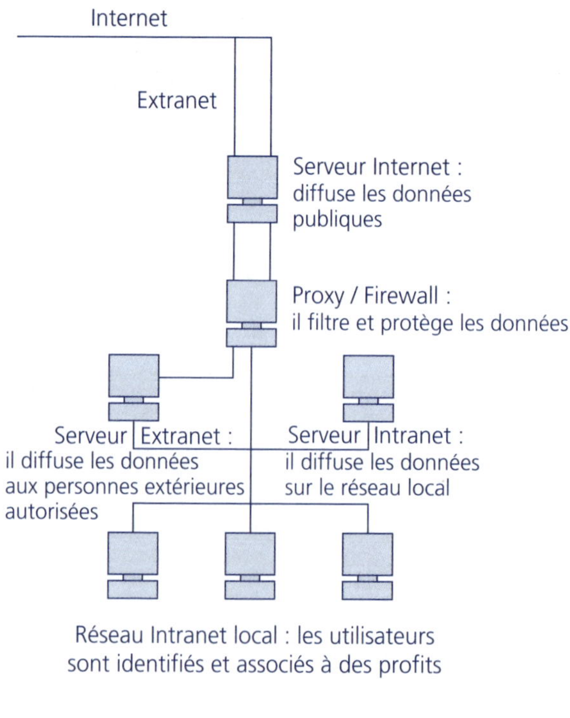

Éléments et analyse

❑ *Ressources, utilisateurs, profils*

La mise en place d'un Intranet nécessite le référencement et l'indexation de la totalité des données susceptibles d'être mises à disposition des utilisateurs.
Avant toute problématique de diffusion, il importe donc de mettre en œuvre une architecture fiable et évolutive des ressources intégrant les apports de la veille informationnelle.
Les utilisateurs doivent être eux-mêmes répertoriés en fonction, d'une part de leur place dans l'organigramme de la structure, d'autre part du type d'informations qu'ils sont susceptibles d'utiliser dans le cadre de leurs activités.
Les groupes d'utilisateurs permettent de définir des profils à partir desquels on met en œuvre des mécanismes d'alerte ou de mise en avant de tel ou tel type d'information.

❑ *Les fonctionnalités attendues d'un Intranet*

Pour constituer un véritable outil au service de la structure qui l'emploie, un Intranet doit comporter un certain nombre de modules interconnectés :

- Un carnet d'adresse reposant sur une base de données.
- Un calendrier incluant un planificateur de groupe, c'est-à-dire un agenda partageable par plusieurs intervenants et un gestionnaire de projet.
- Un logiciel de messagerie interne gérant des listes de diffusion.
- Un gestionnaire de documents autorisant une indexation par types ou par mots-clés, associé à un moteur de recherche.
- Un gestionnaire de contenus permettant l'édition et la modification collective de documents.
- Un éditeur de flux RSS, permettant de s'abonner à des services automatiquement mis à jour, articulé au carnet d'adresse et au gestionnaire de projet.
- Éventuellement un outil de synchronisation avec les téléphones mobiles et les PDA (*Personal Digital Assistant*).

❑ *Un design spécifique*

Intranet et Internet sont des espaces aux finalités différentes dont les identités graphiques et les contenus doivent être en cohérence.

• Les utilisateurs ne sont pas les mêmes

Les surfeurs du site web assimilent l'entreprise à l'image donnée par le site : le design et le contenu doivent être très soignés, ils sont des outils publicitaires, le nombre de pages des premiers niveaux doit être faible.
L'intranet est utilisé par des collaborateurs de l'entreprise qui en connaissent le fonctionnement et ont le vocabulaire et la culture correspondants, les explications détaillées sont superflues. Le contenu doit être conséquent et pertinent, concernant

la vie de l'entreprise, les services, l'outil de travail, la multiplication des pages de premier niveau permet un accès rapide aux fonctionnalités.

- La fréquence d'accès diffère

Le site web est utilisé occasionnellement pour trouver de l'information sur l'entreprise ou l'institution. Il doit être simple d'accès, avoir une navigabilité excellente pour des gens pressés et contenir de l'information riche, institutionnelle, permanente, structurée et clarifiée.
L'intranet est utilisé tous les jours, sa force est sa richesse, donc sa complexité. Il peut contenir de gros volumes d'information détaillée et parfois éphémère (prérapports, agendas) et distribuer de l'information interne officieuse ou quasi confidentielle. Il nécessite souvent un outil de navigation adapté ; voire des applications spécifiques.

- Le mode d'accès diffère

Le site web doit être agréable et simple à consulter, aucune page ne devrait pas dépasser 50 Ko et la sophistication technique doit être évitée.
L'intranet est utilisé uniquement dans l'entreprise ; la bande passante est très supérieure à celle du web, de longs textes et des images lourdes deviennent possibles, la vidéo, la visioconférence et la messagerie instantanée apparaissent.
Le site web et l'intranet doivent être immédiatement visuellement identifiables. En effet des liens partent de l'intranet vers le site web, il est important de connaître immédiatement le statut de l'information à laquelle on accède.
Dans l'intranet, il est nécessaire d'avoir un aspect graphique décliné selon le contenu et un statut de confidentialité soigneusement respecté (information officielle diffusable, document de travail, document interne, information confidentielle, etc.).

Fiche 56

Le web 2.0

Principes clés

Le terme « web 2.0 » est apparu en 2004 pour désigner le développement futur du réseau Internet dans le sens d'une interactivité toujours accrue.
Il serait plus explicite de parler, en fait, de « web participatif » afin de mettre en valeur l'évolution majeure dont il s'agit : effacer progressivement la différence entre émetteurs (pourvoyeurs d'informations, de contenus divers) et récepteurs (les « internautes » considérés jusque-là comme des consommateurs n'ayant pas d'influence directe sur la nature de ce qui leur est proposé).
Appartiennent à ce mouvement tous les outils et plates-formes qui permettent de rédiger des billets d'humeur (blogs), de repérer (tags), de rediffuser (fils RSS), de modifier, commenter, classer des contenus dans le sens d'une utilisation personnelle et interactive de ceux-ci.

Éléments et analyse

S'agissant d'un phénomène par nature déconcentré et relevant de la libre initiative de ses acteurs, le web 2.0 ne peut être défini qu'en repérant un certain nombre de tendances qui s'entrecroisent et se nourrissent les unes les autres.

❑ *Plus de produits mais des services*

Il s'agit de dématérialiser les produits vendus pour passer à l'idée de « solutions » : par exemple, non pas l'achat d'un logiciel graphique avec toute sa complexité mais l'utilisation en ligne de fonctions de retouche d'images. On prend ainsi acte de ce que les technologies évoluant en permanence, il est illusoire et contre-productif de vouloir posséder un objet ou un outil achevé. On passe ainsi de la possession à l'utilisation.
On ne se demande plus ce que veut le consommateur mais pourquoi il le veut afin de lui proposer des solutions adaptées. Le produit ou le service ne doit plus faire écran entre le vendeur et l'acheteur mais se moduler grâce à un dialogue entre les deux parties.

❑ *La personnalisation*

Chaque individu est unique et souhaite montrer sa différence. L'exposition de l'individualité est ainsi totale (plus de distinction entre vie privée et vie publique) et infiniment précise : le narcissisme comme le partage n'ont pas de limite a priori.
Il faut que chacun puisse choisir des services personnalisés plutôt que d'utiliser des produits standardisés. L'interactivité est d'abord au service de la prise en compte des cas particuliers. Plus question d'acheter un billet de train ou d'avion mais un voyage sur-mesure, on n'achète plus un ordinateur mais une configuration.
Il faut que chacun se sente chez lui sur le web, d'où la mise à disposition d'espaces dédiés (Myspace, Google Homepage) et de moyens de customisation (personnalisation) des logiciels (extensions Firefox). Je m'exprime non seulement dans ce que j'achète mais dans ce que je manipule au quotidien.

❑ *La longue traîne*

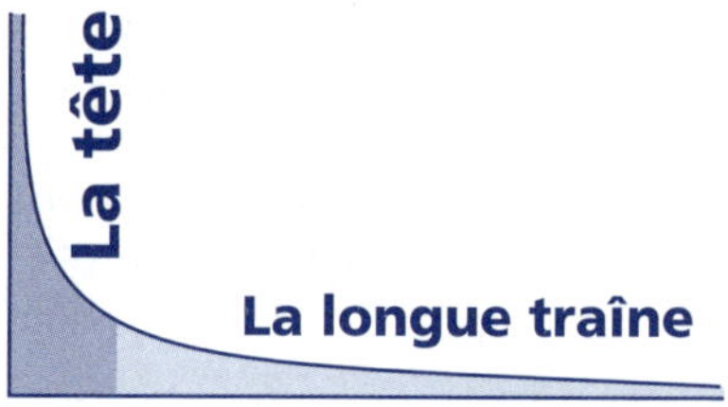

Le premier Internet s'est construit sur un modèle de communication issu des règles classiques, liées aux habitudes de stockage et de diffusion : des produits ou des contenus susceptibles de toucher la plus grande partie du public (statistiquement « la tête ») et négligeant la multitude des publics particuliers (statistiquement « la longue traîne ») représentant chacun trop peu d'individus pour être rentables.
L'amélioration des moyens de sélection individualisés ainsi que la mise en œuvre de suggestions d'achat par profils (sur un site comme Amazon.com par exemple) font que la somme des petites ventes est supérieure à celle des best-sellers. La longue traîne devient rentable jusqu'à faire disparaître le grand nombre lui-même : mes recherches sur Google orientent la présence des publicités et des liens au gré de ma navigation.
Le web 2.0 systématise ainsi l'exploitation des niches et la segmentation des publics minoritaires. La valorisation des différences vise ainsi une optimisation des messages, commerciaux ou non.

❑ *Valoriser l'intelligence collective*

L'intervention des utilisateurs ajoute de la valeur à ce qui est proposé. L'intelligence individuelle du concepteur doit se conjuguer avec l'intelligence collective des utilisateurs (commentaires, tags sur Flickr ou chaînes personnalisées sur Youtube par exemple). La valorisation qu'autorise la posture active, comme celle qui consiste

à poster un commentaire à un article, le recommander, l'envoyer par mail est une source essentielle de fidélisation.
On s'inspire du modèle des logiciels libres (open sources) élaborés et mis à jour grâce à des communautés d'utilisateurs concepteurs pour le transposer à un produit, une marque, un projet quelconque. Les forums viennent pallier à la confiance déclinante dans les discours autorisés : tel consommateur qui se méfie de la publicité accordera par contre une lecture attentive aux messages d'utilisateurs traitant de tel ou tel produit dont il envisage l'acquisition.

❑ *Au cœur du web 2.0 : les bases de données*

La multiplication des formats a conduit à la dissociation des contenus et des mises en forme (un article ou une animation peut se retrouver aussi bien sur un blog que dans un site journalistique, décliné en format wap (accès à Internet à partir de téléphone), voire « twitterisé » pour rentrer dans les 140 caractères autorisés sur ce réseau social). Pour cela la gestion des pages (demandées par l'utilisateur lors de sa navigation) utilise des langages générant des requêtes renvoyant à des bases de données (php/mysql), qui contiennent toutes les informations disponibles sur le site. Celles-ci permettent de plus la mise en place de système de publications constituant de véritables salles de rédaction virtuelles.
Les stratégies de rentabilisation des sites et des services reposent très largement sur la revente des informations sur les utilisateurs. Les réseaux sociaux gratuits, type « Facebook » ou « Myspace » ne peuvent se rentabiliser que par les possibilités de ciblage qu'ils offrent aux annonceurs. La « googlisation » du web repose sur ce principe ; Google a en effet construit son succès sur les publicités contextuelles liées aux requêtes des internautes.
L'enjeu des bases de données est donc double : maîtrise des contenus et maîtrise des flux. Les implications juridiques et commerciales sont considérables en termes de respect de la vie privée, traçabilité des comportements et recoupements de fichiers clients.

La promotion des ventes

Fiche 57

La promotion des ventes, issue du secteur du commerce, a été introduite dans le secteur de la communication dans les années quatre-vingt. À l'instar du marketing direct, la promotion des ventes agit sur les comportements. Loin d'être une stratégie mineure dans la démarche marketing et communication, la promotion des ventes est devenue pour la marque ou l'entreprise un outil de création de valeur. Elle a trois grands domaines d'application : à la force de vente, aux distributeurs, et aux consommateurs.

Cependant, une opération de promotion des ventes peut être complexe à mettre en place du fait du nombre important de techniques existantes et des contraintes législatives afférentes. Pour garantir et évaluer son succès auprès des cibles, elle doit être créative et mesurable.

La promotion des ventes participe à la communication de la marque, du produit ou de l'enseigne, elle a une influence sur l'image que s'en font les consommateurs. C'est le relais de la publicité. Il est d'ailleurs fréquent que les actions promotionnelles reprennent l'axe ou le message publicitaire. L'association d'un message délivré par la publicité, à une opération de promotion induisant un comportement, conduit à inscrire durablement la marque dans l'esprit du consommateur.

La promotion des ventes évolue, de nouvelles tendances se dessinent : des opérations multimarques, des opérations combinant des techniques différentes et des partenariats entre fabricants et distributeurs. La promotion des ventes bénéficie aussi du développement des nouvelles technologies qui renforce l'interactivité entre les consommateurs et les marques.

Principes clés

❑ *Définitions*

Selon l'ISP (*Institut of Sales Promotion*), la promotion est un ensemble de techniques de marketing tactique, conçues dans le cadre d'une stratégie marketing pour ajouter de la valeur à un produit/service, pour atteindre des objectifs marketing et commerciaux spécifiques.

Selon les auteurs du *Mercator*, une opération de promotion consiste à associer à un produit un avantage temporaire destiné à faciliter ou à stimuler son utilisation, son achat et/ou sa distribution.
La promotion des ventes a deux caractéristiques principales : l'offre est conditionnelle (durée de validité limitée, spécificité de la cible à laquelle elle s'adresse), et vise à stimuler un comportement (achat, essai, déplacement en magasin, prescription). Son délai d'action et ses effets sont à court ou moyen terme, c'est un procédé direct et concret.

Méthodes et outils

❑ *Les politiques promotionnelles*

Elles varient selon les cibles auxquelles elles s'adressent.
La promotion consommateur correspond à des offres du producteur vers le consommateur final.
La promotion distributeur fait partie des actions que le producteur engage pour convaincre le distributeur de référencer son produit et de le mettre en avant dans le point de vente pour en développer les ventes.
La stimulation de la force de vente vise à encourager les vendeurs pour développer le chiffre d'affaires du produit.
La promotion commerciale est faite par le distributeur en direction du client final pour l'inciter à se déplacer sur le lieu de vente et à acheter en plus grande quantité.

❑ *Les techniques promotionnelles*

Les techniques promotionnelles peuvent être classées en quatre catégories.

- Les techniques sur le prix

Elles ont pour objectif d'offrir un avantage monétaire à l'acheteur. Elles concernent tout type de cibles (acheteur, distributeur…) car le facteur prix est un élément dont la prise en compte est incontournable dans le processus de décision d'achat. Elles constituent l'essentiel des techniques promotionnelles utilisées.

Mécanismes	Techniques
Réductions de prix directes	Principe : réduction immédiate. Techniques : offre spéciale, prix d'essai, prix de lancement, offre de gratuit (5 produits dont un gratuit), prix barré, escompte de caisse.
Réductions de prix conditionnelles	Principe : réduction de prix accordée de manière sélective ou à la demande. Techniques : bon de réduction immédiat, coupon à valoir (pour un prochain achat), coupon croisé, bon d'achat, point fidélité, ristourne fidélité, réduction privilège, coupon personnalisé, coupon électronique, coupon internet.

Mécanismes	Techniques
Remboursements	Principe : remboursement différé. Techniques : offre de remboursement, offre de remboursement associée, reprise produit.
Prise en charge de frais	Principe : réduction de dépenses annexes à l'achat. Techniques : crédit promotionnel, crédit gratuit, parking gratuit, port gratuit.
Versement à un tiers	Principe : reversement d'une partie du prix à un tiers pour le compte de l'acheteur. Technique : promotion caritative (*charity promotion*).

- **Les ventes avec primes**

Ces techniques offrent un avantage supplémentaire par rapport à l'offre ordinaire, le bénéfice peut être du produit en plus, un autre produit, un cadeau. La législation est contraignante et la mise en œuvre difficile.

Mécanismes	Techniques
Produit en plus	Principe : offre de vente d'un produit identique au produit principal. Techniques : produit girafe, unité de consommation en plus, couplage de conditionnements à usages différentes, série spéciale ou édition limitée.
Primes	Principe : offre de vente d'un produit/service différent du produit principal acheté. Techniques : prime imprimée, prime directe, prime à collectionner, prime échantillon, prime différée, prime avec contenant réutilisable.
Offres auto-payantes	Principe : offre de vente d'un produit dont le prix peut être réduit par la possession de preuves d'achat. Techniques : offre auto-payante, club.
Lots	Principe : offre de vente d'un multiple du produit principal ou de plusieurs produits différents. Techniques : lots, coffrets.
Cadeaux	Principe : offre d'un produit/service sans achat. Techniques : cadeau gratuit, offre de parrainage.

- **Les jeux et concours**

Dans les jeux et concours, l'octroi de la dotation est reliée soit au hasard, soit au succès au concours. Les retombées concernent les ventes mais aussi l'image. Ces techniques ne représentent aujourd'hui que 15 % des opérations promotionnelles.

Mécanismes	Techniques
Tirage différé	Principe : constitution d'une base de tirage (base de participants), puis tirage au hasard du gagnant décalé dans le temps. Techniques : loterie, *winner per store*, jeu de trafic.
Pré-tirage	Principe : tirage des gagnants selon le nombre de lots, puis second tirage pour assignation des lots. Technique : *sweepstake*.
Révélation immédiate	Principe : révélation immédiate du gagnant. Technique : *instant win*, produit gagnant, jeu par téléphone, jeu sur internet.
Révélation par accumulation	Principe : désignation du gagnant par accumulation d'une combinaison gagnante. Technique : jeu des mariages (combinaisons gagnantes).
Concours	Principe : désignation de la meilleure prestation. Techniques : concours de création, concours de questions.

- **Les techniques d'essai**

Ces techniques permettent une réduction du risque pris lors d'un achat. Elles peuvent être offertes avant l'achat pour permettre au client de tester le produit, mais aussi après l'achat pour garantir sa satisfaction.

Mécanismes	Techniques
Produit ou service gratuit	Principe : offre d'une prestation de service ou de produit gratuit sans achat. Techniques : essai gratuit, échantillon, dose d'essai, dégustation, démonstration.
Garanties	Principe : offre d'une compensation conditionnelle après un achat. Techniques : garantie satisfait ou remboursé, offre de remboursement de la différence.

- **Le choix des techniques**

Le premier niveau d'action est la détermination des cibles et des objectifs de l'opération. Celle-ci peut s'adresser à un ou plusieurs acteurs de la chaîne de distribution du produit : distributeur, force de vente, acheteur, utilisateur, consommateur. La cible acheteurs pourra être segmentée en fonction de la fréquence et de l'importance des achats (nouveaux acheteurs, acheteurs occasionnels, acheteurs réguliers, gros acheteurs).

Les objectifs de l'opération seront déclinés en termes d'objectifs généraux (faire acheter, faire essayer, fidéliser, créer une attitude favorable, attirer l'attention) et opérationnels (nombre d'acheteurs, quantités achetées par les acheteurs, augmentation visée de la part de marché, de ventes additionnelles).

Le mécanisme de promotion sera choisi en fonction de son adéquation avec les cibles et objectifs. Les réductions de prix sont efficaces pour fidéliser les clients et favoriser le ré-achat ; les échantillons, essais, et primes directes permettent de conquérir de nouveaux clients. Dans le choix du mécanisme de promotion, on tiendra aussi compte des contraintes budgétaires, matérielles, et juridiques liées à l'opération.
Les modalités techniques retenues pour un mécanisme de promotion donné peuvent être déterminantes du succès de l'opération. Par exemple, pour la mise en place d'une action avec un coupon de réduction, il faudra notamment déterminer : le nombre de coupons, sa valeur, sa durée, le caractère immédiat ou différé de la réduction, le mode de distribution.

❑ *La communication des opérations de promotion des ventes*

Dans une opération de promotion des ventes, la communication a deux rôles : d'une part elle diffuse l'information, d'autre part elle véhicule les éléments de l'offre (le coupon, la prime).
Au-delà de ce rôle factuel, la communication doit s'appuyer sur la qualité de la création et le choix des supports pour séduire, donner envie de participer, et convaincre de changer de comportement.
Avant l'opération, les médias traditionnels sont vecteurs d'information et source d'audience. Les moyens du marketing direct (publipostages, imprimés, téléphone, internet, SMS) permettent un contact individualisé avec la cible et une personnalisation de l'offre.
Sur le lieu de vente, le produit, les supports de PLV, les mises en avant, les stops rayons, les prospectus, les animations stimulent visuellement le consommateur et donnent de l'impact à l'opération.

❑ *Préparation et mise en œuvre d'une opération de promotion des ventes*

La préparation et la mise en œuvre d'une opération de promotion des ventes génèrent un ensemble d'actions.

• Préparation

- Élaboration du brief de l'opération.
- Choix des modalités techniques du mécanisme de promotion.
- Choix des supports de l'offre.
- Organisation des tâches et planning.
- Élaboration du budget.
- Définition des critères de mesure de la rentabilité de l'opération.
- Documents à concevoir (fiche action, fiche technique, document d'information à destination de la force de vente, du distributeur, règlement de l'opération).
- Sélection et choix des prestataires : studio, imprimeur, routeur, société de mise à disposition d'animatrices…

- Mise en œuvre

– Réalisation des documents.
– Gestion et coordination de l'opération sur le terrain.
– Contrôle et mesure des résultats.

L'ensemble de ces actions peut être réalisé en interne chez l'annonceur, ou bien sous-traité à une agence spécialisée.
Les critères suivants peuvent être retenus pour évaluer l'efficacité d'une opération promotionnelle :

– sa pertinence : adéquation avec la communication du produit ou de la marque, adéquation du mécanisme avec l'objectif visé,
– son attractivité : offre originale, bénéfice adapté aux attentes du consommateur,
– sa clarté : compréhension facile du mécanisme et du dispositif,
– sa visibilité : offre visible sur le packaging, offre soutenue par des médias complémentaires,
– sa rentabilité : mesure du rapport coût/rentabilité de l'opération,
– sa sécurité : vérification du respect de la législation.

Compléments

La législation en matière de promotion des ventes est contraignante. Les différentes techniques sont réglementées par des textes précis, applicables sur le territoire français. En voici quelques exemples.
Les primes (objet publicitaire remis avec un achat) doivent avoir une valeur limitée : 7 % du prix net de l'objet vendu si son prix est inférieur ou égal à 80 €, 5 € + 1 % du prix net de l'objet vendu si le prix est supérieur à 80 €, avec un plafond de 60 €.
Un échantillon de produit doit comporter la mention suivante « échantillon gratuit, ne peut être vendu ».
Pour les produits vendus en lots, chaque produit du lot doit pouvoir être acquis séparément.
Pour les loteries avec pré-tirage, le recours à un huissier est obligatoire.
Pour les promotions par les prix, le prix réduit doit respecter le principe de l'interdiction de revente à perte. La réduction doit être effective sous peine d'être constitutive de publicité mensongère.

La mercatique directe

Fiche 58

Selon l'étude IREP-France Pub de 2007, la mercatique directe représente 29.8 % des investissements en communication. Les dépenses en mailings et e-mailings s'élèvent à 4 728 milliards d'euros, c'est-à-dire à la moitié des investissements en mercatique directe (14.5 %). Les autres formes correspondent aux prospectus, à l'édition publicitaire, à la mercatique téléphonique. Aujourd'hui, la mercatique directe s'enrichit d'une dimension nouvelle : le marketing on-line (*search*, affiliation, sites internet), les médias mobiles, et la télévision interactive.

La mercatique directe est un outil de conquête (prospection, recrutement, prise de rendez-vous par téléphone), un outil de fidélisation (gestion de la relation client) et un outil d'assistance à la force de vente (préparation de l'avant et de l'après-vente). Elle crée du trafic, fait venir sur le point de vente. Elle contribue à développer la notoriété, et véhicule l'image.

C'est un ensemble de moyens et techniques accessibles à toute structure (association, TPE, PME, grandes entreprises) car :

- ils sont faciles et rapides à mettre en œuvre,
- ils sont accessibles financièrement (coûts peu élevés),
- l'efficacité et la rentabilité des actions sont aisément mesurables,
- presque tous les produits et services peuvent être promus par la mercatique directe.

Les derniers développements de la mercatique directe portent sur le choix, de la part des annonceurs, de mettre en place une politique de mercatique directe « multicanal ». Si l'expression « multicanal » recouvre un potentiel considérable de combinaisons (par exemple : mailing, web, téléphone) l'enjeu est de démultiplier les forces de chaque canal pour toucher un consommateur « unique » en faisant le choix des bons canaux (deux ou trois maximum). Pour être performante, une politique « multicanal » doit actionner tel ou tel canal sur telle cible à tel moment.

Principes clés

❏ *Définitions*

Selon les auteurs du *Mercator*, le marketing direct regroupe « un ensemble de techniques permettant de communiquer un message directement à une personne bien identifiée, l'incitant à une réponse immédiate ».
D'après la Direct Marketing Association, le marketing direct est « un système interactif de marketing utilisant un ou plusieurs médias pour obtenir une réponse mesurable allant, le cas échéant, jusqu'à l'achat ».

❏ *Le marketing direct transactionnel, le marketing direct relationnel*

On distingue le marketing direct vendeur (marketing transactionnel) du marketing direct relationnel.
L'objectif du marketing direct vendeur est de faire essayer, vendre (dimension commerciale). Les supports utilisés sont le courrier, le téléphone, Internet. Le contenu du message est argumenté et informationnel, le ton est persuasif et convaincant.
Le marketing relationnel vise à installer et maintenir une relation constante et durable avec le consommateur, et à bien le connaître. Les supports privilégiés sont le courrier, le téléphone, les SMS, Internet et les médias. Le ton est complice, amical.
L'encadrement juridique de ces techniques relève des règles de protection du consommateur.

Méthodes et outils

❏ *Les supports traditionnels de la mercatique directe*

Supports	Avantages	Inconvénients
Publipostage Message adressé ou non sous pli, déposé dans une boîte aux lettres à une personne identifiée ou non.	Outil précis et puissant (96 % des Français ont une boîte aux lettres). Peut être utilisé n'importe quand. Souple en termes de créativité et d'innovation. Résultats quantifiables.	Lassitude des consommateurs. Rendements très dépendants de la qualité des fichiers. Délai de production et de diffusion. Coût de location des adresses (de 80 à 150 € le 1 000).
Imprimé Sans Adresse (ISA) Imprimé déposé en boîte aux lettres ou dans un lieu stratégique.	Rapidité de mise en œuvre. Quadrillage précis d'une zone géographique. Coût de fabrication et de distribution faible.	Image peu valorisante. Le document distribué doit présenter une offre simple. Impact difficilement mesurable. Législation sur la distribution dans les lieux publics.

Supports	Avantages	Inconvénients
Téléphone Appel direct ou via une société de « télémarketing » pour de la prise de rdv ou faire venir sur un point de vente, à une manifestation. Est aussi utilisé en appel entrant : N° Vert, Azur, Indigo.	Une certaine sélection des prospects. Un contact personnalisé avec le client. Message ajustable en temps réel. Favorise les achats d'impulsion.	On ne peut pas montrer le produit. Coût élevé en émission d'appels. Beaucoup d'appels qui n'aboutissent pas (plage horaire, disponibilité). Saturation des prospects (cuisines, meubles, immobilier).
Catalogue papier Présentation de l'offre produit accompagnée de tous les éléments pour la prise de commande.	Peut se substituer à un réseau de revendeurs. Relation suivie. Permet de toucher rapidement un marché national. Atteindre des cibles complémentaires. Désaisonnaliser les ventes.	Gestion importante des stocks. Investissement lourd et trésorerie solide obligatoire. Prévision des ventes difficile.
Asile colis Faire héberger une offre commerciale (catalogue, argumentaire, bon de commande, échantillons, etc.) dans un colis d'une entreprise de VAD.	Coût intéressant. Sélectivité des cibles. L'asileur est une caution. Le prospect est en situation de recevoir une offre.	Trouver un bon asileur. Une qualité de présentation et de réalité de l'offre en cohérence avec l'asileur.
Mailing groupé (bus mailing) Mailing adressé comportant, souvent sous forme de cartes, les messages de plusieurs annonceurs. Utilisé surtout en *B to B.*	Coût unitaire plus bas qu'un mailing. Bon moyen de constitution d'une base de données. Ciblé sur une profession, un type de « prospect ». Géré par un prestataire extérieur spécialisé.	Espace de communication réduit. Fichiers peu ciblés car ils doivent convenir à plusieurs dizaines d'annonceurs. Rendement faible : taux de retour de 0,5 à 0,8 %.
Annonce presse Insertion au sein d'un support presse d'une annonce avec coupon-réponse.	Possibilité de mesurer immédiatement, par le retour des coupons, l'efficacité de l'opération Utilisable en l'absence de fichier Adéquation du titre choisi avec le prospect Touche beaucoup de prospects Agit sur la notoriété et l'image	Coût du contact très élevé dans la presse spécialisée. Les coupons recueillis sont peu qualifiés.
Télévision/Radio Publicité qui renvoie à un numéro de téléphone ou un site internet.	Développement des chaînes thématiques à là télévision. Public ciblé pour les radios	Coût du contact élevé.

❑ *Les supports numériques de la mercatique directe*

Ces nouveaux canaux rendent possible des mécaniques innovantes et inimaginables sur les supports traditionnels. Ils permettent d'accélérer la démarche : il faut 6 à 8 semaines pour préparer une campagne par mailing, il faudra seulement 48 heures à 8 jours pour une campagne par SMS ou par e-mailing.

Supports	Avantages	Inconvénients
E-mailing Envoi d'un message par e-mail	Coût de production et de diffusion très faible. Rapidité d'envoi et de production. Intéressant en fidélisation.	Ne concerne que les internautes. Volatilité de l'adresse e-mail. Destinataire incertain.
SMS, MMS Envoi d'un message écrit et/ou visuel sur le téléphone portable (message d'alerte, information spécifique).	Taux de lecture élevé. Coût faible. Utilisable en prospection et fidélisation.	Nécessite l'accord préalable des prospects ou clients. Texte court (160 caractères).
Search marketing Activité qui vise à optimiser la présence d'un site sur les moteurs de recherche par les liens sponsorisés ou le référencement naturel.	Liens sponsorisés bien identifiés par les internautes.	Référencement naturel pas immédiat et peut être coûteux.
Affiliation Partenariat entre un site marchand et des sites affiliés qui dirigent du trafic vers l'affilieur.	Paiement au trafic ou aux achats générés.	L'affilieur ne choisit pas les sites affiliés.
Sites internet/mini-site dédié Utilisé comme moyen de réponse à une offre par le remplissage d'un formulaire ou par une visite.	Peu coûteux.	

❑ *La mise en place d'une action de mercatique directe*

- Du fichier à la base de données

Le fichier est l'outil de base pour piloter la relation prospect/client.

Il est simple à créer (recueil d'informations basiques), facile à utiliser et peu coûteux à développer. Cependant, les limites du fichier apparaissent bien vite lorsqu'il s'agit d'y intégrer des informations comportementales par exemple (historique des contacts, des commandes, réceptivité à une opération de mercatique directe).

La base de données répond mieux à ces besoins, elle permet de relier les informations entre elles, de les extraire, de les analyser. Des progiciels spécialisés existent, notamment dans le domaine de la relation client. Le choix de l'outil et son usage sont les clés de voûte d'un système d'information opérationnel.
Pour des opérations de prospection, il est possible d'acheter, de louer, ou encore d'échanger des fichiers. Il existe plusieurs types de fichiers : les fichiers de compilation (annuaires), les fichiers de comportement (fichiers des entreprises de vente à distance, mégabases comportementales issues de questionnaires distribués en boite aux lettres à plusieurs millions d'individus), les fichiers d'entreprises (fichiers de cadres supérieurs abonnés à telle revue).

- **Du brief à l'élaboration du message**

L'élaboration du brief est une étape fondamentale dans la réussite de l'action.
Un bon brief doit comporter : des éléments de contexte, les objectifs assignés à l'action, la ou les cibles, le canal ou les canaux utilisés, la nature de l'offre, l'axe créatif et le ton, les contraintes techniques (pour un e-mailing, le format désiré), budgétaires et de planning.
Quel que soit le support, la créativité dans la rédaction et la conception graphique du message doivent servir l'efficacité de l'action. La construction du contenu rédactionnel doit être structurée autour d'une ligne directrice. Le design graphique doit renforcer le message écrit grâce à des choix créatifs, des supports, et des procédés innovants.

- **Du rétroplanning à la gestion des retours**

La mise en place d'une action de mercatique directe peut faire intervenir un grand nombre de prestataires, l'élaboration d'un rétroplanning reste le moyen le plus efficace pour optimiser l'enchaînement des étapes nécessaires à cette action (de la présentation des maquettes au routage des supports).
La gestion des retours (coupons réponse, appels téléphoniques, formulaires web) doit être prévue en amont de l'opération en tenant compte du coût de traitement des retours, et des dispositifs technologiques à mettre en œuvre.

❑ *La mesure de l'efficacité de la mercatique directe*

La mercatique directe a fait la preuve de son efficacité, et a mis au point différents ratios de mesure :

- taux de retour/taux de remontées : nombre de réponses/nombre de messages émis × 100 ;
- taux de transformation : nombre de ventes conclues/nombre de réponses × 100 ;
- coût au contact : coût de l'opération/nombre de personnes ayant vu le message ;
- coût d'acquisition client : coût total de l'opération/nombre de clients acquis.

Compléments

❑ *État du droit*

Il existe des listes recensant les personnes ayant exprimé le souhait de ne pas recevoir de messages publicitaires :

- Liste Robinson : elle permet de ne plus recevoir de mailings, et est gérée par l'UFMD (Union Française du Marketing Direct).
- Liste e-Robinson : elle permet de ne plus recevoir d'e-mailings, et est gérée par la FEVAD (Fédération des Entreprises de Vente à Distance).
- Liste Safran : permet de ne pas recevoir de fax mailings.
- Liste Rouge : permet de ne pas figurer dans l'annuaire téléphonique.
- Liste Orange : le numéro de téléphone figure dans l'annuaire mais permet de ne pas faire l'objet d'une prospection téléphonique.

Tout utilisateur de base de données comportant des données sur des personnes physiques doit :

- déclarer la base de données à la CNIL ;
- informer les prospects et clients du droit à l'accès et à la rectification des données ;
- recueillir l'accord préalable des prospects et clients en cas de transmission des données à d'autres organismes (location, vente, échange de fichiers).

❑ *Que se passe-t-il aujourd'hui ?*

Les préoccupations environnementales du secteur de la communication, côté agences et côté annonceurs, conduisent à prendre des initiatives pour limiter l'impact de la diffusion des imprimés. À titre d'exemples, nous citerons les enseignes qui proposent des catalogues virtuels, et économisent ainsi des milliers d'exemplaires et autant de tonnes de papier. L'évolution passe aussi par une modification du volume des catalogues : réduction de la pagination, diminution du grammage des pages, voire un changement de format.

Une démarche globale permet d'anticiper tous les paramètres définissant l'impact global de l'imprimé : poids et volume, emballage et livraison, diffusion, stockage et déchets. L'impression sur papier recyclé ou sur papier issu de forêts gérées durablement sous les labels FSC et PEFC, l'utilisation de films d'emballage recyclables pour l'envoi de mailings se développent de plus en plus.

Fiche 59

L'organisation d'un événement ou la communication événementielle

Selon l'étude Anaé Bedouk (association des agences de communication événementielle), les dépenses 2009 sont évaluées à 2,5 milliards d'euros, avec à peu près 700 structures spécialisées. 80 % des annonceurs sont des entreprises, le reste des opérations est ventilé entre les organismes publics et les associations. Les entreprises consacrent en moyenne 7 % de leur budget de communication à l'organisation d'événements.

Principes clés

❑ *Définitions*

Les événements ont toujours existé, nos livres d'histoire sont remplis de ce type de « communication » : couronnement des rois à Reims, fêtes à Versailles données par Louis XIV, expositions universelles de Paris, bicentenaire de la révolution en 1989. L'individu a besoin de ruptures dans son quotidien, de rencontres. La fête reste important voire vitale pour le « mieux vivre ensemble », au sein d'une société qui devient de plus en plus virtuelle : Fête du cinéma, Fête des voisins par exemple.

L'« événementiel » ou la communication événementielle est très en vogue actuellement même si, les professionnels ont bien du mal définir ce terme d'une manière précise.

Selon le *Mercator*, c'est la « communication fondée sur un événement créé par l'entreprise ou sur un événement extérieur qu'elle parraine ou co-parraine ». Pour certains, un événement c'est une création, c'est-à-dire, quelque chose qui n'a jamais existé avant, d'où son côté unique, un défi à relever comme la neige à Paris avec le Snowboard Festival au Trocadéro ou une course de planche à voile au Palais des sports de Bercy. Mais l'Anaé intègre une grande hétérogénéité de structures : des agences de publicité, des arts du spectacle vivant, aux agences de voyages et organisateurs de salons, foires et congrès.

Ce moyen est souvent utilisé avec d'autres techniques de la communication comme les relations publiques, le sponsoring et le mécénat. Les agences événementielles n'ont pas d'offre fixe, elles se soumettent à la demande, en créant l'événement selon les attentes de l'annonceur.

❑ *Les domaines d'intervention possibles*

Domaines d'intervention	Objectifs de communication recherchés	Exemples
Commercial	Accroître la notoriété d'une marque ou d'un produit. Mobiliser un réseau de revendeurs.	Soirée spéciale pour le lancement d'un film. Convention pour le lancement d'un produit.
Interne	Renforcer l'adhésion et la cohésion du personnel.	Soirée pour la fusion de deux sociétés.
Relations Publiques	Favoriser la médiatisation d'un annonceur ou la prise de conscience d'une cause.	Parcours du cœur de la Fédération Française de Cardiologie, Téléthon.

❑ *Les différents types d'événements*

Événement classique	Ce type d'événements est assez traditionnel, avec une dimension limitée. Il peut être organisé en interne, par l'annonceur directement ou par une agence. *Exemples :* inauguration d'un site industriel pour une entreprise ou inauguration d'un équipement (collège, lycée, théâtre) pour une collectivité territoriale ou maison d'accueil d'une association.
Événement original, voire unique	On peut penser qu'a priori, il aura des retombées médiatiques importantes, mais il sera difficile à monter car il faudra régler les problèmes d'autorisations administratives, les contraintes techniques et budgétaires. L'annonceur fait appel pour ce genre d'événements à une agence spécialisée en événementiel. *Exemples :* « La grande moisson des Champs-Elysées » avec les Jeunes Agriculteurs, ou « le train capitale » un partenariat SNCF, Alsthom, Bombardier et Siemens

Les différentes étapes d'un événement

Comme pour d'autres opérations de communication, il est nécessaire d'avoir 3 à 4 mois au minimum, jusqu'à plus d'un an parfois, pour réfléchir et préparer ce type d'opération même si un fait imprévu peut complètement perturber et amoindrir la portée de l'événement : guerre, météo, grèves, par exemple.

❑ *Phase préliminaire*

Dans cette phase, à partir d'un budget prévisionnel, on essaie de définir :

– les objectifs du futur événement,
– la ou les cibles principales qu'on va chercher à atteindre,

– les cibles relais qui pourront informer les cibles principales : journalistes, dirigeants d'associations, etc.

❑ *La conception de l'événement*

L'idée comme le lieu de l'événement doivent rester dans l'univers de l'annonceur ou de la marque : soirée musique classique pour marque de luxe ou soirée DJ pour une marque jeune, le Grand Palais pour le lancement du parfum Magnifique de Lancôme, le Palais de sports pour un annonceur de type Adidas ou Nike (lieux possibles voir Guide Bedouk). Il faut lui trouver un titre original car c'est déjà un programme, une invitation à participer pour la cible : « Danone Nations Cup » pour jeunes 10-12 ans, « Intensément Fruité » soirée événement pour revendeurs d'une boisson.
Au niveau de l'animation, il faut :

– formaliser les messages qui seront véhiculés,
– déterminer la durée, le conducteur de l'événement, le ou les animateurs (journalistes, personnalités),
– tenir compte des différentes formalités administratives (autorisations, assurances),
– définir le retroplanning, le budget en intégrant l'organisation mais aussi les coûts de valorisation de l'événement. L'annonceur peut parfois modifier son budget de départ, s'il est convaincu des potentialités de l'événement à venir.

Budget pour produire un événement
(réalisé à partir d'un budget type d'une agence)

Étapes	**Éléments de chaque étape**
Création	Développement du concept, dossier de préparation, étude de faisabilité.
Régie Organisation	Personnel d'encadrement, Personnel terrain (hôtesses, etc.).
Production	Infrastructures, location lieu, régie lumière, sono (droits Sacem), déco, plateau personnalités, animations,.
Promotion	Création et édition des différents supports de communication. Achat d'espaces (ou partenariat).
Divers	Assurances, sécurité (gardiennage, contrôle).
Honoraires	Marge de l'agence (couverture des frais et bénéfice agence).

❑ *La promotion de l'événement*

On parle parfois dans le monde de l'événementiel du triptyque public/médias/annonceur. Les médias : la presse, la télévision, la radio, les sites Internet jouent un rôle important dans la réussite car ils vont annoncer, informer et aussi mémoriser l'événement. Par exemple, la soirée organisée pour la Seat Ibiza en 2008 avec David Guetta a été visionnée plus de 2,7 millions de fois sur YouTube. Mais pour cela, il

faut que l'événement prévu ait un thème original (un côté spectaculaire, nouveau, une capacité à faire venir un public important ou un public très VIP) et un accès facile (interviews, photos, tournages d'images, etc.).
Il est nécessaire de mettre en place des documents de communication de type dossier de presse, communiqué, invitations presse, programme, etc. Parfois, il faut produire des vidéos qui seront données aux médias pour construire leurs reportages.

❑ *Le bilan de l'opération*

Il est nécessaire de faire un bilan, parfois sous forme d'un audit, de l'impact de l'événement. Les indicateurs suivants concernent uniquement les grosses opérations. Il est nécessaire de tenir compte de l'évolution de ces indicateurs.

Indicateurs	Formules de calcul pour mesurer la rentabilité du stand
Audience directe	Nombre personnes présentes, profils des présents.
Audience indirecte	Nombre personnes touchées par l'événement, retombées médiatiques (Argus de la presse, etc.).
Économies réalisées	Calcul du coût d'insertion des différents passages dans les médias rapporté au budget de l'événement.
Notoriété	Évolution de la notoriété spontanée et assistée de l'annonceur.
Attribution	Mesure de la présence d'un annonceur à l'événement.
Unité de Bruit Médiatique UBM	Indicateur proche du GRP, mesure la pression médiatique d'un annonceur. 1 UBM = 1 % de la population de 15 ans et plus.

Compléments

❑ *État du droit*

La réglementation est multiple car elle touche aussi bien l'utilisation du domaine public, le droit du travail, que la fiscalité. Quelques éléments :

- réglementation liée à l'utilisation du domaine public : demande d'autorisation ERP, Etablissements Recevant du Public (affichage publicitaire et signalétique par exemple) ;
- la réglementation pour une buvette temporaire (demande au plus tard dans les 15 jours avant en mairie et récépissé du service des Douanes et droits indirects) voir nature de la licence (généralement la licence 2 boissons fermentées non distillées) ;
- la responsabilité d'organisateur et assurances : la RCO Responsabilité Civile d'Organisateur (Art. 1382 Code Civil), assurances tous risques matériels (vol, incendie), assurances annulation ou perte financière ;

- les droits d'auteurs musicaux, la Sacem (Société des Auteurs, Compositeurs et Éditeurs de Musique) : soit x % des recettes réalisées, x % des dépenses si aucune recette (exclusion de certains frais : objets publicitaires par exemple) ;
- les droits d'auteurs et des compositeurs dramatiques, la SACD (Société des Auteurs et des Compositeurs Dramatiques) : même rôle que la Sacem mais pour les auteurs de spectacle vivant (demande d'autorisation ou versement de droits) ;
- les droits des intermittents du spectacle (personne alternant périodes d'emploi et de chômage pour des agences de communication événementielle, mais aussi entreprises du spectacle comme au cinéma, à la télévision, au théâtre ou autre spectacle vivant) : bénéfice d'un régime de chômage particulier plus avantageux que celui des salariés ;
- les droits des hôtesses, les activités d'accueil événementiel se déroulant à l'occasion de manifestations limitées dans le temps, elles obligent les prestataires à un aménagement et une organisation du travail particulier (avenant du 6 octobre 2003 à la convention collective des prestataires de services du secteur tertiaire) : dispositions spécifiques sur la durée du travail, la rémunération et les heures supplémentaires, le travail du dimanche et jours fériés, le contrat d'intervention à durée déterminée.

❑ *Que va-t-il se passer demain ?*

Depuis quelques années, on assiste à une réduction des grands événements car les coûts ont fortement progressé, mais aussi la réglementation est de plus en plus importante et précise. Les annonceurs se recentrent sur des opérations où ils ont qu'un rôle de « simple » partenaire (mécénat, sponsoring) ou des manifestations plus réduites souvent de communication interne ou opérations de stimulation de réseau.

Les opérations de parrainage : le mécénat et le sponsoring

Fiche 60

En 2008, près d'une entreprise sur quatre de plus de 20 salariés est mécène, soit près de 30 000 entreprises, et contrairement aux idées reçues, 73 % d'entre elles sont des PME de moins de 100 salariés, pour un total de 2,5 milliards d'euros. Tous les domaines de l'intérêt général, de la culture à la solidarité en passant par l'environnement, la recherche ou le sport bénéficient de la générosité des sociétés.
En France, selon la dernière étude de TNS Sport pour Les Échos, il a été investi 4 milliards d'euros sur le seul marché du sponsoring sportif. Au niveau mondial, ce montant atteint 40 milliards d'euros. On parle d'un montant de 4 millions d'euros, en 2009, pour être l'un des quatre membres du club du Tour de France.

Principes clés : distinction des deux termes

❑ *Définitions*

Depuis l'antiquité, les artistes, les écrivains comme les savants n'ont pu créer ou inventer que grâce au soutien et à la protection de généreux mécènes. Le mot « mécène » provient du nom de Maecenas, ministre d'Auguste (empereur romain), protecteur du poète Virgile, au Ier siècle. On peut dire que Christophe Colomb, au XVe siècle, a bénéficié d'une « opération de parrainage », lors de ses expéditions financées par la reine Isabelle de Castille. De nos jours, les entreprises apportent parfois leur soutien à une œuvre ou une action culturelle, humanitaire, sportive, associant ainsi leur image à un événement ou une action. Elles complètent ou remplacent parfois les aides de l'État ou des collectivités territoriales.
Le parrainage, appellation générique, regroupe les opérations de sponsoring et de mécénat. Ces deux moyens de communication événementielle sont proches, mais diffèrent par leur fiscalité, mais aussi par les objectifs et les moyens mis en œuvre.
La loi relative à la terminologie économique définit le mécénat comme « le soutien matériel apporté, sans contrepartie directe de la part du bénéficiaire, à une œuvre ou à une personne pour l'exercice d'activités présentant un intérêt général ».
Pour le sponsoring, la loi précise que c'est le « soutien matériel apporté à une manifestation, à une personne, à un produit ou à une organisation, en vue d'en retirer un bénéfice direct ; cette opération étant destinée à promouvoir l'image du parrain, elle comporte l'indication de son nom ou de sa marque ».

On peut dire que le mécénat, c'est plus un acte philanthropique, désintéressé alors que le sponsoring est un acte de commerce. Ces deux techniques ne sont pas opposées, mais la distinction entre le mécénat et sponsoring est double :

- l'existence ou pas d'une contrepartie de nature publicitaire ;
- le traitement fiscal : le premier est considéré comme un don, le second comme une dépense de nature publicitaire.

	Mécénat	**Sponsoring**
Objectif général	Valoriser l'image de la société	Faire vendre des produits
Démarche	Sociale	Commerciale
Cibles	Les citoyens, les salariés	Les consommateurs
Utilisation	Moyen et long terme	Court et moyen terme
Type de communication	Corporate, de type institutionnelle	Commerciale, plutôt communication de marque

❑ *Objectifs et cibles*

Les opérations de parrainage ont des objectifs et des cibles différentes.

- Cibles externes

Objectif de communication	**Cibles principales**	**Quelques exemples**
Valoriser le produit	Consommateurs	Formule 1 Renault (moteurs) Nike, équipe de France football
Développer les ventes	Consommateurs	ThomasCook Planète Urgence 1 voyage acheté, 1 arbre planté
Améliorer une image de marque	Citoyens	Fondation Total ou maisons de parents McDonald
Accroître la notoriété	Consommateurs, en général ou acheteurs dans le *B to B*	Écurie de Formule 1 Red Bull Équipe cycliste Agritubel leader européen équipement agricole
Renforcer l'image de l'entreprise	Citoyens	Nuit Blanche Paris 2009 : Samsung, Nespresso, RATP,
Faciliter le recrutement	Futurs salariés : étudiants, demandeurs d'emploi	Sponsor rallye grandes écoles Subvention association étudiants

- Cibles internes

Objectif de communication	Cibles possibles	Quelques exemples
Animer un réseau	Vendeurs ou revendeurs Vendeurs les plus méritants	Renault invite ses agents aux grands prix de Formule 1 Opérations de stimulation
Faire adhérer le personnel au projet d'entreprise	Ensemble des salariés Certains cadres	Statut de salarié citoyen chez SFR, congé humanitaire Participation de salariés à certaines courses de bateau Fondations d'entreprise

Il y a aussi d'autres cibles visées par ces opérations de parrainage comme les journalistes, les influenceurs (artistes, tendanceurs, etc.), les décideurs institutionnels (les élus, les dirigeants d'organismes public ou parapublic), les actionnaires, etc.

Éléments et analyse : les domaines d'action possible

❑ *Les différentes actions de sponsoring*

Aujourd'hui, le sponsoring est devenu l'une des principales sources de financement des événements, locaux, régionaux, nationaux ou internationaux et n'est pas uniquement lié au domaine du sport. On parle de sponsoring également dans le domaine culturel, social ou humanitaire.
On peut le différencier selon la nature de son intervention :

- création d'un événement propre comme la Solitaire du Figaro ;
- aide à l'événement, par exemple Chocolatier Monbana Solitaire du Chocolat 2009 ;
- achat d'espaces, présence sur les panneaux, stands, loges, etc.

Il ne prend pas toujours la forme d'une aide financière mais peut aussi être un soutien humain (mise à disposition de personnes) ou logistique (transport gratuit de fournitures ou prêt gracieux de véhicules) ou encore apport de produits (bouteilles d'eau pour un marathon).
Les principaux critères de choix de l'objet à sponsoriser, sont :

- la nature de l'objet « événement » : le sport plus facile que le social, mais risque lié au sport (dopage, avaries matérielles voiture ou bateau, blessures du sportif, etc.) ;
- la nature du message véhiculé : courage, solidarité, aventure, etc. ;
- l'audience espérée ; qualité et nombre des personnes intéressées ;
- l'importance du budget ;
- les retombées prévisibles des médias.

❑ *Les différentes formes de mécénat*

Elles sont nombreuses, mais on peut citer parmi les plus fréquentes :

- le mécénat financier : le plus pratiqué, versement de cotisations, de subventions, de dons ;
- le mécénat en nature : remise de biens, de marchandises ou exécution de prestations de services ;
- le mécénat technologique : mise à la disposition du savoir-faire de l'entreprise au bénéfice de partenaires culturels ou du monde de la solidarité ;
- le mécénat de compétences : mise à disposition de salariés de l'entreprise pour accompagner un projet (pratiqué par 45 % des entreprises de 200 salariés et plus).

Une centaine de sociétés ont créé des fondations. Cette formule de gestion bénéficie d'une réelle indépendance, d'une fiscalité incitative et offre un excellent outil à la communication institutionnelle. Exemple : la fondation Cartier.

❑ *La mesure de l'efficacité d'une opération*

Quelle que soit la technique utilisée, mécénat ou sponsoring, il est nécessaire de communiquer sur l'opération, bien sûr, d'une manière plus « libre » en cas de sponsoring. On peut faire connaître l'opération par des actions de relations presse ou organiser des relations publiques ou plus simplement l'intégrer en communication interne. Dans certains cas, il est possible de créer une opération promotionnelle liée au sponsoring.

Comme pour toute opération de communication, il est nécessaire de dresser un bilan en faisant ressortir les retombées, les éléments positifs mais aussi peut être les insuffisances pour corriger une future action. On peut articuler cette réflexion, autour de ces questions :

- l'événement parrainé a-t-il été bien choisi, par rapport aux cibles visées, au message à transmettre par exemple ? On appelle cela le retour sur investissement ?
- le parrain, surtout dans une opération de sponsoring, était-il bien visible ? A-t-il gagné en notoriété (évolution de son taux de notoriété) ?
- quelle a été l'audience de l'opération, auprès de ces cibles, mais aussi en termes de retombées presse ?
- dans le cas d'une opération de sponsoring, y a t il eu une augmentation des ventes ou des contacts ?

Compléments

❑ *État du droit : y a-t-il un droit spécifique du parrainage ?*

Pas réellement, mais il y a de contraintes juridiques provenant de la combinaison des réglementations, tant au niveau mécénat que pour le sponsoring : droit du sport, règles de la publicité, comme la loi Évin, et des médias qui diffusent les événements. Le contrat de parrainage engage les parties (contrat synallagmatique) à exécuter un certain nombre d'obligations ; logo avec précision de son emplacement, participation à certaines compétitions, opérations de relations publiques, entre autres. Il peut y avoir des clauses d'exclusivité. Sa durée est en relativement courte, surtout dans le sponsoring sportif (pour une seule compétition ou quelques années). Le mécénat du fait de sa fiscalité avantageuse est plus réglementé pour encadrer la déductibilité offerte.

❑ *Fiscalité différente entre mécénat et sponsoring*

Une action de mécénat ouvre droit à une réduction d'impôt sur les sociétés égale à 60 % des montants engagés, dans la limite de 5 ‰ du chiffre d'affaires total hors taxe. En cas de dépassement de ce seuil ou bien si le résultat de l'exercice en cours est nul ou négatif, il est possible de reporter l'excédent sur les cinq exercices suivants. Il existe d'autres mesures, fiscalement intéressantes, en cas de don d'œuvres d'art à l'État, ou de versements pour l'achat par l'État d'œuvres d'art d'intérêt majeur. Les fondations d'entreprise ont aussi une fiscalité allégée.
Les dépenses de sponsoring sont considérées comme une charge d'exploitation de nature publicitaire, assujettie à la TVA à 19,60 %, comme toute prestation de service.

◆ *Exemple :* traitement différent dans le cas d'une participation de 15 000 € à un festival.

Mécénat	Parrainage/Sponsoring
Présence discrète du logo sur les principaux supports de communication. Un petit nombre de places offertes et tarif privilégié pour les clients de la société et les salariés.	Logo de la société sur tous les supports de communication d'une manière voyante, plus un message de type publicitaire par exemple dans le programme. Une cinquantaine de places offertes pour les clients et salariés avec une opération de relations publiques dans un espace VIP aménagé afin de promouvoir l'entreprise.
Reçu dons aux œuvres Cerfa n° 11580*02 réduction d'impôt des sociétés 9 000€.	Facture de 15 000 € + TVA à 19,6 % (équivalence des prestations).

❑ *Que va-t-il se passer demain ?*

On peut penser qu'en matière de mécénat, l'augmentation sensible de ces dernières années va se poursuivre grâce en partie aux effets de la loi de 2003 et aussi, suite au désengagement de l'État (réductions des subventions), ce qui pousse les associations à se tourner de plus en plus vers les entreprises. Elles prouvent par ces opérations leurs engagements en matière de responsabilité sociale. Les grands enjeux sociétaux sont en tête des actions soutenues comme les opérations de solidarité sur l'exclusion, l'insertion, la réinsertion, l'emploi ou la santé. Elles agissent, de plus en plus, en matière de protection de la planète.
On assiste depuis à une évolution de certains types de sponsoring, par exemple l'apparition du *naming*. On donne le nom d'une entreprise à l'enceinte d'un stade ou d'un lieu de sport. Stade du Bayern de Munich dénommé Allianz (assureur allemand pour 100 millions d'euros) ou dans le passé, le circuit Paul Ricard, en région Provence Côte d'Azur.

Les foires et salons

Fiche 61

Selon l'étude Irep-France Pub 2008 sur les dépenses de communication, les foires et salons représentent près de 1,5 milliard d'euros en 2008 (4,8 % du marché publicitaire), dépassant le média affichage. La France est le deuxième pays organisateur de salons, derrière l'Allemagne, Paris étant la ville qui en accueille le plus au monde. L'Ile de France héberge, chaque année, près de 80 % des manifestations internationales en France, avec près de 100 000 entreprises exposantes sur 400 salons, avec de retombées économiques importantes : hébergements, transport, etc.

Principes clés

❑ *Les objectifs*

Outil de communication traditionnel, certaines foires et salons remontent au Moyen Âge. Ces moyens sont encore très utilisés aujourd'hui car, malgré leurs coûts, ils bénéficient de nombreux avantages. Ils sont même incontournables en business to business, allant jusqu'à imposer le reste du plan de communication ; on cale généralement une campagne à partir de la date du salon de référence. Ce moyen est apprécié par les annonceurs, par sa capacité à mesurer le retour sur investissement. Les principaux objectifs sont des objectifs commerciaux : prospecter de nouveaux clients, générer des contacts et du chiffre d'affaires, mais aussi des objectifs de communication : se faire connaître ou mettre en valeur un nouveau produit, montrer l'importance de sa gamme, au niveau des foires surtout de type grand public.
Un salon ou une foire, c'est l'occasion de faire de la veille concurrentielle : repérer l'arrivée de nouveaux concurrents, mesurer l'évolution des produits, en autres. Cela valorise l'annonceur et sa force de vente. Parfois seul moyen de communication de certaines PME ou TPE, ils permettent d'entretenir les relations avec les revendeurs et aussi rencontrer des acheteurs étrangers ou de grands groupes.

❑ *Les différents types de salons et foires*

Aujourd'hui, ces moyens ne sont pas réservés qu'aux entreprises. Les ministères comme la Défense, l'Éducation Nationale, l'Agriculture sont présents dans les salons de l'Étudiant, l'Agriculture, etc. Les collectivités territoriales participent à de nombreux salons comme celui de la fonction publique, du tourisme ou de l'immobilier d'entreprise, ainsi que les associations au salon de l'humanitaire ou du commerce équitable. La problématique est différente selon la cible visée.

Salons grand public	La cible est large et variable selon la nature du salon : acheteurs à La Foire de Paris, curieux au Salon de l'Agriculture, collectionneurs au salon Rétromobile.
Salons professionnels	*Selon le type de salon* : – salons rendez-vous d'une profession : SIAL salon international de l'agroalimentaire, – salons monomarques : Apple Expo, etc., – salons avec accueil grand public sur un ou deux jours. *Deux grands profils de visiteurs* : – les utilisateurs : artisans, industriels, commerçants…, – les prescripteurs : architectes, décideurs informatiques…, – sans oublier les journalistes de la presse professionnelle.

Éléments et analyse : les différentes étapes d'une présence à un salon

Être présent dans un salon, cela ne s'improvise pas. Pour sa réussite, il faut remplir trois conditions :

– démarrer sa préparation sur un an avec un suivi régulier du rétroplanning ;
– se fixer des objectifs précis en cohérence avec la communication de l'annonceur ;
– se donner des moyens humains et matériels grâce à un budget adapté.

❑ *Avant le salon : le préparer*

Quel objectif ?	Créer un maximum de trafic clients et prospects.
Quels points à traiter ?	Le choix du salon adéquat. Le choix, selon les objectifs et le budget, de l'emplacement. La conception du stand et son style (voir ci-dessous). Lancement des outils de communication.
Quels moyens de communication ?	Annonces presse dans le catalogue du salon. Mailing avec invitation (*teasing* possible). Communiqué et dossier de presse. Insertions publicitaires dans la presse des cibles. Information lors des visites de la force de vente.

Un stand peut être acheté mais aussi loué. Il doit répondre à trois objectifs :

– attirer le prospect : c'est la vitrine de l'entreprise et de ses produits ;
– arrêter le prospect : c'est faciliter l'accueil et distribuer une information rapide ;
– favoriser la vente : c'est permettre la rencontre et la conclusion de la vente.

Nature du stand	Avantages	Inconvénients	Conclusion
Stand modulaire	Pratique et bonne adaptation : cloisons, table, chaises, etc. Économique 200 €/m².	Très uniforme. Ne valorise pas. l'image de l'entreprise	Excellente solution pour les PME et les TPE. Adaptée aux salons professionnels.
Stand traditionnel	Créativité possible. Bonne mise en valeur de l'image de marque.	Coût 1000 à 10 000 €/m². Nécessité de faire appel à un sous-traitant ou agence.	Valorise l'annonceur. Permet une bonne utilisation de l'emplacement.
Stand de prestige	Grande créativité. Excellente mise en valeur de la marque. Élément d'animation.	Très coûteux : pas de réelle limite. Délais importants. Faire appel à une agence.	Pour les salons les plus prestigieux. Idéal pour annonceurs importants.

❑ *Pendant le salon : l'exploiter*

Quel objectif ?	Valoriser l'image de l'entreprise ou de la structure.
Quels points à traiter ?	La formation et la motivation du personnel présent. L'accueil des visiteurs : clients et prospects. Le contenu et nature de l'information donnée. La rencontre avec les autres exposants.
Quels moyens de communication ?	Brochures institutionnelles, plaquettes commerciales. Fiches produit, notices techniques. Cadeaux publicitaires, échantillons, etc. Animations, concours, cocktails, etc. Participation à une conférence dans le cadre du salon.

❑ *Après le salon : le suivre*

Quel objectif ?	Vendre un maximum et travailler les contacts.
Quels points à traiter ?	Le bilan du salon (voir ci-dessous). L'exploitation des différents contacts. L'analyse de l'environnement concurrentiel.
Quels moyens de communication ?	Mailing avec proposition de visite ou démonstration. Stimulation du réseau de revendeurs (info fichier contacts).

Compléments

❑ *Critères d'aide pour faire le bilan d'un salon : une obligation*

On peut mesurer le niveau de satisfaction des visiteurs, soit à partir d'un questionnaire auto administré sur le stand, soit réalisé par l'accueil.

Critères ou ratios	Formules de calcul pour mesurer la rentabilité du stand.
Coût du contact	Coût total salon/nombre de visiteurs potentiels.
Rentabilité salon	Montant des ventes conclues salon/coût total salon.
Attractivité	Nombre de visiteurs du stand/nombre de visiteurs salon.

◆ *Exemple :* la SA Mécanique Le François a participé à son premier salon. M. Vincent, son PDG, a souhaité mesurer la rentabilité de son stand de 12 m², d'un coût de 5 000 €. Il a accueilli 200 visiteurs et conclu 80 000 euros de ventes directes liées au salon. Durant les 4 jours du salon, il y a eu au total 4 000 visiteurs.

Coût du contact	5 000/4 000 = 1,25 €
Rentabilité salon	80 000/5 000 = 16 €
Attractivité	(200/4 000)*100 = 5 %

❑ *Que va-t-il se passer demain ?*

On parle de plus en plus de « salon virtuel » sur le web, mais pour le moment, il est plus un complément au salon traditionnel, en créant, sur une durée de six mois, un pré-salon et un post-salon. Un vrai salon virtuel en 3D se heurte aux qualités reconnues d'un salon : l'accueil, la convivialité, l'échange direct.

Les relations presse

Fiche 62

Principes clés

Les relations presse peuvent être définies comme une technique de communication dont le but est d'établir des relations privilégiées et durables avec les journalistes. Les relations presse permettent de diffuser auprès des publics de l'entreprise, des messages destinés à valoriser l'image de l'entreprise, de sa marque, ou de ses produits.
Les relations presse doivent s'inscrire dans la stratégie de communication globale de l'entreprise. Il s'agit d'une des techniques mise en œuvre dans le cadre de la communication institutionnelle de l'entreprise, à l'externe et à l'interne. Les relations presse se mettent au service de tous les types de communication (commerciale, financière, événementielle, de crise…) et permettent la déclinaison des messages.
La fonction d'attaché de presse ou de chargé de presse peut être assurée en interne par un salarié ou un service de l'entreprise ; en externe par une agence spécialisée ou un consultant indépendant. Pour le journaliste, l'attaché de presse se doit d'être un fournisseur d'informations fiable et compétent. Les relations entre l'attaché de presse et le journaliste sont duales.

Méthodes et outils

Mettre en place des relations presse efficaces suppose :

- de bien connaître les médias et les journalistes ;
- d'utiliser les bons outils ;
- d'exploiter les retombées presse et de faire de la veille média ;
- de mesurer l'efficacité des opérations.

❑ *La connaissance des médias et des journalistes*

Les différents médias sont régis par des modes d'organisation qui leur sont propres.

La radio est le média de l'instantané et le journaliste « radio » est souvent l'un des premiers sur le terrain. Il cherche des informations brèves, et des interviews courtes et de qualité.

La TV est le média de l'image. Le journaliste veut des interviews mais aussi des images qui vont servir de support aux commentaires.

La presse écrite est le média de l'analyse. Le journaliste de presse écrite dispose de temps pour collecter et vérifier l'information, il recoupe souvent plusieurs sources d'informations.

Internet est le média qui facilite l'accès et la diffusion de l'information. De nouveaux modes de fonctionnement s'installent : du communiqué de presse diffusé par e-mail à la plateforme de diffusion.

L'agence de presse (AFP, AP-Associated Press, Reuters) collecte et vérifie l'information brute au niveau international. Elle est organisée en réseau et dispose de bureaux à l'étranger et en région.

❑ *Les outils des relations presse*

• Le fichier presse

C'est l'outil indispensable des relations avec la presse. Il doit être pratique et opérationnel. Comment le créer et le tenir à jour ?

Première étape. À ce stade, deux possibilités existent :

- Constituer un fichier « sur mesure » : Il faut répertorier les supports qui peuvent être intéressés par les informations à transmettre. Il est nécessaire d'établir une liste en tenant compte de la proximité du support avec les cibles (proximité géographique, professionnelle, etc.). Enfin, il reste à identifier les journalistes qui traitent des sujets qui concernent l'entreprise.
- Acheter un fichier auprès de prestataires spécialisés : les prestataires sont nombreux, leurs offres similaires (Argus des fichiers, Eudoweb, Data press pro…). Il convient d'être vigilant quant à la qualité (fréquence de mise à jour), à la facilité d'utilisation, et au coût du fichier.

Deuxième étape. Organiser son fichier : il faut réaliser des fiches supports pour les différents médias (fiches émissions pour les télévisions) et des fiches journalistes.
Contenu des fiches supports : nom du support, périodicité de parution, coordonnées, diffusion, répartition du lectorat, couverture géographique…
Contenu des fiches journalistes : état civil, titres auxquels il collabore, qualité, centres d'intérêt, rubriques, historique des envois et relationnel…

Troisième étape. Actualiser le fichier presse : le fichier presse doit être remis à jour au moins deux fois par an. Pour cela, il est indispensable de lire la presse (consulter l'ours), écouter la radio, regarder la télévision, surfer sur internet, et noter les changements. Il faut aussi contacter les rédactions et les services de presse pour mettre à jour les adresses mail et les coordonnées téléphoniques, consulter régulièrement les sites internet des médias.

• Les supports écrits

Le communiqué de presse est un texte court, véhiculant une information utile, nouvelle, et intéressante pour les lecteurs ou auditeurs.

Le dossier de presse contient un ensemble d'informations sur un sujet d'importance. Il est utilisé lorsque le communiqué de presse ne suffit pas à traiter l'information, et le plus souvent en complément d'une conférence de presse ou pour la présentation d'un événement.

Les autres supports écrits : le bulletin d'information, la newsletter, l'édition spéciale, le rapport annuel peuvent être aussi diffusés aux journalistes et favoriser la transparence de l'information.

La salle de presse virtuelle et le site extranet permettent de mettre à disposition de journalistes ciblés un ensemble d'informations d'actualité sur l'entreprise et des sujets qui la concernent.

- Les rencontres avec les journalistes

La conférence de presse est destinée à informer les journalistes et à répondre à leurs questions. Elle est de moins en moins prisée par les journalistes qui préfèrent les contacts individuels ou en petits comités. Seules les grandes entreprises, les administrations, les collectivités territoriales parviennent à réunir un nombre important de journalistes.
L'organisation de la conférence de presse : elle nécessite de bien choisir la date, le jour, l'heure, et le lieu ; d'inviter les journalistes et de les relancer ; de sélectionner les bons intervenants.
Le déroulement de la conférence de presse : l'accueil et l'animation doivent être soignés, les horaires respectés. La conférence de presse débute par un bref exposé d'un ou plusieurs intervenants (10 à 15 minutes), se poursuit par un temps dédié aux questions (20 à 30 minutes), et s'achève par des entretiens autour d'une collation.

Le petit-déjeuner de presse et le déjeuner de presse : il s'agit de formules qui fonctionnent bien. Le petit-déjeuner est propice à une rencontre constructive de part son horaire, sa durée et l'effectif de journalistes que l'on peut inviter. Le déjeuner de presse, offert à un petit nombre de journalistes, favorise la convivialité et permet de créer des liens étroits.

Le voyage de presse : lorsque la raison qui motive le voyage est justifiée (lancement d'une nouvelle gamme, invitation à un salon, voyage d'étude sur un marché étranger, visite d'une filiale...), le voyage de presse aura un impact fort sur les participants.
La préparation et l'organisation doivent être minutieuses, l'ambiance doit favoriser les échanges informels et générer de la transparence.

La visite d'usine et la visite d'application (organisée chez un client) : elle est attractive pour la presse professionnelle, sa durée est limitée à une journée. Elle peut donner lieu à de bonnes retombées.

❑ *La revue de presse et la veille médiatique*

Aujourd'hui, la notion de revue de presse s'est élargie, elle est devenue la veille média et si elle est de qualité, elle peut devenir un outil stratégique pour l'entreprise.

Au-delà de la simple compilation d'articles sur l'entreprise, la revue de presse peut être définie comme une analyse des médias afin de s'informer sur un sujet, un marché, des tendances…

La revue de presse permet de connaître les différents supports, de comprendre le fond et la forme donnés à l'information (identifier les signatures, les centres d'intérêt et les angles pris par les journalistes pour écrire).

La revue de presse doit être élaborée avec méthode (sélection de l'information, choix des thématiques), se nourrir de toutes les sources d'informations disponibles (presse papier, audiovisuelle, internet), et être diffusée en respectant une certaine périodicité (revue journalière, hebdomadaire, mensuelle).

Des sociétés spécialisées réalisent des revues de presse (L'Argus de la presse, Press Index, TNS média intelligence…) pour le compte des entreprises.

❑ *La mesure de l'efficacité des relations presse*

Les relations presse sont complémentaires des autres actions de communication dont elles accroissent l'efficacité.

Les organismes professionnels ne considèrent pas le calcul de l'équivalence entre le montant d'achat d'espace et la surface rédactionnelle comme un indicateur pertinent d'efficacité. Des études utilisant des critères quantitatifs et qualitatifs peuvent être réalisées en interne ou confiées à des sociétés spécialisées. La finalité de ces études est d'apporter aux entreprises la possibilité d'évaluer le retour sur investissement et la rentabilité de leurs actions de relations presse.

Compléments

❑ *Que va-t-il se passer demain ?*

Du fait du développement des nouvelles technologies, c'est une autre façon de communiquer avec les médias qui se développe (salles de presse virtuelles, espace presse sur les sites Internet).

Confrontées à des crises médiatiques, les entreprises veillent à la bonne gestion de leur capital image et ont compris l'intérêt stratégique des relations presse.

❑ *État du droit*

La réalisation et la diffusion d'une revue de presse nécessitent le paiement de droit de copie et de diffusion. Ce droit est prélevé par le CFC (Centre français d'exploitation du droit de copie).

Le droit de réponse est un droit dont dispose toute personne nommée dans un support écrit, audiovisuel ou internet. Selon le support, les modalités et les délais d'exercice de ce droit varient.

Les relations publiques

Fiche 63

Selon l'étude Irep-France Pub 2008 sur les dépenses de communication, les relations publiques représentent près de 2 milliards d'euros. Avec 5,7 % du total du marché publicitaire, cela les met au même niveau que l'ensemble constitué par Internet et la radio, d'où son importance. Mais en France, il existe une certaine confusion avec d'autres concepts de communication voisins comme la communication événementielle ou la communication directe par exemple, avec en plus, une image est assez négative, voire parfois réductrice.

Principes clés

On peut définir les relations publiques comme un ensemble de techniques, au service d'une entreprise, d'une administration, d'une collectivité ou de toute autre entité physique ou morale, ayant pour but d'établir et d'entretenir de bonnes relations, avec ses différents publics, qu'ils soient internes ou externes. À la différence des autres moyens de communication, elles ne cherchent pas à vendre directement, mais viennent souvent en complément d'une stratégie de communication.

❑ *Les objectifs des relations publiques*

Ce moyen, apparu dès le début du XXe siècle aux USA, présente des opportunités face à un public saturé par la publicité « traditionnelle », mais toujours avide d'informations. Son coût mesuré par rapport à une campagne de publicité est aussi un bon atout. L'annonceur peut rechercher à atteindre différents objectifs :

- le développement d'une certaine notoriété ; lancement de nouveaux produits ou marques par exemple système de prêt de vélos type Vélo'v à Lyon ou Vélib à Paris ;
- la construction d'une image ; par exemple lors de l'arrivée de l'enseigne britannique The Body Shop en France ;
- la création d'une relation de confiance ; par exemple entre la marque et les consommateurs ou entre l'annonceur et ses salariés.

Ces objectifs répondent à différents types de stratégies de communication : communication commerciale, communication corporate, communication interne, communication financière. Les relations publiques sont un moyen privilégié pour la communication de crise.

❑ *Les différentes cibles*

Les relations publiques peuvent viser deux grands types de cibles, mais la première permet de toucher les suivantes.

- **Les cibles relais**

Par leur sérieux et leur crédibilité, elles sont choisies pour leur capacité à influencer les cibles directes. Mais il existe une double difficulté : d'une part réussir à les toucher, car elles sont « saturées » par ce type de communication et d'autre part, la nécessité de bien contrôler le message pour éviter une éventuelle déformation.
Il y a deux grandes catégories de cibles relais :

- les journalistes : attention, ils n'aiment pas se sentir manipulés, et vont faire l'objet de relations presse ;
- les leaders d'opinion : artistes, sportifs, influenceurs (il y a des jeunes de 10 à 12 ans reconnus comme tels pour le lancement de jeux vidéos ou certains blogueurs dans la blogosphère par exemple).

- **Les cibles directes**

Ce sont les personnes réellement visées par l'opération de relations publiques et vont dépendre du type de communication.

Communication commerciale	Consommateurs, acheteurs, ménagères de moins de 50 ans.
Communication institutionnelle	Consommateurs, citoyens, élus locaux, responsables d'associations.
Cibles internes	Salariés des entreprises, de l'administration, des collectivités territoriales.
Communication financière	Actionnaires individuels, investisseurs institutionnels, opérateurs financiers.
Communication de recrutement	Étudiants, salariés, demandeurs d'emplois.
Communication sociale	Citoyens, jeunes pour inscription sur listes électorales, responsables des associations.

Éléments et analyse

❑ *Les différents moyens possibles*

Il existe une variété de techniques possibles et les agences en inventent de nouveau régulièrement. Nous traiterons rapidement les principaux, en excluant certains comme l'événement ou les salons, foires et expositions, déjà développés dans ce manuel.

- Le lobbying

On définit souvent ce moyen comme l'action d'entretenir des contacts auprès de décideurs pour les informer d'une situation et chercher à les influencer dans le sens souhaité par l'organisation. Au XIXe siècle, le terme anglais de « lobby » désignait un couloir, endroit de la Chambre des communes (parlement britannique) où les groupes de pression pouvaient discuter avec les parlementaires.
Il existe plusieurs niveaux possibles, selon la taille de l'entreprise ou les capacités de l'organisation :

– lobbying international auprès des grandes organisations de type Union Européenne à Bruxelles ou Organisation International du Travail à Genève ;
– lobbying national auprès du gouvernement, des députés et sénateurs ; par exemple pour la baisse de la TVA sur la restauration ;
– lobbying local auprès des élus locaux.

- Les cadeaux d'entreprise, les objets publicitaires

Ils sont offerts et leur valeur varie selon la nature de la cible et du marché : par exemple, stylos en plastique distribués aux lycéens par des centres de formation lors du Salon de l'Étudiant et stylo-plume de luxe comme cadeau de fin d'année aux responsables des achats d'une société. Il faut que le cadeau honore celui qui le reçoit et valorise l'annonceur qui le donne. Mais attention, il existe des limites à ce type de pratique : ne pas mettre mal à l'aise celui qui le reçoit. La culture en la matière d'un pays à un autre peut être différente et aussi, la cible peut avoir une certaine éthique, c'est-à-dire, refuser tout cadeau.
Selon les moyens de l'entreprise, un cadeau doit :

– faire plaisir ; il peut être beau, agréable, drôle, utile ;
– tenir compte du statut de la personne qui va le recevoir ; ce qui fait plaisir à une vendeuse ne fait pas forcément plaisir à une DRH ;
– être un vecteur d'image en étant original et cohérent ; par exemple la société informatique Abricot a offert des clés USB sous forme d'abricot. Le cadeau doit être marqué du logo de l'entreprise, plus ou moins discrètement, selon le cadeau en respectant la charte graphique.

Pour mener à bien ce type d'opération, on peut s'adresser :

– soit directement à des fabricants, par exemple Bic, Lancel, 3M ;
– soit à des revendeurs généralement approvisionnés en Asie ;
– soit à des sociétés de communication par l'objet.

- Les séjours : voyages d'étude, congrès

Dans certains secteurs, c'est un moyen privilégié d'atteindre des cibles très réduites comme les scientifiques ou parfois très prescriptrices comme les personnels du secteur santé et les médecins en particulier.
On peut rattacher à cette catégorie, des moyens souvent plus réduits dans leur durée comme les conférences, les réceptions, les colloques, les conventions internes ou externes avec un réseau de revendeurs.

• Le tourisme industriel ou visites d'entreprises

Il y a en France près de 1 700 entreprises, musées du patrimoine ou sites industriels qui attirent, chaque année, 20 millions de visiteurs. Si durant l'année, le public est essentiellement composé de retraités et de scolaires, pendant les vacances, il est à l'image des Français. On visite tout : des brasseries Kronenbourg, fondées en 1664, à Strasbourg, au Viaduc de Millau, le plus haut pont routier au monde, mis en service en décembre 2004.

Pour certaines entreprises, le fait d'ouvrir leur portes permet de rassurer, de faire preuve de transparence comme par exemple EDF. Pour d'autres, comme l'automobile, l'agroalimentaire, ces visites renforcent leur image de marque et facilite la fidélisation des clients ou des futurs clients. On peut aussi mettre en avant l'importance pour certaines entreprises des ventes réalisées suite à la « traditionnelle » dégustation, comme la distillerie Longueteau en Guadeloupe ou encore les parfumeries de Grasse. Parfois, il y a des journées portes ouvertes comme par exemple dans le cadre de la journée du patrimoine, la visite du siège Nestlé France en Seine et Marne.

• Le service consommateur

Certaines sociétés, comme Danone ou Nestlé, ont créé des services consommateurs très importants, avec l'objectif d'entretenir des relations fortes avec leurs clients, afin de répondre au mieux à leurs demandes, leurs critiques ou suggestions : centre d'appel 24h/24, site Internet, journée spécial club, journaux.

• Les publipostages

Moyen traditionnel, simple mais très courant, le courrier sous toutes ses formes (mailing, e-mailing, revues, etc.) est très utilisé comme technique, aussi bien pour des cibles internes qu'externes. Une des opérations de relations publiques les plus fréquentes, même si elle peut paraître désuète, c'est l'envoi des vœux de fin d'année.

❑ *Les intermédiaires possibles*

• Les agences spécialisées relations publiques

Elles ont un rôle de conseil en définissant, à partir d'un diagnostic de communication, une stratégie de relations publiques, avec fixation d'objectifs précis, détermination de cibles et conception de plans simples à plus complexes. Il existe un grand nombre d'agences, le Syntec Conseil en Relations Publiques fédérant les plus importantes.

• Les attachés de presse ou conseillers en relations publiques

Ils ont pour mission de concevoir et de proposer aux organisations qui font appel à leurs services, les moyens d'établir et de maintenir des relations confiantes avec le public. L'attaché de presse se spécialise dans l'information des organes de presse écrite, filmée, parlée et télévisée. Le conseiller peut faire partie des cadres d'une entreprise ou être établi à titre indépendant. Ces activités de Conseiller en Relations Publiques et d'Attaché de Presse sont incompatibles avec celles de Journaliste Professionnel et d'Agent de Publicité.

Compléments

❑ *Mesurer les résultats d'une opération de relations publiques*

Bien sûr, il est difficile d'évaluer l'efficacité dans ce domaine, mais de plus en plus, on demande aux communicants ou aux agences prestataires, de mesurer l'impact d'une opération. Idéalement, il est souhaitable de faire des enquêtes (qualitatives comme quantitatives) pour constater l'évolution de la notoriété ou de l'image de l'organisation, mais elles sont faites que dans les grandes structures à cause de leurs coûts. Il est plus simple, d'évaluer le nombre de retombées dans les médias et calculer, à partir du tarif d'achat d'espaces, le montant de l'économie réalisée par cette opération. On l'appelle parfois « équivalent de valeur publicitaire » (AVE, *Advertising Value Equivalent*), mais cet indicateur est très critiquable car il est difficile de comparer la communication dans les médias avec les relations publiques.

❑ *État du droit : un contrôle renforcé dans certains secteurs*

Il existe un régime fiscal particulier pour les cadeaux d'affaires, tant au niveau de la TVA (déductibilité si cadeau inférieur à 60 € en 2009) que sur l'impôt sur les bénéfices.
Dans certaines professions, le législateur a fixé des limites aux différents moyens de relations publiques comme l'interdiction pour les médecins de recevoir des avantages en nature ou en espèces, directement ou non, des industries pharmaceutiques ou de matériel médical. Si un laboratoire souhaite organiser un séminaire ou une réunion à caractère scientifique, il doit avoir l'accord de l'ordre des médecins qui va vérifier la transparence de la relation et le caractère raisonnable et accessoire de l'avantage consenti (code de la santé publique).

❑ *Que va-t-il se passer demain ?*

Avec la réforme constitutionnelle de 2008, le lobbying va sûrement se développer car elle donne au Parlement français des droits nouveaux et importants, mais elle ouvre aussi un nouvel espace aux lobbyistes, en leur donnant un statut identique à tous, quelles que soient leur dénomination et leur fonction.
Internet devient de plus en plus, un lieu de relais de l'opinion (marketing viral). L'entreprise ou toute autre organisation peut avoir envie de créer, développer et entretenir une relation de confiance avec ses différents publics. Il est nécessaire que l'information soit transparente, donc dans ce cadre, l'anonymat d'Internet n'est pas souhaitable car on vise à établir des relations de confiance avec leurs publics. Il y a aussi une « limite » en matière de rémunération, pour la publication d'un article : non-rémunération, quelle que soit sa forme, sauf si l'intervention est correctement identifiée comme telle avec une annotation comme « échantillonnage », « ambassadeurs de marques », « blogs de marques », « blogs événementiels », « billets sponsorisés », comme pour un publi-rédactionnel dans la presse.

Partie 3

Veille opérationnelle

La notion d'information

Fiche 64

Principes clés

Informer : transmettre, signifier, influencer.
On doit distinguer au moins trois sens possibles de la notion d'information, qui ne sont pas contradictoires mais correspondent à des niveaux de signification différents.
Le niveau zéro de la signification (mais qui détermine tout le reste) est celui de la transmission du signal tel qu'il sera analysé par Shannon : question de canal, question de débit, question de bruit.
À un premier niveau de signification, l'information est ce qui donne sens aux impulsions électroniques véhiculées par les réseaux, aux signes imprimés sur les pages du journal, aux sons émis par la radio. Si le signal n'est rien d'autre que le déplacement d'impulsions électroniques ou de traces d'encre auxquelles on a donné au préalable une signification, l'information est ce qui ajoute de la valeur au signal. Encore faut-il ajouter que cette valeur signifiante n'existe que subjectivement, dans l'esprit de l'émetteur et (peut-être) dans celui du récepteur.
À un deuxième niveau de signification, l'information est ce qui a du prix, de la rareté et acquiert par là une dimension opérationnelle en modifiant le comportement du récepteur (décision, achat, émotion). Elle aussi subjective, elle se définit non seulement par la capacité du récepteur à saisir les significations mais encore et surtout par celle d'en tenir compte, d'où le rôle essentiel du contexte qui non seulement contribue au sens mais surtout à la motivation.
Transmettre, signifier, influencer… 3 niveaux dont aucun ne saurait être négligé dans une approche professionnelle de l'information

Éléments et analyse

❑ *De Shannon à Weaver : transmission et signification*

Le langage courant, y compris celui des professionnels de la communication, tend à rabattre la communication sur l'information et l'information sur la transmission de données. Paradoxalement, la construction théorique s'est opérée en sens inverse : préoccupé de questions de transmission, Shannon élabore une théorie de l'information qui servira de modèle à la notion de communication.
La théorie de l'information élaborée par Claude Shannon est une théorie du signal au sens large. Sans tenir compte de la signification du message, elle se fonde sur le

principe selon lequel l'information doit être transmise à l'aide d'un canal et préalablement codée. Et elle conclut qu'il est possible d'optimiser, en présence de bruit, l'occupation de la bande de fréquences, allouée grâce à des codes permettant de maximiser la vitesse de transmission, en s'approchant des limites supérieures de capacité du canal, tout en minimisant la probabilité d'erreur de transmission.
Présentée ainsi, la théorie de Shannon a, on le voit, assez peu d'intérêt pour le professionnel de la communication, pourtant, elle constitue un apport essentiel pour peu qu'on l'applique à ce que justement elle néglige volontairement : la signification.
Lorsque Weaver vulgarise et complète la théorie de Shannon, il définit trois niveaux de problèmes relatifs à ce qu'il appelle la « communication ».
« Niveau A : avec quelle exactitude les symboles de la communication peuvent-ils être transmis ? (Problème technique). Niveau B : avec quelle précision les symboles transmis véhiculent-ils la signification désirée ? (Problème sémantique). Niveau C : avec quelle efficacité la signification reçue influencera-t-elle la conduite dans le sens désiré ? ».

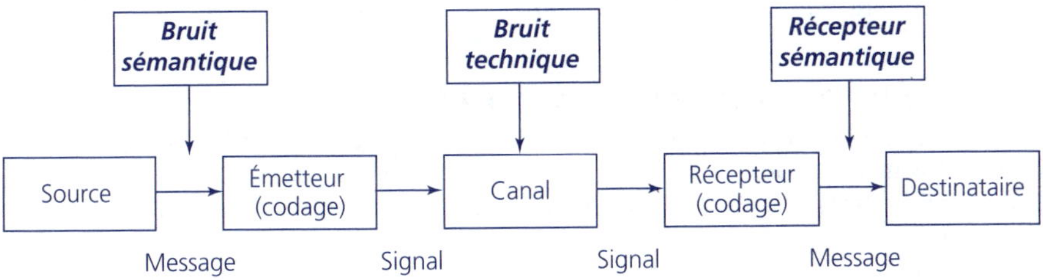

❑ *Information, nouveauté et répertoire*

La notion d'information mérite d'être étudiée pour elle-même. Shannon définit celle-ci comme la mesure quantitative de l'incertitude d'un message en fonction du degré de probabilité de chaque signal composant ce message.
À ce niveau-là, il n'est pas question de signification mais de probabilité : un message constitue d'autant plus une information que le répertoire de l'émetteur comme du récepteur est étendu et la probabilité que ce message apparaisse faible.
Si on y ajoute la dimension sémantique, la quantité d'information devient, du côté de l'émetteur, une mesure de son degré de liberté dans le choix des signaux, et, du côté du récepteur, une mesure de l'effet de surprise du message.
Un être qui posséderait un vocabulaire constitué d'un seul et même mot ne pourrait jamais transmettre aucune information (de son point de vue) et il n'y a pas d'information pour Dieu… puisqu'il est censé tout savoir.
La quantité d'information étant une mesure de l'imprévisibilité, l'occurrence d'un évènement parfaitement prévisible, comme le lever du soleil à l'heure dit, n'apporte aucune information ; contrairement à un accident qui est une information par nature puisqu'il est par définition imprévisible. On voit ainsi en quoi l'information (comme nouveauté) s'oppose au savoir (comme acquis).

Toutefois pour mesurer vraiment la quantité d'information contenue dans un message, il faudrait avoir une connaissance exacte du répertoire de l'émetteur comme du récepteur ; or en communication humaine il est quasiment impossible de définir l'extension d'un répertoire (De combien de mots se compose le répertoire d'un individu ou d'un groupe social particulier ?).
Pour autant, il n'est pas absurde de prendre en compte cette notion d'un point de vue empirique : un mot acquiert d'autant plus de signification et de nuances lorsqu'il est perçu par un récepteur dont le vocabulaire est riche, ce qui peut avoir son importance au regard de la cible à laquelle on s'adresse. Comparez le vocabulaire d'un animateur sur NRJ et sur France Culture par exemple...
De plus, un message ne véhiculant qu'une faible quantité d'information peut, dans certaines circonstances, revêtir une grande importance et bouleverser le comportement d'un individu (« Oui » ou « Non », répondant à la question « Ai-je un cancer » ?). Les discours de propagande ou de publicité contiennent certainement moins d'information qu'un discours scientifique. Leur influence sur les comportements n'en est pas pour autant moins grande, bien au contraire. À cela s'ajoute, bien sûr la question du décalage entre le répertoire de l'émetteur et celui du récepteur...

❑ *De l'information au conditionnement*

On ne doit jamais oublier que le sens ne se transporte pas. Seuls les signaux peuvent être transmis, sous des formes diverses. Le sens, lui, n'est pas matériellement transmissible. Il n'y a de signification que dans et pour un cerveau et, à proprement parlé, le sens ne saurait en sortir.
En toute rigueur, un message, puisqu'il se réduit à un signal ou à un ensemble de signaux, n'a pas de sens. Le communicateur et le destinataire, chacun de son côté, lui en attribuent un, mais ce sont deux opérations distinctes, qui peuvent aboutir à des résultats divergents (codage/décodage).
On entend par bruit, tout ce qui par un canal donné, empêche la transmission correcte du message de l'émetteur au récepteur. Il s'agit donc de la superposition de contraintes physiques et d'obstacles à la compréhension. Dans les deux cas, on vise à corriger le bruit par la redondance, c'est-à-dire, en première approche, par la répétition.
Le problème central de toute transmission de l'information se ramène à une tension entre la nature même de l'information (nouveauté, imprévisibilité) et les moyens de sa transmission (redondance). Poussé aux extrêmes, un message est toujours pris entre surprise et répétition, information et conditionnement.
Lorsqu'elle apparaît, l'information risque de passer inaperçue, lorsqu'on la répète, elle perd de son intérêt et risque d'être éliminée. Ce type de dialectique est essentiel à la compréhension de la publicité de marques, tout particulièrement quand celle-ci se ramène à un produit. Le lien privilégié que la marque cherche à construire puis à entretenir passe par la répétition de son image (conditionnement)... répétition qui deviendra inopérante si elle n'est pas nourrie par l'injection de nouveautés (information).

Le système d'information

Fiche 65

Un système d'information est un réseau complexe de relations structurées où interviennent hommes, machines et procédures. Il a pour but d'engendrer des flux ordonnés d'informations pertinentes provenant de différentes sources et destinées à servir de base aux décisions.

Principes clés

La mise en œuvre d'un tel système suppose d'organiser la collecte et le stockage d'informations, et pour cela d'identifier et formaliser les procédures nécessaires en intégrant les contraintes juridiques et budgétaires d'accès à l'information.
À partir de là, il s'agit de choisir et mettre en œuvre les moyens techniques de collecte en définissant des règles de classement et de stockage.
Il faut ensuite mettre à disposition les informations pertinentes et pour cela identifier les destinataires et leurs besoins d'information, choisir les moyens techniques de diffusion et définir les procédures d'utilisation.
On n'oubliera pas d'intégrer des procédures d'alerte, d'évaluer la satisfaction des destinataires ainsi que les procédures de classement et de diffusion.

Éléments et analyse

❑ *Une structure coextensive à l'entreprise*

Les systèmes d'information comportent aujourd'hui une forte composante technologique et informatique mais il ne faut pas se laisser fasciner par cette dimension. Il s'agit en effet de concevoir comment circule et est stockée l'information de façon efficace et cohérente pour toutes les activités d'une entreprise, d'un réseau d'entreprises, d'une administration publique, etc.
On se gardera toutefois de confondre système d'information et outils de veille documentaire, cette dernière n'en étant qu'un aspect. Un SI d'entreprise est en fait constitué de 3 couches :

- Les applications métiers, du type gestion commerciale, facturation, comptabilité, lesquelles intègrent les outils de *workflow* (travail collaboratif) tels que les agendas partagés. Ce secteur comporte aussi les procédures de télédéclarations (sociales, fiscales, douanières) et éventuellement les outils d'administrations du commerce en ligne (catalogue, devis, télépaiement).

- Le réseau de télécommunication propre à l'entreprise : messagerie instantanée, articulation des différents terminaux (3 G+), sécurisation, éventuellement géolocalisation (GPS).
- L'architecture informatique, souvent externalisée, constituée de différents serveurs assurant la diffusion des web d'entreprise (internet, extranet, intranet), la gestion des bases de données et leur utilisation web (PHP MySQL), ainsi que toutes les procédures d'authentification et de sauvegarde.

Ce que l'on appelle « système d'information » dans un service ou une entreprise de communication renvoie donc le plus souvent à des procédures de collecte/traitement/archivage d'informations (veille documentaire) qui ne sont qu'un type particulier d'application métiers. Cet aspect ne doit bien sûr pas être isolé et au contraire tenir compte des autres dimensions professionnelles, notamment commerciales.

❑ *Le rêve de l'automatisation : la GED*

Les techniques et les solutions de gestion électronique de documents (GED) visent à rationaliser et à automatiser le cycle de vie des documents en traitant ses différentes étapes.

- Acquisition (saisie, numérisation, obtention sous forme numérique) ;
- Composition et présentation (mise en forme, enrichissement, hyperliens, etc.) ;
- Mémorisation (indexation, archivage en base de données documentaires) ;
- Consultation (requêtes, protocoles client-serveur) ;
- Production (sur papier ou électronique) ;
- Diffusion (Internet, intranet, etc.).

La GED est fondée sur le principe de séparation des deux aspects constitutifs d'un document : le message (contenu) et sa présentation (structure). Elle permet ainsi de promouvoir des modèles normalisés de documents, d'opérer des transformations de format pour un même contenu, de diffuser un même contenu sur différents supports, d'organiser et d'indexer des bases de données documentaires, etc.
Différents progiciels de GED sont proposés dans le commerce. Ils tirent de plus en plus parti de la XML qui vise à s'imposer comme format universel d'échange.
Ces améliorations techniques ne doivent pas faire oublier l'essentiel : une information ne vaut que par son contenu et la manière dont elle sera utilisée. La fascination quantitative pour les bases documentaires peut à cet égard induire en erreur.

❑ *Le souci de la fiabilité*

S'agissant d'informations, on distingue couramment les sources primaires, documents de première main relevant du témoignage volontaire ou non, des sources secondaires, travaux d'interpétation et de synthèse fondés sur des sources primaires, auxquelles s'ajoutent les tertiaires, sélection et compilation des précédentes.
Cette distinction a son utilité méthodologique à condition de ne pas confondre source primaire et fiabilité ; c'est bien au contraire le recoupement des sources et la confrontation des informations qui seuls peuvent garantir la fiabilité d'une information.

De fait, la notion de source primaire est de plus en plus difficilement objectivable. Le propre du web 2.0 est de brouiller la différence entre émetteurs d'informations et public ; dans la blogosphère tout le monde réutilise les informations de tout le monde et bien peu vérifient quoi que ce soit. On comprend que le système d'information d'une entreprise ne puisse faire l'économie d'une analyse critique des données.

La veille informationnelle

Fiche 66

La veille informationnelle est une activité professionnelle en tant qu'elle dépasse la simple attitude, par ailleurs indispensable, de curiosité pour mettre en œuvre une démarche systématique de collecte, traitement et diffusion des informations. Elle se caractérise à la fois par la durée nécessaire à sa mise en œuvre et par l'incessant renouvellement des domaines explorés, des sources exploitées et des destinataires informés.

Principes clés

On s'astreindra à une démarche méthodologique rigoureuse qui dépasse le simple jugement de valeur subjectif (« C'est intéressant ! ») et passe par une réflexion sur les choix opérés.

On se méfiera de l'ivresse quantitative qui consiste à accumuler toujours plus de données sans vérification de leur fiabilité ni analyse qualitative de leur pertinence. À cet égard, on ne se laissera pas abuser par l'augmentation des capacités de stockage et de consultation qu'offrent les technologies informatiques. Le problème aujourd'hui n'est pas tant celui de l'accès à l'information que celui de sa sélection et de son utilisation pertinente. Il s'agira donc de respecter les étapes suivantes :

- Identifier des domaines de veille en portant attention au vocabulaire et aux notions qu'il recouvre. Attention aux mots clés et aux portes qu'ils ouvrent ou ferment ! Par exemple : Street Marketing, Marketing direct, Marketing événementiel, etc.
- Repérer et délimiter les domaines pertinents en utilisant par exemple une représentation graphique par cercles de plus en plus larges à partir d'un cœur de métier.
- Hiérarchiser les domaines du point de vue de la quantité des sources convoquées, de la fréquence de leur consultation et des synthèses rédigées.
- Rechercher et sélectionner les sources d'information au regard de leur fiabilité mais aussi de l'originalité du regard qu'elles portent sur le sujet. Par exemple, est-il pertinent aujourd'hui de lire 3 hebdomadaires qui partagent 80 % de leurs Unes ?

On n'omettra pas de se poser la question des supports : si le numérique offre d'incontestables facilités de stockage et d'indexation, ce serait céder à la facilité que de s'interdire *a priori* les supports papier.

Tout cela doit déboucher sur la création de liens permanents à des sources d'information qui ne doivent faire oublier ni la nécessité de synthèses régulières ni celle de la critique et du renouvellement des sources.

Éléments et analyse

❑ *Capter l'information là où elle se trouve*

- Une première représentation simplifiée

Étape	Acteurs	Objets	Outils	Résultats
Ciblage	Cellule de veille – décideur	Choix des sources et des thèmes	Moteurs Cartes heuristiques	Plan de recherche Plan de veille
Récolte	Personnel Expert Documentaliste	Sources individuelles / collaboratives / formelles	Partage signets ; flux RSS ; références biblio.	Recueil d'informations, de données, notes, fiches
Analyse	Cellule de veille Documentaliste	Vérification préparation de l'information		Cellule de veille Documentaliste
Diffusion	Diffusion	Interne Externe	Blogs ; wiki ; lettre de diffusion	Synthèse, dossiers, revue de presse

On notera que s'il n'existe pas d'outils d'analyse, c'est parce que c'est la totalité de la culture et de l'intelligence du veilleur qui est ici engagée. D'où la nécessité d'une pratique assidue de la rédaction de synthèse critique (du grec *kritein* : passer au crible).

- Vous avez dit « RSS » ?

Le format « RSS » (*Really Simple Syndication*) permet de décrire de façon synthétique le contenu d'un site web, dans un fichier au format XML, afin de permettre son exploitation par des tiers. Le fichier RSS, appelé également flux RSS, canal RSS ou fil RSS, contenant les informations à diffuser, est maintenu à jour afin de constamment contenir les dernières informations à publier.
Un fil RSS est un fichier contenant le titre de l'information, une courte description et un lien vers une page décrivant plus en détail l'information.
« XML » (*eXtensible Markup Language*) est un métalangage : un langage qui permet de décrire les autres langages et donc de passer de l'un à l'autre.
On peut sauvegarder ses fils RSS au format UPML et ainsi les lire indifféremment dans n'importe quel navigateur ou agrégateur de flux.
Ainsi, XML permet de séparer le contenu de la présentation et, par exemple d'afficher un même document sur des applications ou des périphériques différents sans pour autant nécessiter de créer autant de versions du document que de représentations !

Mais attention ! Capter n'est pas stocker ! Si vous n'enregistrez pas les contenus que vous jugez pertinents, ils disparaîtront du site où vous les avez repérés au bout de quelque temps.

❑ *Approfondir sa démarche*

• Définir le domaine de veille

Définir les thèmes, tester les mots-clés, repérer les sources primaires.

Outils utiles : cartes heuristiques (Mindmanager, Mindmeister, Freemind), moteurs de recherches généralistes (Google, Yahoo, Exalead), moteurs de regroupement (Soovle, xClustering), métamoteurs sociaux (123people, SocialMention, Whostalkin), moteurs de recherche graphique (KartOO, Wikipedia Roll, TouchGraph).

SocialMention : des résultats provenant des réseaux sociaux et du micro-blogging.

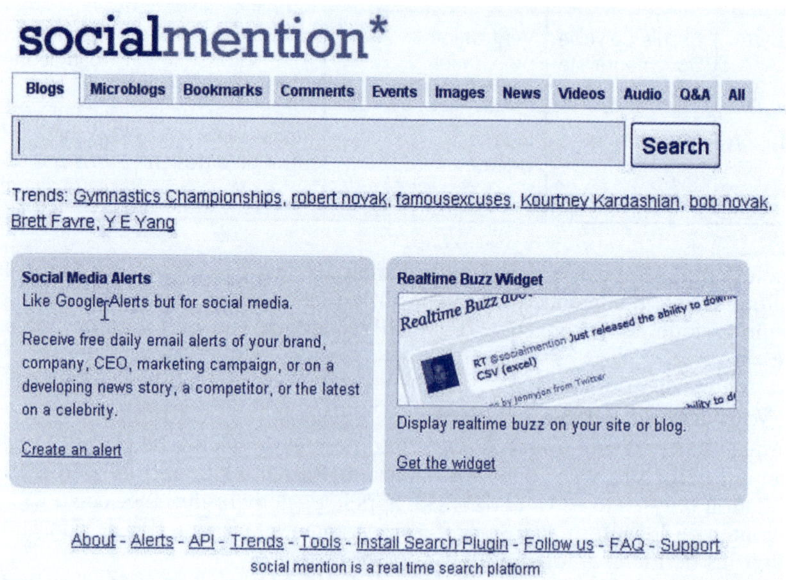

• Choisir et optimiser

Détecter ou créer les flux RSS, paramétrer les alertes et les requêtes, mixer et filtrer les flux.

Outils utiles : métamoteurs de flux (FeedMySearch, Keotag, WASAlive), moteurs d'actualités (Google Actus, Yahoo Actus, Wikio), moteurs de blogs et microblogs (Blogpulse, Technorati, G. BlogSearch, Twingly, Twitter Search), création de flux (xFruits, Torss, Feedity, FeedMarklet), gestion et optimisation des flux (OplmManager, FeedBurner, RssBang).

FeedMySearch : transformer les recherches effectuées sur Google en flux RSS.

Comme son nom l'indique… Keotag cherche et génère des tags (mots-clés).

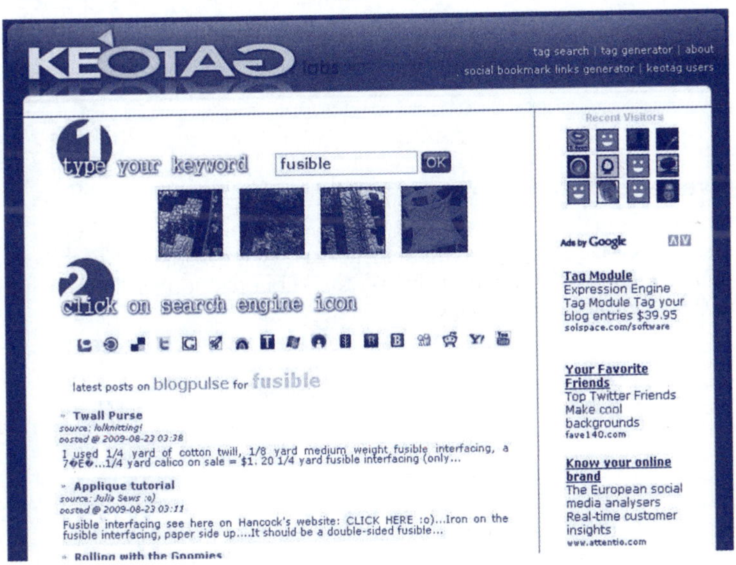

• Collecter et sélectionner

Agréger et organiser les sources dans un lecteur de flux RSS, créer des listes de partage organisées par tags et munies de sorties RSS réutilisables.
Outils utiles : agrégateurs de flux RSS (Netvibes, Google Reader, Bloglines), mixeurs/filtreurs de flux (Feed. informer), transfert des informations de flux (FeedMyInbox, xFruits).

Xfruits : celui qui sait tout faire.

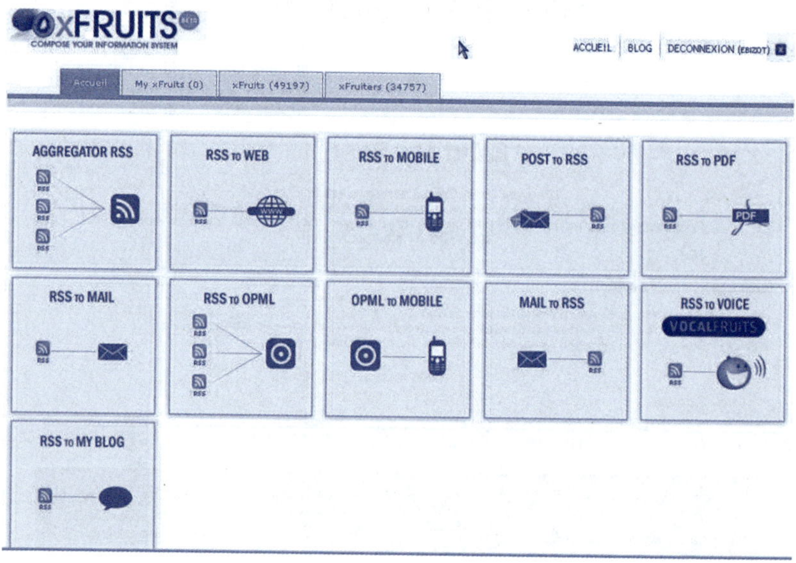

❑ *Archiver et diffuser*

Répliquer les informations et les annoter.
Outils utiles : gestion des signets (Diigo, Delicious, Twine), outils de capture (Clipclip, Snipd, Tumblr), outils d'annotation (Evernote, Webnotes), outils de réplication pour diffusion (Blogger, Posterous, Planetaki, Slinkset).

Twine : vers le web sémantique (3.0) ?

❑ *Transformer et partager*

Créer des outils de diffusion adaptés aux destinataires de la veille et multiplier les canaux de diffusion.

Outils utiles : Widgets Rss de rediffusion (WidgetBox, FeedWind, Feedsr. us), abonnements par mails (Feedburner, Nourish, FeedBlitz), transformation en PDF (rss2pdf, FeedJournal, Tabbloid), rediffusion vers des réseaux sociaux (Facebook, Twitter, Plaxo), transformations audio (Pingie, AudioFeed, MobiFeeds).

Nourish : alimenter automatiquement des newsletters.

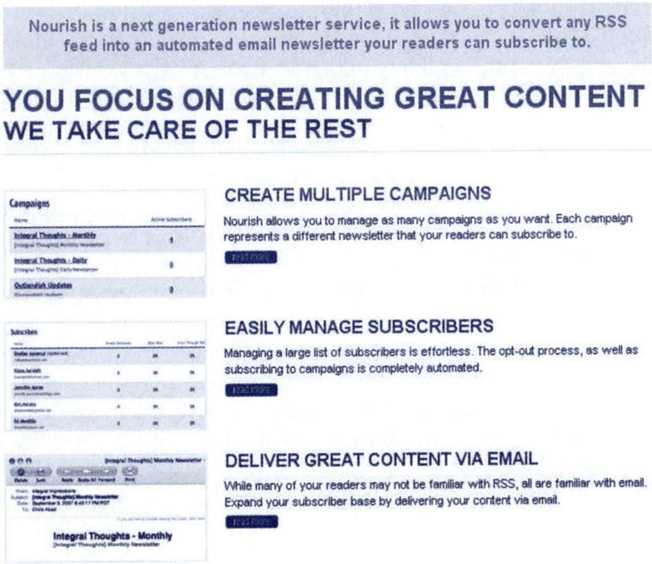

Les études documentaires

Fiche 67

Les entreprises, les institutions, les collectivités territoriales et les associations ont besoin, en dehors d'une démarche de veille permanente, de produire des informations d'une manière ponctuelle. À un moment précis, elles peuvent s'interroger sur le lancement d'un produit ou d'une action, ou sur le résultat d'une opération de communication.

Principes clés

Aujourd'hui, les entreprises comme les autres annonceurs sont confrontées à une abondance d'informations ce qui entraîne des difficultés dans l'organisation de la collecte, le traitement des informations et la mise en valeur des résultats obtenus.

❑ *Définitions*

En plus de la notion de durée (étude ponctuelle ou permanente), il existe plusieurs types d'études selon :

- l'objet : étude d'audience, pré-test d'un message, etc.
- la destination : les études sont dites collectives, lorsque les résultats sont vendus à plusieurs entreprises clientes comme dans les panels (enquête répétitive auprès d'un échantillon semi-permanent comme le panel de Médiamétrie pour l'Audimat) ou les enquêtes omnibus (enquêtes constituées des questions posées par plusieurs entreprises clientes à un même échantillon) ; un cas particulier : les baromètres, car on interroge régulièrement des échantillons renouvelés à chaque fois (baromètre personnalités politiques Ipsos Le Point) ; elles sont appelées spécifiques lorsque les résultats ne concernent qu'une seule entreprise (exemple étude d'image de la société Total) ;
- l'approche : études sur le terrain (études qualitatives et études quantitatives) et les études documentaires.

Selon cette dernière approche, les études documentaires sont dites secondaires, car elles consistent à récupérer et à analyser des informations préalablement collectées. Les études sur le terrain sont dites primaires car elles recherchent des informations non mesurées, on « va sur le terrain » et on interroge les personnes constituant l'échantillon (➤ fiches suivantes).

❑ *Les sources possibles*

• Les sources internes

Elles existent au sein de l'entreprise, mais il faut souvent les retraiter ou avoir, dès le départ, pensé à leur utilisation possible comme moyen d'information. Par exemple : cas d'une vente d'espaces publicitaires, prévoir un code dans la numérotation d'une facture correspondant à un chef de publicité particulier.
Les principales sources internes sont :

- le fichier clients, le fichier des adhérents pour une association, le fichier des participants aux activités communales (centre de loisirs, bibliothèque, cantine) ;
- les informations comptables (ratio de rentabilité par produits, par vendeur, etc.) ;
- les rapports des vendeurs ou représentants commerciaux (retour sur la concurrence, sur l'état du marché) ;
- les retours clients (SAV, centre d'appels) ;
- les archives (les études antérieures par exemple).

• Les sources externes

Il y a une concurrence entre les différents organismes et moyens d'informations. Cette surinformation amène parfois à une certaine désinformation. Les principales sont :

Les organismes publics	français : Insee, Inpi, CCI, chambres des métiers, etc. étrangers : Eurostat, Bit, etc.
Les organismes professionnels	de la communication : Arpp, Ojd, Cesp, Irep… de représentation : Aacc, Udecam, Uda, etc.
Les instituts	Ifop, Tns Sofres, Nielsen, etc.
Les annuaires	Kompass, Esomar, Cegcod, Guides Bedouk, etc.
Les médias	la presse générale : le Monde, l'Expansion, la Tribune, etc. la presse professionnelle : Stratégies, Cb news, Lsa, etc. les sites spécialisés : journaldunet, capcom, emarketing, etc.

• Qualités et limites des différentes sources documentaires

Sources	Qualités	Limites
Internes	Coût faible. Grande disponibilité. Facilité du traitement car déjà sous forme informatisée.	Informations principalement sous formes quantitatives (chiffres). Informations déjà traitées, donc biais possible.
Externes	Quantités d'informations très importantes. Peu coûteuse, voire gratuite.	Informations peu adaptées à l'étude envisagée. Trop d'informations à traiter. Informations trop anciennes.

❑ *Le traitement nécessaire des informations*

Toutes les informations collectées ne sont pas forcément intéressantes, alors il faut faire un tri, ce qui prend souvent un temps important. Il est nécessaire dans un premier temps de bien cerner l'objet de l'étude. Il faut définir la qualité des informations recueillies : récentes ou pas, « directes » (rapport d'étude par exemple) ou provenant d'un traitement (article sur un site ou dans la presse).
Attention, une erreur assez fréquente actuellement ; c'est de ne recourir qu'à des sources externes provenant d'Internet. Ce média présente quelques lacunes et il est nécessaire de collecter des informations par d'autres sources.
Il faut chercher à « recouper » les informations pour vérifier leur exactitude et préférer celles provenant de structures connues et reconnues. Parfois, certaines informations internes peuvent comporter des jugements sur ou sous-évalués (par exemple rapports de la force de vente, du service après vente, du centre d'appels).

❑ *Les résultats*

Comme pour chaque étude, il est nécessaire de présenter dans le rapport de synthèse, le sujet de l'étude, ses objectifs, sa méthodologie avec citation des différentes sources et leurs natures, et formuler d'une manière concise, les conclusions. Les sources seront mises en annexe pour une éventuelle consultation.
L'étude documentaire est souvent la première approche à l'élaboration d'une étude plus complète de type qualitative ou quantitative car elle permet :

- d'affiner l'objet de l'étude future, par exemple en délimitant un problème mal cerné, trop important ;
- de réunir et faire une première analyse des informations déjà disponibles ;
- d'initier son auteur au domaine en question.

On peut considérer le benchmark (ou benchmarketing), comme un exemple d'étude documentaire par la recherche de pratiques des concurrents et sa veille de l'environnement. On recherche les bonnes idées des concurrents pour les appliquer à son entreprise.

Éléments et analyse : les principales études spécifiques au secteur de la communication

❑ *Les études d'audience*

Il existe de nombreuses études pour tous les médias, car la valeur d'un support est liée à la quantité et à la qualité de son public. Nous citons ci-dessous, les principales.

Presse	Méthodologie
OJD	L'association contrôle la diffusion des médias pour chaque titre, avec le chiffre du tirage et celui de la diffusion.
AEPM Audipresse	L'Association pour l'Étude de la Presse Magazine réalise 23 910 interviews, en face à face, pour mesurer l'audience de 175 magazines grand public.
EPIQ Audipresse	L'Étude de la Presse d'Information Quotidienne mesure par téléphone 25 498 interviews pour connaître l'audience des quotidiens nationaux et régionaux, des quotidiens gratuits, de la presse hebdomadaire régionale.
Télévision	**Méthodologie**
Médiamétrie	C'est l'outil de mesure de référence avec un panel composé de 8 895 individus âgés de 4 ans et plus vivant dans 3 420 foyers équipés d'un audimètre à bouton-poussoir.
Internet	**Méthodologie**
Médiamétrie NetRatings	Cet outil s'appuie sur un échantillon de 25 000 individus, recrutés par téléphone et sur Internet, composé de la population des internautes âgés de 2 ans et plus, résidant en France et disposant d'un accès Internet à domicile et/ou sur le lieu de travail.
OJD	Il certifie la fréquentation de 214 sites Web sur la base du critère de la visite et du visiteur unique, grâce à un logiciel de mesure labellisé OJD.
PROFILING Ipsos	Réalisé sous forme d'un questionnaire téléphonique auprès de plus de 300 sites, il est auto-administré à 35 000 répondants ; internautes de 15 ans et plus, résidant en France.
Affichage	**Méthodologie**
Affimétrie	Cet outil mesure l'affichage dans la rue auprès de 55 000 individus de 11 ans et plus dans des agglomérations de plus e 10 000 habitants.
Métrobus	Outil de mesure développé par cette régie, il permet de connaître l'audience du réseau Métro RER, en région parisienne.
Radio	**Méthodologie**
Médiamétrie 126 000	L'institut interroge, par téléphone, 126 000 individus âgés de 13 ans et plus, résultats 5 fois par an, avec un outil spécial sur les radios locales et par région.
Cinéma	**Méthodologie**
Médiamétrie 75 000 +	L'institut interroge, tous les jours, par téléphone 27 800 individus âgés de 6 ans et plus, tout au long de l'année à l'exception de l'été. Résultats bimestriels.
CNC	Le Centre National du Cinéma, grâce aux tickets d'entrées, peut fournir des chiffres sur la fréquentation des films et des salles (données uniquement quantitatives).

❑ *Les études de mesure de l'efficacité des moyens*

On peut aborder ici les études de type post-test d'une campagne, même si elles sont que très rarement des études documentaires. Elles sont à l'initiative de l'annonceur pour pouvoir mesurer les retombées de sa communication. On procède par enquêtes pour déterminer les indicateurs de notoriété, de mémorisation, de reconnaissance, d'agrément et d'intention d'achat ou de modification d'un comportement (cas des campagnes sociales).

❑ *Les études sectorielles de marché*

	Méthodologie
IREP FrancePub	C'est le bilan annuel des recettes publicitaires et des dépenses de communication des annonceurs afin de cerner l'évolution du marché de la communication.
TNS Média Intelligence	C'est la pige publicitaire quantitative et qualitative des médias par secteur, par marque et par média. Les résultats sont mis à jour quotidiennement.
France Cadres actifs Ipsos	Cette étude annuelle mesure l'audience des différents médias avec 7000 interviews : téléphone lieu de travail + phase auto-administrée (carnet d'écoute de la radio et de la télévision + questionnaire auto-administré).

Compléments

❑ *État du droit : la protection de la personne interrogée*

Les études doivent respecter la loi du 6 janvier 1978, Informatique et Libertés, et les recommandations de la CNIL sur la protection des droits de la personne privée. Publiée en 2008, la quatrième édition du Code international CCI/Esomar (European Society for Marketing Research – association mondiale pour la recherche marketing) énonce les grands principes que doivent suivre les professionnels en matière d'études de marché et d'opinion : se conformer aux législations nationales et internationales en vigueur, respecter la déontologie, être particulièrement prudents lorsqu'ils interviennent auprès d'enfants et de jeunes, s'assurer que les projets et activités d'études sont conçus, menés, rapportés et consignés de manière précise, transparente et objective, et ne jamais permettre l'utilisation des données personnelles obtenues dans le cadre d'une étude à des fins autres que celles de l'étude. Les personnes interrogées ne doivent subir aucun préjudice ni dommage découlant directement de leur participation à l'étude et recevoir des informations appropriées et non trompeuses quant à son objectif général et à sa nature.

❑ *Que va-t-il se passer demain ?*

On peut penser que l'usage d'Internet offre une capacité très importante de collecter des informations déjà traitées par d'autres, donc une réelle économie. Il y a un risque d'un trop grand nombre d'informations, mais aussi, l'économie de ce média pousse les sites spécialisés à faire payer ces renseignements sous forme d'abonnement.

Les études qualitatives

Fiche 68

Souvent, après avoir mené une étude documentaire, l'entreprise n'a pas forcément toutes les informations face au problème posé (lancement d'un produit, évolution d'un packaging, etc.). Généralement, elle décide de poursuivre sa démarche par l'intermédiaire d'études primaires, quantitatives ou qualitatives.
Les études quantitatives ont pour objet de mesurer le comportement, les opinions d'un groupe de personnes, le *combien*, tandis que les études qualitatives cherchent plutôt à comprendre les attentes, les motivations ou attitudes des personnes interviewées, le *pourquoi*.

Principes clés : méthodologie

❑ *Les objectifs d'une étude qualitative*

Les études qualitatives traitent des questions marketing ou de communication identiques à celles des études quantitatives : tester un concept de produit, un concept ou un projet de communication, analyser l'évolution d'une image de marque, etc. Pour le Syntec (syndicat représentatif des professionnels des études en France), « la différence réside dans la méthode, qui consiste à rechercher une information en profondeur, en comprenant comment fonctionne dans le public le mécanisme conscient ou inconscient de la perception d'une offre par exemple, ou ce qui constitue les motivations psychologiques ou sociologiques de l'adhésion à une marque ou d'une décision d'achat, et dans le type de résultats qui ne mesurent pas des opinions, mais expliquent des attitudes ».
Avec la démarche qualitative, on cherche à faire produire aux interviewés (consommateurs, utilisateurs, citoyens, adhérents selon la nature de la structure), des discours sur l'objet de la recherche, à essayer de comprendre et d'analyser les ressorts du processus de prise de décision.
Menée par des sociologues ou des psychologues, une étude qualitative porte sur un nombre réduits d'individus, 20 à 50 personnes en général, car dans cette démarche, on fait abstraction de la représentativité parfaite. Lorsqu'on constitue un groupe de personnes à interroger, on recherche un éventail d'attitudes et de motivations par rapport à l'objet de l'étude. Exemple : variété de femmes de tous âges et de tout CSP pour recherche de nom d'un fromage pour un enfant.

❑ *Les techniques d'entretien*

Entretien	Méthodologie	Avantages	Inconvénients
Individuel 15 à 30 entretiens	Libre ou non-directif : l'interviewer est neutre, il écoute, reformule les phrases, approfondit certaines réponses, autour du thème abordé. Semi-directif : l'interviewer suit son guide d'entretien, avec une liste de points précis à aborder.	Possibilités d'aborder des sujets difficiles ou tabous (relation sexuelle, alcool, drogue, etc.). Qualité des réponses obtenues Réduction de la dispersion des sujets traités Approfondissement d'entretiens libres	Démarche lourde et longue. Coût > 15 000€ (selon nombre et nature de l'interviewé). Compétence technique de l'interviewer (*B to B*). Coût de 10 et 15 000€ (même remarque).
De groupe 8 à 12 personnes	L'animateur s'appuie un plan d'entretien et doit maîtriser un groupe hétérogène. Cela dure plus d'une heure et l'entretien est souvent filmé.	Qualité et richesse de l'échange collectif. Mise en avant de certains freins ou attitudes. Sujet bien approfondi. Coût (5 000 à 10 000 €).	Utilisation plus difficile en cas de meneurs ou blocages. Constitution du groupe. Nécessité d'une animation maîtrisée.

❑ *Les techniques d'accompagnement*

On utilise ces différentes techniques, souvent en complément d'entretiens. Ils permettent de dépasser certains blocages psychologiques :

- les tests d'associations, basés sur la spontanéité ; association de mots, d'images ou portraits chinois.

  ◆ *Exemple :* « si ce plat était une couleur, un pays » ?

- les tests d'expression ; l'enquêté termine les phrases par le mot qui lui vient. Exemple « avec une pomme, on peut ? Réponses : croquer dedans, faire du jus, etc. »
- les tests d'aperception thématique (TAT) ; on demande à l'interviewé d'imaginer des scènes à partir de planches (photos, dessins, bandes dessinées).

❑ *Les techniques d'observation*

On observe le comportement de l'interviewé mis en situation :

- soit en « laboratoire », c'est-à-dire dans un magasin expérimental reconstitué,
- soit à son insu, dans un vrai lieu de vente.

À partir d'une grille d'analyse, on essaie d'identifier sa démarche : regard, temps dans le rayon, prise en main du produit, rayons non parcourus, etc. avec l'aide d'une caméra.

Éléments et analyse

❏ *Utilité des études qualitatives*

Ce type d'études est utilisé, dans des domaines bien précis du marketing et de la communication comme la recherche de concept, la conception de noms, l'analyse de l'identité d'une marque. On s'en sert aussi comme un moyen exploratoire à une future étude quantitative, c'est-à-dire, qu'à partir des résultats obtenus, on passe à une phrase plus quantitative où on essaie de mesurer le combien et non plus le pourquoi. Par exemple, on réussit à cerner les attentes produit (motivations et freins), on va chercher à déterminer les potentialités de ce produit sur le marché.

❏ *Limites des études qualitatives*

Certains experts critiquent ce type d'études et prennent souvent le cas, de produits qui ont été lancés alors qu'il n'existait aucune attente précise ou que le concept était trop novateur, comme l'ESPACE de Renault ou la couleur jaune et vert du packaging du yaourt Activia de Danone (univers traditionnel du yaourt bleu ou blanc).
La principale critique provient d'une généralisation hâtive de résultats menés sur un petit nombre d'individus. Cela pose le problème de la composition de l'échantillon des individus interrogés et des biais possibles.
La seconde limite est la difficulté de cerner, malgré les progrès de la sociologie et de la psychologie, le comportement humain et de définir des outils de mesure standards efficaces.

Compléments

❏ *État du droit : des moyens d'assurer la qualité de l'étude*

En dehors des éléments de protection des droits de la personne privée, les instituts membres du Syntec, pour éviter les « professionnels de l'interview » (on interroge toujours les mêmes types d'individus), ont créé un outil vigilance : le contre-fichier qualitatif. Tous les noms et numéros de téléphone des personnes interrogées sont centralisés dans ce fichier. Il est donc possible de s'assurer de la "fraîcheur" d'un participant éventuel avant de l'inviter à participer à un groupe ou à une interview.
Les règles de déontologie professionnelle fixent une durée minimale d'un an, pour la conservation des documents originaux, élément de preuve de la crédibilité de l'étude.

❑ *Que va-t-il se passer demain ?*

Les études qualitatives se sont bien développées ces dernières années et on peut penser, que cet élan ne va pas s'arrêter, accompagné par un renforcement de la professionnalisation des instituts. Avec une concurrence de plus en plus rude, les entreprises ont besoin de mieux analyser et comprendre les attitudes et les freins de leurs cibles. Pour les autres types d'organisations (collectivités territoriales, associations), le principal frein est constitué par le coût, mais aussi leur capacité à remettre en question certains mécanismes ou projets.

Les études quantitatives

Fiche 69

Après une étude qualitative, on entreprend souvent une étude quantitative, car les résultats obtenus permettent de « cerner » le domaine, d'avoir une idée, mais l'annonceur souhaite avoir d'autres informations pour faciliter sa prise de décision.
Si les études qualitatives ont pour objectif de comprendre les motivations ou attitudes des personnes interviewées, le *pourquoi*, les études quantitatives, elles permettent de mesurer le comportement, les opinions d'un groupe de personnes, le *combien*.

Principes clés

❑ *Les objectifs d'une étude quantitative*

Les études quantitatives ont pour objet de mesurer la notoriété d'un annonceur, la perception de son image, les attentes de clients ou de prospects ou des citoyens dans le cas d'une collectivité territoriale, leurs réactions aux actions commerciales ou messages de communication.

❑ *Les différents types d'études*

Les études quantitatives peuvent être :

- ponctuelles comme des enquêtes, des sondages ;
- périodiques comme les panels ou les baromètres.

On distingue les panels des baromètres car les premiers sont constitués des échantillons de population identiques, mais renouvelés tous les ans, alors que pour les seconds, les échantillons sont différents à chaque enquête. Dans ces deux cas, les questions sont identiques et posées à intervalles réguliers. Il y des panels de :

- consommateurs, qui ont pour but de mesurer l'évolution de la consommation (quantité d'achats, nature des produits, etc.) comme le panel ConsoScan 2 de Secodip, Médiamat de Médiamétrie, Homescan de Nielsen ;
- distributeurs, qui cherchent à évaluer les modifications de vente des différents circuits de distribution, comme InfoScan Census de l'IRI, Panel Culture de GFK ;

– citoyens, à l'initiative des collectivités territoriales lorsqu'elles souhaitent connaître l'avis sur des projets ou des réalisations comme le panel citoyens du Conseil régional des Pays de la Loire.

Éléments : le questionnaire

C'est l'outil privilégié des études quantitatives, même si parfois, un simple comptage peut fournir des informations précieuses comme par exemple les passages aux caisses. Il est nécessaire d'adopter une démarche structurée pour obtenir des résultats significatifs et non biaisés : sélection de l'échantillon, formulation des questions.

❑ *Déterminer l'objectif de l'enquête*

Que l'étude soit faite en interne ou par une société d'études, il est nécessaire de réaliser un cahier des charges qui permettra de définir les objectifs de l'étude : quels sont ses besoins d'informations, combien d'informations recherchées et qualités des informations attendues, mais aussi quels délais et quel budget pour ce travail.

❑ *Définir un échantillon*

On peut interroger l'ensemble de la population à étudier, c'est le recensement. Si son avantage principal, c'est de réaliser une étude complète, sa mise en œuvre est souvent impossible et pas forcément nécessaire (faut-il interroger tous les consommateurs pour connaître les produits qu'ils achètent ?).
Les annonceurs ne cherchent pas l'exactitude mathématique, mais plutôt, la connaissance approchée d'un marché. Ils utilisent un échantillon, un sous-ensemble de la population de base, qui va représenter d'une manière fidèle, toute la population à étudier. De la constitution de celui, va dépendre la qualité et la fiabilité des résultats. La base du sondage correspond à la population qu'on veut étudier, appelée aussi « population mère ». On peut la trouver sous forme de fichiers dans l'entreprise (fichiers clients, fichiers revendeurs) ou encore l'acheter dans des annuaires (Pages Jaunes par exemple). Une unité de sondage correspond à un élément de la population par exemple, un individu, un ménage, une entreprise, une commune, un magasin.

- Les méthodes probabilistes ou aléatoires

Pour utiliser ces méthodes, il faut connaître tous les éléments de la population de base étudiée pour pouvoir extraire une unité de base avec la même probabilité d'être sélectionnée, chaque unité étant numérotée.

Nom	Définition	Exemple
Méthode probabiliste par tirage systématique	On organise le tirage des unités de sondage à interroger à partir d'un intervalle régulier.	Si l'échantillon retenu est de 75 pour une population de 75 000 individus, l'intervalle de sondage sera de 1000. On tire au sort le premier nombre, point de départ, par ex. 56, et on va interroger toutes les unités numérotées : 1056, 2056, etc. jusqu'à 74 056.
Méthode probabiliste avec table des nombres au hasard	On utilise une table de nombres au hasard pour le tirage des unités de sondés à interroger.	Si l'échantillon est de 250 pour une population de base de 999 individus, on prend dans la table de nombres au hasard de Kendall et Babington, 3 chiffres car 999 individus, par ex. 4e ligne 3e colonne, 818, 550, 473, etc. jusqu'à la 250e unité.
Sondage stratifié	On divise la population mère en groupes homogènes, (des strates) comme l'âge, le PCS, le revenu, etc. On tire au sort des unités de sondage dans chaque strate.	On veut constituer un échantillon de 300 entreprises, à partir d'une population de 2 000 points de vente selon les types de commerce : commerce de proximité, franchises et commerce intégré. On procède au tirage au sort de 100 entreprises dans chaque strate.
Sondage par grappes	On définit des sous-groupes ou grappes de la population mère et l'enquêteur interroge toutes les unités de sondage de chaque grappe, tirée au sort.	Pour une enquête sur les règlements par CB, on divise Paris en 30 quartiers, soit 30 grappes. On tire au sort des grappes et on interroge toutes les unités des grappes retenues.

Ces méthodes sont rigoureuses, et seules valables en théorie probabiliste, mais elles sont très coûteuses, difficiles à mettre en place parfois et donc sont peu utilisées dans le domaine du marketing.

- **La représentativité d'un échantillon**

Dans la pratique, la taille de l'échantillon est le résultat du degré de fiabilité recherché et du budget d'étude disponible (plus il y a des questionnaires, plus c'est coûteux). Sa taille (n) correspond à la formule suivante :

$$n = \frac{t^2 p (1 - p)}{e^2}$$

e = niveau de précision désirée ou appelé intervalle de confiance.
Cela signifie que dans une enquête, si on décide d'accepter e = 2 %, le résultat est 45 % de « oui » à une question, il faut lire : les « oui » représentent entre 43 et 47 %.
p = correspond au pourcentage obtenu.
t = valeur selon le seuil de confiance retenu, généralement 95 %, donc égal à 1,96.

- Les méthodes non probabilistes ou empiriques

Nom	Définition	Exemple
Méthode des quotas	On constitue un échantillon qui représente exactement la population mère selon certains critères.	Si dans une population, il y a 48 % d'hommes et 20 % de 25/35 ans, l'échantillon de 1 000 personnes comportera 480 hommes et 200 personnes de 25/35 ans soit 104 femmes (520 × 20 %) et 96 hommes (480 × 20 %)
Méthode des itinéraires	On cherche à reconstituer les conditions du hasard, en imposant un itinéraire précis aux enquêteurs.	Dans un point de vente, on interroge tous les 5e clients à la caisse n° 2 pendant 1 heure, après tous les 5e clients à la caisse n° 1, l'heure suivante, etc.

Ces méthodes n'ont aucun fondement théorique mais elles sont validées par l'expérience. Très utilisées car leur coût est faible, elles sont simples à mettre en place.

- L'échantillon de convenance

Un échantillon est qualifié de convenance, s'il ne repose sur aucune méthode qui garantit sa représentativité. Exemple : on interroge les gens dans la rue ou les clients à la sortie d'un hypermarché (enquête dite « en sortie de caisse » ou micro-trottoir). On peut, éventuellement, améliorer sa représentativité en donnant aux enquêteurs des consignes de prélèvement pour reproduire au mieux les conditions du hasard.

❑ *Élaborer le questionnaire*

Les questions doivent permettre d'apporter des réponses aux objectifs fixés de l'étude, tout en prévoyant le traitement futur. Il est nécessaire de limiter le nombre de questions pour faciliter l'administration et en réduire le coût.

- Les différents types de questions

Il y a trois grandes catégories de questions :

- les questions fermées où le choix des réponses est limité a priori ;
- les questions avec échelles d'attitudes qui permettent de nuancer les réponses ;
- les questions ouvertes où l'enquêté à toute liberté pour s'exprimer.

Nom	Définition	Exemple
Questions fermées	Dichotomiques	Avez-vous un ordinateur ? Oui ☐ Non ☐
	À choix unique	Quand vous achetez une paire de chaussure, quel est votre principal critère d'achat ? (1 seule réponse) : le prix, la mode, la forme, la couleur.
	À choix multiples	Qu'attendez-vous d'une voiture ? (plusieurs réponses possibles) : le confort, une finition, la vitesse, la sécurité.
	À choix ordonnés ou hiérarchisés	Classez dans l'ordre décroissant, vos critères de choix d'un hôtel ? : le prix, l'accessibilité, la catégorie, l'enseigne.
Questions avec échelles d'attitudes	Échelle de Lickert : l'interviewé choisit une réponse avec une note de 1 à 5	Vous avez trouvé le repas d'aujourd'hui ? Très mauvais (1) – Mauvais (2) – Moyen (3) – Bon (4) – Très bon (5)
	Échelle d'Osgood : on propose une échelle bipolaire	Pour vous, le SAV est Important +2 +1 0 –1 –2 inutile
Questions ouvertes	Elles donnent toute liberté pour la réponse	Lorsque vous êtes en vacances, quels types d'activités souhaitez-vous réaliser ?

- **La rédaction des questions**

Il existe quelques règles comme :

– utiliser un vocabulaire adapté à la population interrogée ;
– éviter des questions dont la réponse est orientée ;
– employer un vocabulaire précis (proscrire : « souvent, quelquefois, rarement »).

C'est pour ces différentes raisons qu'il est recommandé de « pré-tester » la maquette du questionnaire pour affiner les questions et l'intitulé des réponses.

- **L'organisation du questionnaire**

Il est nécessaire de :

– commencer par une phrase de présentation : expliquer le but, préciser et remercier pour le temps consacré ;
– organiser l'ordre des questions, avec la technique de l'entonnoir (au début les questions générales et progressivement les questions les plus précises, les plus personnelles) ;

– classer les questions par thèmes abordés et terminer par les questions d'identification, dites signalétiques ;
– finir par une phrase de remerciement.

Sur un questionnaire, on fait apparaître des éléments liés à la situation d'enquête comme le numéro du questionnaire, la date, le lieu, le code de l'enquêteur.

❑ *Administrer le questionnaire*

Il existe différents moyens d'administration, c'est-à-dire de collecte des informations. Ce choix dépend de l'objet de l'étude, de la forme du questionnaire, des impératifs de temps et aussi de budget. On distingue généralement :

– le mode auto-administré, le questionnaire est rempli librement, sans assistance, par le répondant. Par exemple : questionnaire reçu par courrier ou par Internet ou en libre disposition dans un point de vente ;
– l'administration par un enquêteur, au téléphone, en face dans la rue ou au domicile.

Chacun de ces modes a des avantages et des inconvénients, mais souvent la décision du mode d'administration est liée aux contraintes budgétaires (à peu près la moitié du budget de l'étude). Le coût du premier est moins élevé que le second, mais la fiabilité et la qualité ne sont pas les mêmes.

❑ *Traiter le questionnaire*

Dans un premier temps, on dépouille les questionnaires, en :

– éliminant ou traitant à part les questionnaires incomplets ;
– corrigeant les questionnaires incohérents ;
– codant les questionnaires corrects pour leur traitement informatique par l'attribution d'une variable par réponse.

Ensuite, grâce au codage préalable, on effectue la saisie par l'utilisation d'un logiciel de dépouillement d'enquêtes comme Ethnos ou Sphinx, ou en utilisant les fonctions d'un tableur de type Excel ou OpenOffice. Ces outils ont comme principale fonction de compter mais permettent aussi la mise en forme des questionnaires, la réalisation de tris et la présentation des résultats.

Compléments

❑ *État du droit : une protection des sources*

Les sociétés d'études s'interdisent de révéler à leur client et à des tiers le nom des enquêtés. Les noms et adresses des personnes interrogées sont détruits, selon les dispositions légales. Elles bénéficient pour tous leurs travaux d'études de la protection donnée par la loi du 11 mars 1957 sur la propriété littéraire et artistique. Sauf mention particulière inscrite dans les propositions, les résultats et autres documents fournis sont réservés à l'usage exclusif de l'entreprise cliente, à l'exclusion de toute autre entreprise. Tous les supports de l'information : questionnaires, fichiers informatiques, ainsi que tout document utilisé pendant la réalisation de l'enquête restent la propriété de la société d'études.

❑ *La déontologie des enquêtes : le SYNTEC et l'UDA*

Tous les membres de la Section Études de Marché de la Chambre Syndicale des Sociétés d'Études et de Conseils (SYNTEC) sont tenus au secret professionnel. Les principales règles déontologiques en matière d'étude sont formalisées, dans les chartes du type CCI-ESOMAR et Guide UDA-SYNTEC en collaboration avec l'Union Des Annonceurs. Des mises à jour sont régulièrement effectuées selon les progrès des techniques et les besoins du secteur.

❑ *Que va-t-il se passer demain ?*

On pourra comprendre, analyser le comportement d'individus à partir de sites communautaires ou forums participatifs, d'où un gain de temps et un coût moindre.

Fiche 70

L'analyse et la diffusion des données quantitatives

Les résultats d'une étude, qu'elle soit documentaire, qualitative ou quantitative, sont souvent difficiles à exploiter en l'état : nombre d'informations importantes, chiffres absolus, absence d'éléments de comparaison entre les réponses, mais aussi évolution dans le temps, rendant l'interprétation ardue. L'analyse consiste à synthétiser et à interpréter les résultats pour les rendre utilisables par le client.

Principes clés

Un travail d'analyse et de diffusion est nécessaire pour s'approprier les résultats d'une étude. On les traite avec des outils mathématiques simples pour en faciliter la synthèse et aussi pour les mettre en valeur sous forme de tableaux et de graphiques. Cette étape est facilitée par l'utilisation de logiciels de traitement d'enquête et/ou d'un tableur. Ensuite, la synthèse des résultats est faite avec un outil de type PowerPoint.

Éléments

L'ensemble des données sous forme de chiffres dans un tableau ou dans un graphique est appelé « série statistique ».

❑ *Les outils d'analyse des données quantitatives*

• La présentation à partir des proportions

Un **pourcentage** est un rapport dont le dénominateur est égal à 100. Il facilite la lecture d'un résultat.

◆ *Exemple :* Sur 250 réponses, il y a 200 « OUI » à une question, cela représente donc 80 %, soit (200/250).

Un **indice e**st un instrument de mesure qui permet d'avoir une idée précise d'une évolution (comparaison entre les résultats de deux périodes, par exemple). L'indice 100 est donné à une des valeurs choisies comme base de référence.

◆ *Exemple :* Suite à une campagne de communication, le nombre d'intentions d'achat est passé de 80 à 120, avec la même taille d'échantillon (240 questionnaires). L'indice est donc 150, soit (120/80) X 100. Cela représente une progression de 50 % car l'indice de départ correspondait était 100 (80 intentions d'achat).

• Les tris à plat, une seule variable

On présente, souvent dans une première étape, les résultats, question par question, dans un tableau, avec les effectifs de la série. On calcule les fréquences relatives pour chaque réponse, pour chaque variable.

◆ *Exemple :* Salaires des employés d'une entreprise :

Nature réponse	Effectifs	Fréquences
1 000 à 1 500 €	20	12,50 %
1 500 à 2 000 €	40	25,00 %
2 000 à 2 500 €	60	37,50 %
2 500 à 3 000 €	30	18,75 %
3 000 à 3 500 €	10	6,25 %
Total	160	100,00 %

• Les tris croisés, deux variables

Dans ce cas, on met en relation les réponses à une question avec les réponses à une autre, dans un tableau dit « à double entrée ».

◆ *Exemple :* Salaires des employés et ancienneté dans l'entreprise

Nature réponse	Moins de 5 ans	De 5 ans à 10 ans	De 10 ans à 15 ans	De 15 ans à 20 ans	Effectifs
1 000 à 1 500 €	8	6	4	2	20
1 500 à 2 000 €	20	10	6	4	40
2 000 à 2 500 €	25	20	10	5	60
2 500 à 3 000 €	10	10	5	5	30
3 000 à 3 500 €	5	2	3	0	10
Total	68	48	28	16	160

On peut calculer les fréquences sur le même principe que le tableau précédent.

❑ *Les séries statistiques*

Un paramètre est un nombre représentatif de la série statistique qui permet de comparer deux séries entre elles.

- Les paramètres de position

Le **mode**, c'est la valeur de la variable pour laquelle l'effectif est le plus grand.
Par exemple dans le premier tableau, c'est « de 2 000 à 2 500 € ». On parle de classe modale, classe avec l'effectif le plus grand.
Son intérêt, c'est sa détermination immédiate et très significative, uniquement dans le cas où il y a un effectif nettement supérieur aux autres.
La **médiane**, c'est la valeur de la variable qui partage la série en deux ensembles égaux, rangés par valeur croissante ou décroissante, c'est-à-dire c'est la variable telle que 50 % des observations aient une valeur supérieure et 50 % une valeur inférieure.

Nature réponse	Effectifs	Fréquences	Fréquences cumulées
1 000 à 1 500 €	20	12,50 %	12,50 %
1 500 à 2 000 €	40	25,00 %	37,50 %
2 000 à 2 500 €	60	37,50 %	75,00 %
2 500 à 3 000 €	30	18,75 %	93,75 %
3 000 à 3 500 €	10	6,25 %	100,00 %
Total	160	100,00 %	

La médiane est dans la classe de [2 000 ; 2 500], d'où l'interpolation pour obtenir la médiane suivante : 2 000 + (2 500 – 2 000) × (80-60)/60 = 2 166,66 €.
La détermination de la médiane est assez facile et cela donne une appréciation de la tendance centrale non influencée par les valeurs aberrantes de la série.
La **moyenne pondérée** permet, à la différence de la moyenne simple, de tenir compte du poids de chaque valeur de la série.

– la moyenne arithmétique simple :

$$\frac{\Sigma x_i}{i}$$

◆ *Exemple :* on prend le centre de la classe (x_i)

(1 250 + 1 750 + 2 250 + 2 750 + 3 250)/ 5 = 2 250 €

Mais ce résultat n'est pas vraiment significatif car à chaque valeur de la variable correspond un nombre différent d'observations.

– la moyenne arithmétique pondérée :

$$x = \frac{\Sigma x_i n_i}{\Sigma n_i}$$

◆ *Exemple :* on multiplie le centre de la classe (x_i) par l'effectif (n_i), d'où ((1 250 × 20) + (1 750 × 40) + (2 250 × 60) + (2 750 × 30) + (3 250 × 10))/160 = 2 156,25 €.

C'est la notion la plus utilisée, mais attention, elle peut être influencée par les valeurs aberrantes (les extrêmes) de la variable.

- **Les paramètres de dispersion**

Ils permettent d'observer si les valeurs de la variable sont plus ou moins "groupées" ou non autour des paramètres de tendance centrale, d'où l'appellation de « dispersion », car deux séries peuvent avoir des moyennes identiques mais avec des valeurs très groupées ou très dispersées.

◆ *Exemple :* Voici deux séries concernant les salaires nets horaires attribués à des salariés de même qualification, dans deux entreprises différentes.

entreprise A	8,50	9	9,50	10	11
entreprise B	7	7,50	9,50	10,50	13,50

Elles ont les mêmes moyennes (9,60 €) et les mêmes médianes (9,50 €).
L'étendue correspond à la différence entre la valeur la plus élevée et la valeur la plus faible d'une série statistique.

◆ *Exemple :* l'étendue entreprise A : 2,50€ (11 – 8,5) et entreprise B : 6,50 € (13,50 – 7).

Pour calculer **l'écart type** $\sigma(x)$, il faut déterminer la variance $V(x)$. Ces deux indicateurs mesurent les écarts par rapport à la moyenne.

$$V(x) = \frac{\Sigma (x_i - x)^2 n_i}{\Sigma n_i}$$

Les écarts (xi- x) sont élevés au carré pour éviter qu'ils se compensent. La variance est donc la moyenne arithmétique du carré des écarts.

$$\sigma(x) = \sqrt{V(x)}$$

L'écart type, c'est la valeur qui situe l'ensemble des réponses par rapport à la moyenne. Plus l'écart type est petit plus la série est groupée et concentrée autour de la moyenne. Plus l'écart type est élevé plus la série est dispersée autour de la moyenne.

◆ *Exemple :* suite à une étude pour le magasin Lamod, vous avez eu les réponses suivantes des clients, à cette question : « Combien dépensez-vous lors des soldes ? »

Dépenses	**Effectifs**
Moins de 100 €	0
de 100 € à moins de 150 €	30
de 150 € à moins de 200 €	50
de 200 € à moins de 250 €	100
de 250 € à moins de 300 €	20
300 € ou plus	0

L'écart maximum ou l'étendue de cette série est de 200 € (300 – 100).

x_i	n_i	$x_i\, n_i$	$x_i - \bar{x}$	$(x_i - x)^2$	$\Sigma(x_i - x)^2\, n_i$
125	30	3 750	–77,5	6 006,25	180 187,5
175	50	8 750	–27,5	756,25	37 812,5
225	100	22 500	22,5	506,25	50 625
275	20	5 500	72,5	5 256,25	105 125
	= 200	= 40 500			= 373 750

$\bar{x}$ = la dépense moyenne est de 40 500/200 = 202,50 €

Calcul de la variance : $V(x) = 373\ 750/200 = 1\ 868{,}75$
Calcul de l'écart type : $\sigma(x) = \sqrt{1\ 868.75} = 43{,}23$
On peut penser que l'étendue est relativement réduite, car elle n'est que de 200 € : pas de non-acheteurs et pas d'achats supérieurs à 300 €. La moyenne paraît correcte aussi (n'est-elle pas sous-évaluée ?) et l'écart type est faible.

- **Les séries chronologiques**

Elles sont différentes des séries précédentes, car une des variables, c'est le temps. On peut mettre en évidence les éventuelles variations saisonnières par des coefficients de saisonniers. Ils évaluent l'écart entre la valeur d'une variable et la tendance générale.

◆ *Exemple :* vente en milliers d'euros d'espaces publicitaires de la régie.

VENTES	Jan.	Fév.	Mar	Avr	Mai	Juin	Juil	Aou	Sep.	Oct.	Nov	Dec
Année N	100	80	120	150	180	220	50	20	150	120	250	150
Année N	80	60	100	180	200	210	40	30	160	150	280	160
Moyenne mensuelle	90	70	110	165	190	215	45	25	155	135	265	155
Coefficient saisonnier	0,66	0,52	0,81	1,22	1,41	1,59	0,33	0,19	1,15	1	1,97	1,15

Total général moyenne mensuelle = 1620/12 (mois) = 135
Coef. Janv. = 90/135 = 0,66 ; fév. = 70/135 = 0,52 ;… déc. 155/135 = 1,15.
Le total doit être égal à 12.

❑ *La diffusion des informations*

Si le traitement et l'analyse sont des étapes importantes, la diffusion des résultats obtenus nécessite de sélectionner les informations à transmettre car les destinataires n'ont pas forcément besoin de la totalité des données, même s'ils peuvent s'intéresser à certains détails de l'enquête. À partir des tableaux de chiffres, on doit réaliser un vrai travail de mise en valeur et d'explication des données obtenues, par exemple, en recherchant des facteurs significatifs.

• La représentation graphique

Les résultats sont présentés généralement, sous forme de graphiques et les différents logiciels de dépouillement d'enquêtes offrent cette possibilité. Ils prennent la forme de courbes, de secteurs, d'histogrammes, de diagrammes sous toutes leurs formes. Lors d'études d'analyse d'un marché, on peut positionner les différents intervenants ou produits sous forme d'un mapping ou carte perceptuelle. Ce sont des axes où on représente les différents éléments les uns par rapport aux autres. Ces résultats permettent de dégager des segmentations ou des typologies possibles.

• Le rapport

C'est le document essentiel car il va fournir une interprétation des chiffres en relation avec une réflexion sur le sujet de l'enquête. Aujourd'hui, en plus d'une présentation sous forme d'un dossier, il est accompagné d'une présentation de type PréAO.
Il se présente souvent avec :

- une couverture : nom de l'entreprise cliente, nom de l'institut enquêteur, sujet et date de l'enquête ;
- 2e page : sommaire sous forme d'une table de matières ;
- 3e et 4e page : la synthèse des résultats obtenus. C'est la partie la plus importante, elle sera lue avec attention car elle répond aux objectifs de l'étude. Elle doit être courte et précise ;

- les pages suivantes : on rappelle les objectifs de l'enquête, l'étude en elle-même en précisant la méthodologie de l'étude (quelles méthodes utilisées, la nature de l'échantillon retenu, le mode d'administration, les procédures de vérification des enquêteurs), l'ensemble des résultats et leurs commentaires ;
- les annexes : un exemplaire de questionnaire, d'autres résultats ou tableaux moins significatifs.

Index

A

B

C

G

H

I

J

L

M

N

O

P

R

53480 - (III) - (3) - OSB 80° - 280 - TYP - VCT

Achevé d'imprimer sur les presses de
Snel
Z.I. des Hauts-Sarts - Zone 3
Rue Fond des Fourches 21 – B-4041 Vottem (Herstal)
Tél +32(0)4 344 65 60 - Fax +32(0)4 286 99 61
avril 2011 – 53703

Dépôt légal : mai 2010, suite du tirage : avril 2011

Imprimé en Belgique